Die Herstellung von Sicherheit an der EU-Außengrenze

Radosław Buraczyński

Die Herstellung von Sicherheit an der EU-Außengrenze

Migrations- und Grenzpolitik in der polnischen Region Karpatenvorland

Radosław Buraczyński
Dresden, Deutschland

Diese Arbeit wurde als Dissertation zugelassen unter dem Titel „Migrationspolitik und Versicherheitlichung in den Grenzregionen Ostpolens", Chemnitz 2013.

ISBN 978-3-658-09464-5   ISBN 978-3-658-09465-2 (eBook)
DOI 10.1007/978-3-658-09465-2

Die Deutsche Nationalbibliothek verzeichnet diese Publikation in der Deutschen Nationalbibliografie; detaillierte bibliografische Daten sind im Internet über http://dnb.d-nb.de abrufbar.

Springer VS
© Springer Fachmedien Wiesbaden 2015
Das Werk einschließlich aller seiner Teile ist urheberrechtlich geschützt. Jede Verwertung, die nicht ausdrücklich vom Urheberrechtsgesetz zugelassen ist, bedarf der vorherigen Zustimmung des Verlags. Das gilt insbesondere für Vervielfältigungen, Bearbeitungen, Übersetzungen, Mikroverfilmungen und die Einspeicherung und Verarbeitung in elektronischen Systemen.
Die Wiedergabe von Gebrauchsnamen, Handelsnamen, Warenbezeichnungen usw. in diesem Werk berechtigt auch ohne besondere Kennzeichnung nicht zu der Annahme, dass solche Namen im Sinne der Warenzeichen- und Markenschutz-Gesetzgebung als frei zu betrachten wären und daher von jedermann benutzt werden dürften.
Der Verlag, die Autoren und die Herausgeber gehen davon aus, dass die Angaben und Informationen in diesem Werk zum Zeitpunkt der Veröffentlichung vollständig und korrekt sind. Weder der Verlag noch die Autoren oder die Herausgeber übernehmen, ausdrücklich oder implizit, Gewähr für den Inhalt des Werkes, etwaige Fehler oder Äußerungen.

Gedruckt auf säurefreiem und chlorfrei gebleichtem Papier

Springer Fachmedien Wiesbaden ist Teil der Fachverlagsgruppe Springer Science+Business Media
(www.springer.com)

Danksagung

Ich möchte mich herzlichst bei all denjenigen bedanken, die zur Entstehung dieser Studie beigetragen haben. Zu besonderem Dank bin ich meinem Betreuer, Stefan Garsztecki, verpflichtet. Mit seiner Bereitschaft mein Dissertationsvorhaben zu unterstützen und seinen stets geduldigen und wertvollen Hinweisen stand er mir jederzeit zur Seite. Ebenso wichtig waren für mich die konstruktiven und anregenden Hinweise meines Zweitgutachters Ulrich Best, der auf diesem Wege wesentlich zur Vollendung meiner Studie beitrug. Auch für die Unterstützung von Wolfgang Aschauer über den gesamten Schaffensprozess hinweg möchte ich mich an dieser Stelle bedanken.
Eine herausragende Stellung nehmen meine Eltern und Freunde ein, ohne deren großen Beistand und Fürsorge diese Arbeit nicht zu dem Werk hätte werden können, das sie heute ist.
Nicht zuletzt danke ich auch der Deutschen Forschungsgemeinschaft für die Gewährung einer Forschungsförderung, die dieses Vorhaben ermöglichte.

Inhalt

Abkürzungsverzeichnis 10
Abbildungsverzeichnis 12

1 Einleitung **13**
   1.1 Problemstellung und Forschungsfragen 15
   1.2 Forschungsstand 18
      1.2.1 Europäisierung der Migrationspolitik 18
      1.2.2 Versicherheitlichung 20
      1.2.3 Folgen der Versicherheitlichung an der EU-Außengrenze 21
   1.3 Methodologischer Ansatz und Ablauf der Untersuchung 22
   1.4 Die Untersuchungsregion 23

2 Sicherheit und Migration **27**
   2.1 Sicherheitsfrage 28
      2.1.1 Traditionelles Sicherheitskonzept 28
      2.1.2 Erweitertes Sicherheitskonzept 30
      2.1.3 Die Theorie der Versicherheitlichung als konzeptueller Rahmen für die Untersuchung der Migrationsproblematik 35
   2.2 Theoretische Annäherungen an die Migrationspolitik 43
      2.2.1 Modelle der Migrationspolitik 44
      2.2.2 Europäisierungsprozesse und Versicherheitlichung von Migrationspolitik 50
   2.3 Zwischenfazit 53

3 Versicherheitlichung der Migrationspolitik **55**
   3.1 Migrationspolitik auf EU-Ebene 56
      3.1.1 Phase des Unilateralismus 56
      3.1.2 Informeller Intergouvernementalismus der 1980er Jahre 58
      3.1.3 Entwicklung der Migrationspolitik im institutionellen Rahmen der EU 60
      3.1.4 Fortschreitende Vergemeinschaftlichung 63

3.1.5　Grenzmanagement der EU 65
　3.2　Europäisierung der polnischen Migrationspolitik 67
　　3.2.1　Entwicklung der Migration nach Polen in den Jahren
　　　　　　1990-2013 68
　　3.2.2　Polnische Migrationspolitik in ihrer Entstehung 69
　　3.2.3　Europäisierung einzelner Teilbereiche der polnischen
　　　　　　Migrationspolitik 79
　3.3　Zwischenfazit 87

4　Versicherheitlichung (in) der Region 91
　4.1　Methodik der Untersuchung und Forschungsprozess 92
　4.2　Das regionale ‚Sicherheitsfeld' 93
　4.3　Versicherheitlichung und die regionalen Akteure 95
　　4.3.1　Strafverfolgungsbehörden in der Region
　　　　　　und Versicherheitlichung 95
　　4.3.2　Eine (un)sichere Region? – Ein Blick auf die Statistiken 110
　　4.3.3　Die Rolle der regionalen Politik und Verwaltung 115
　4.4　Zwischenfazit 124

5　Diskursive Konstruktionen des polnischen Ostens 127
　5.1　Methodische Anlage der Untersuchung und Forschungsprozess ... 127
　5.2　Der polnische Osten in akademischen und politischen
　　　　Narrationen 129
　5.3　Medialer Diskurs über Karpatenvorland zwischen ‚Polen B'
　　　　und einer ‚dynamischen Region' 134
　　5.3.1　‚Die Klagemauer' – Elemente des Diskurses 135
　　5.3.2　Eine ‚dynamische Region'? – Zur Entwicklung des Diskurses 138
　　5.3.3　Der Grenzraum im medialen Diskurs 141
　　5.3.4　Die Ukraine-Krise in der Berichterstattung über das
　　　　　　Karpatenvorland 145
　5.4　Zwischenfazit 147

**6　Leben im Schatten der Mauer – Die Bewohner des Karpatenvor-
　　landes und ihre Wahrnehmung der Versicherheitlichung 149**
　6.1　Methodische Anlage der Untersuchung und Forschungsprozess ... 150
　　6.1.1　Der Grenzbegriff 150
　　6.1.2　Forschungsprozess 152
　6.2　Verwandlungen der Grenze im kollektiven Bewusstsein der
　　　　Grenzbewohner 154

6.2.1 Erinnerung an die ‚Freundschaftsgrenze' 155
6.2.2 Die Grenzregion in der Transformationszeit – Erfahrung der
 ‚Grenzerosion' 159
6.3 Entstehung neuer Grenzräume und das Phänomen der informellen
 Wirtschaft 160
6.4 Versicherheitlichung in der Grenzregion - Wahrnehmung des
 Prozesses durch die Grenzbewohner 165
6.5 Handlungsorientierungen der Grenzbewohner 170
6.6 Grenzraum als Ort der Begegnung? 176
6.7 Zwischenfazit 183

7 Zusammenfassung und Schlussbetrachtungen 187
7.1 Konstruktion einer ‚sicheren Grenzregion' 187
7.2 Theoretischer Beitrag und Forschungsausblick 190

Literaturverzeichnis 193
Dokumente der Europäischen Union und polnische Gesetze 214

Abkürzungsverzeichnis

AEUV	Vertrag über die Arbeitsweise der Europäischen Union
AWS	Akcja Wyborcza Solidarność (Wahlaktion Solidarność)
BIP	Bruttoinlandsprodukt
CBC	Cross Border Cooperation
CBOS	Centrum Badania Opinii Społecznej
CIREA	Centre for Information, Discussion and Exchange on Asylum
CIREFI	Centre for Information, Discussion and Exchange on the Crossing of Frontiers and Immigration
COP	Centralny Okręg Przemysłowy (Zentraler Industriekreis)
Dz.U.	Dziennik Ustaw (Amtsblatt)
EG	Europäische Gemeinschaft
EU	Europäische Union
EURPOL EWG	European Police Office (Europäisches Polizeiamt) Europäische Wirtschaftsgemeinschaft
FRONTEX	European Agency for the Management of Operational Cooperation at the External Borders of the Member States of the European Union
GUS	Główny Urząd Statystyczny
IOM	International Organization for Migration
INTERREG	Initiative der grenzüberschreitenden Zusammenarbeit in der Europäischen Union
JHA	Justice and Home Affairs
KSZE	Konferenz über Sicherheit und Zusammenarbeit in Europa
MOE	Mittel- und Osteuropa
NEST	New European Security Theory
NGO	Non-Governmental Organization (Nichtregierungsorganisation)
OBOP	Ośrodek Badania Opinii Publicznej
PGR	Państwowe Gospodarstwo Rolne (Landwirtschaftliche Produktionsgenossenschaft)
PHARE	Poland and Hungary: Assistance in Restructuring Economies
RgW	

SIRENE	Rat für gegenseitige Wirtschaftshilfe
SIS	Supplementary Information Request at the National Entry
SOPEMI	Schengen Information System
TACIS	Systeme d'Observation Permanent des Migrations de l'OCDE
TREVI	Technical Assistance for the Commonwealth of Independent States
UdsC	Terrorisme, Radicalisme Extrémisme et Violence Internationale
UNHCR	Urząd do Spraw Cudzoziemców (Amt für Ausländerangelegenheiten)
URiC	United Nations High Commissioner for Refugees
VIS	Urząd ds. Repatriacji i Cudzoziemców (Amt für Repatriierung und Ausländer)
	Visa Information System

Abbildungsverzeichnis

Abbildung 1: Internationale Migration in Polen, 1991-2011 68
Abbildung 2: Personengrenzverkehr am ostlichen Grenzabschnitt Polens -
  Anzahl der Einreisen von Auslandern an einzenen
  Grenzabschnitten 82
Abbildung 3: Entwicklung der Asylbewerberzahlen in Polen, 1995-2011 86
Abbildung 4: Organisierte illegale Grenzüberschreitungen im
  Karpatenvorland, 2007-2012 113
Abbildung 5: Ausländische Touristen im Karpatenvorland 122

1 Einleitung

Im Frühsommer 2014 erreichten die polnische Öffentlichkeit auf den ersten Blick etwas bizarr anmutende Nachrichten aus der an der Grenze zur Ukraine gelegenen Woiwodschaft *Podkarpackie* (im Weiteren: Karpatenvorland). Den Medienberichten zufolge hatten Kleinschmuggler am polnisch-ukrainischen Grenzübergang in Medyka, deren Tagesgeschäft bis dahin im möglichst gewinnbringenden Verkauf von Zigaretten und Alkohol bestanden hatte, begonnen, Helme und Schusswesten über die Grenze zu transportieren, die der ukrainischen Armee zukommen sollten.

Über dieses Ereignis wurde ob seines Sensationsgehalts einige Tage lang in den polnischen Medien berichtet. Auch wenn es als Kuriosum dargestellt wurde, lenkte es doch die Aufmerksamkeit der polnischen Öffentlichkeit auf die Grenze zur Ukraine. Gewissermaßen nebenbei ließ es noch einmal die Grenzbilder aufkommen, die der Mehrheit der polnischen Öffentlichkeit wie ein Relikt aus einer längst als verabschiedet betrachteten Epoche erschienen. Ein Vierteljahrhundert nach Beginn der Systemtransformation ist auch der Prozess der Integration Polens in die EU-Strukturen abgeschlossen. Die sozialwissenschaftliche Forschung zeigt, dass die Erfahrung der EU- und Schengen-Mitgliedschaft im polnischen kollektiven Bewusstsein in einer Veränderung der Wahrnehmung der Grenzen, ihrer Formen und Funktionen, resultiert hat (Kurczewska 2005a). Die Ereignisse in Medyka hingegen haben, wenn auch auf eine seltsame Art, an die Dauerhaftigkeit der Grenzen erinnert und auch ihre Sicherheitsdimension sehr deutlich vor Augen geführt. Beide Dinge schienen in Polen inzwischen in Vergessenheit geraten zu sein. Konsequent wurde auch meistens außer Acht gelassen, dass sowohl die großen Feierlichkeiten, die den Schengen-Beitritt von 2008 (und damit den „endgültigen Fall der Grenzen") begleitet haben, als auch die durch ihn verursachten Vorkommnisse am östlichen Grenzabschnitt[1] lediglich zwei Dimensionen desselben Prozesses der europäischen Integration repräsentieren und daher untrennbar miteinander verknüpft sind. Dieser Prozess steht glei-

---

[1] Hier ist von solchen Vorkommnissen wie im Dezember 2008 die Rede, als Proteste der Kleinhändler in zweitägigen Ausschreitungen mündeten, die durch die Medien als „Schlacht in Medyka" bezeichnet wurden.

chermaßen für Offenheit und Geschlossenheit, die Öffnung mancher Grenzen bei gleichzeitiger ‚Sicherung' der anderen. Sein Ergebnis ist die Entstehung einer europäischen Grenz- und Migrationspolitik, in der das Bestehen des nach innen offenen und integrierten „Raumes der Freiheit, Sicherheit und des Rechts" durch strikte und genaue Kontrollen an den Außengrenzen gewährleistet werden soll. In diesem europäischen Migrationsregime fällt der polnischen östlichen Grenze, die inzwischen auch die EU-Außengrenze ist, eine besondere Rolle zu. Aus diesem Grund wird ausgerechnet am Beispiel polnischer Grenzen die für diesen Prozess charakteristische Dichotomie Offenheit-Geschlossenheit sichtbar, die auch zu sehr unterschiedlichen Formen von Grenzen führt (‚Grenze als Tor' wird der ‚Grenze als Mauer' gegenübergestellt).

Die polnische Ostgrenze am Anfang des 21. Jahrhunderts stellt aus sozialwissenschaftlicher Sicht ein interessantes Forschungsobjekt dar, das aus unterschiedlichen Perspektiven erschlossen werden kann. Eine rückblickende Betrachtung der Veränderungen des Charakters der Grenzen Polens in der Zeit nach 1989 zeigt, dass diese zweimal Veränderungen von grundlegendem Charakter erlebt haben. Der Umbruch des Jahres 1989 bedeutete für Polen die Rückkehr zur völligen Souveränität; die Abtrennung von russischen Einflüssen begleitete eine schnelle Öffnung gen Westen. Joanna Kurczewska spricht in diesem Zusammenhang von den gleichzeitig erfolgten Prozessen der „großen Abgrenzung und großen Öffnung" (Kurczewska 2005a: 36)[2] und stellt fest, dass diese den Charakter der polnischen Grenzen weitgehend verändert haben, mit dem Ergebnis, dass sie seitdem „verbindende und nicht mehr trennende Funktionen" erfüllen sollten (ebd.: 35). Über zehn Jahre später erfolgte der nächste Prozess der „großen Öffnung"/„großen Abgrenzung". Dieser war mit dem europäischen Integrationsprozess Polens verbunden; diesmal ging die weitere Öffnung Richtung Westen mit einer gleichzeitigen Abkehr von den östlichen Nachbarstaaten einher. Diese Prozesse resultierten in einer Neuordnung des Grenzraumes. Sie provozierten sowohl Fragen nach den Formen, die diese Neuordnung annehmen kann, als auch nach ihrer Endgestalt. Nicht zuletzt entstanden auch Fragen nach den Konsequenzen dieser Prozesse für die Bewohner der betroffenen Regionen. Insbesondere die letzte Frage steht im Fokus der vorliegenden Arbeit. Am Beispiel einer ostpolnischen Grenzregion (die zugleich die EU-Außengrenze bildet) lassen sich nicht nur die Folgen der Implementierung von bestimmten EU-Politiken für betroffene Regionen untersuchen, sondern auch Fragen stellen nach der dort gerade entstehenden sozialen Ordnung, der neuen Form, den Funktionen und sozialen Bildern von Staatsgrenzen.

---

[2] Hier und im Folgenden, Übersetzung aus dem Polnischen – R.B.

1.1 Problemstellung und Forschungsfragen

In der vorliegenden Studie werden am Beispiel einer Region an der östlichen EU-Außengrenze mehrere aktuelle Debatten zu Entwicklungen der EU-Politik integriert. Zum ersten wird die Frage der EU-Migrationspolitik thematisiert, die in der Forschung zunehmend unter dem Begriff der ‚Sicherheit' diskutiert wird (Bigo 2001, 2002a, 2002b, 2002c; Huysmans 2000; Ibrahim 2005; Lavenex 2007; Lavenex/Uçarer 2003). Zweitens beschäftigt sich die vorliegende Arbeit mit der Frage nach den konkreten Transformationen der Regionen an der EU-Außengrenze als Orten von Grenzkonstruktion und -überwindung. Schließlich wird unter dem Begriff der „Europäisierung" die Frage nach dem Transfer von EU-Politik durch die Ebenen und dem Einfluss der EU-Erweiterung auf die Verwaltungen der Beitrittsländer gefasst (Bauer/Pitschel 2006; Brusis 2002; Garsztecki 2011; Sasse/Hughes 2004). Daraus ergeben sich im Wesentlichen drei Forschungsfragen, die das Erkenntnisziel der vorliegenden Studie organisieren und denen im Weiteren nachgegangen wird.

Die erste Frage betrifft den Prozess der Europäisierung von Migrationspolitik, ihres Verlaufes und ihrer Veränderung. Dieser ging in Westeuropa mit der Herausbildung einer bestimmten Einstellung gegenüber diesem Phänomen, die sich in den Gesetzen niedergeschlagen hat, einher – Europäisierung bedeutet in Bezug auf die Frage der Migration ihre *Versicherheitlichung* (eng. *securitization* – vgl. Bigo 2001, 2002a, 2002b; Huysmans 1995, 2000; Lavenex/Uçarer 2003). Unter diesem Konzept wird die diskursive Praxis der Benennung verstanden, ein Prozess, im Verlauf dessen ein Politikfeld bestimmten Handlungsweisen, Akteuren und Regeln unterordnet und in einen neuen (diskursiven) Kontext von Sicherheit und Bedrohung gestellt wird (Balzacq 2005; Buzan 1991, 1997; Buzan et al. 1998; Guzzini/Jung 2004; Huysmans 1995, 1998a, 2000; Krause/Williams 1996, 1997; McDonald 2002, 2008; McSweeney 1996; Wæver 1995, 2004; Williams 2003 – vgl. 2.1.3). Dies hat weitreichende politische Implikationen; bezogen auf die Migration kann ein Prozess der politischen Grenzziehung der EU beobachtet werden, der zur Errichtung einer ‚sicheren Außengrenze' an den äußeren Rändern der EU geführt hat. Den Prozess der Herausbildung des migrationspolitischen Regimes der EU und dessen Umsetzung durch konkrete Maßnahmen an den Außengrenzen der Gemeinschaft gilt es in der vorliegenden Arbeit zu untersuchen.

Zweitens entsteht die Frage nach dem Verlauf dieses Prozesses der Europäisierung von Migrationspolitik von der bereits angesprochenen europäischen, über die nationale bis hin in die (bis jetzt wenig erforschte) regionale und lokale Ebene. Wie verändert sich die Migrationspolitik auf ihrem Weg in die Grenzregion, in der sie implementiert wird? Werden die EU-Vorgaben abgeändert bzw. abgeschwächt? Die vorliegende Arbeit zeigt am Beispiel Polens, wie die Migrationspolitik dieses Landes nach 1989 auf nationaler Ebene ‚europäisiert' wurde – ein Prozess, der mit gleichzeitiger Versicherheitlichung der Migration sowohl in der Politik als auch im diskursiven Bereich einherging.

Gleichzeitig wird jedoch auch die regionale Umsetzung der auf nationaler Ebene kreierten Politik untersucht. Durch diese Fragestellung setzt sich die Arbeit zum Ziel, die bis dahin eher auf konzeptioneller Ebene verharrenden Beschreibungen der Versicherheitlichung zu präzisieren, indem sie nach der Umsetzung dieser Politik in einer konkreten Grenzregion fragt. Die bisherige Forschung hat gezeigt, dass wider Erwarten die Europäisierung der Verwaltungen, der Gesetze und der Politik in den mittel- und osteuropäischen Staaten trotz des Bestehens harter Vorgaben (im *Acquis communautaire* und den Beitrittsverhandlungen) national unterschiedlich verlaufen ist (Ágh 2003; Best 2006b). Sven Andersen und Nick Sitter weisen sogar darauf hin, dass eine Umsetzung der EU-Vorgaben nach dem Modell einer homogenen Integration eher einen Ausnahmefall darstellt (Andersen/Sitter 2006: 13). Gleichzeitig jedoch ist die regional unterschiedliche Umsetzung europäischer Konzepte bisher relativ wenig untersucht worden, obwohl diese Ebene im Prozess der Transformation deutlich gestärkt worden ist und auch diejenige ist, die nach dem Beitritt der neuen Mitgliedsstaaten die Mittel aus den Regionalfonds verteilen muss, wofür zuerst tragfähige Strukturen geschaffen werden mussten. Auch die Frage nach der Europäisierung der Diskurse in diesem Prozess ist weniger untersucht. Die Bedeutung der supranationalen Ebene wird zwar in Diskursen wie dem vom ‚Europa der Regionen' betont, aber die Regionalisierung der Europäisierung wird auch in diesem Diskurs nicht mit Inhalten verbunden – das Europa der Regionen bleibt bloße Form. Doch die Regionen, die sehr wohl definiert sind, stellen die Ebene dar, die mit verschiedenen Konzepten verbunden wird und aus diesem Grund im Fokus sowohl administrativer Reformen als auch symbolischer Besetzung steht.

Es ist charakteristisch, dass die Regionen an den EU-Außengrenzen in Sicherheitsfragen ein besonderes Interesse von Seiten der Politik und Öffentlichkeit erfahren und in hohem Maße verschiedenen Techniken der Versicherheitlichung unterzogen werden. Dies erklärt, warum sich eine Studie über diese Politik besonders aufmerksam der regionalen Ebene widmen muss – hier kann untersucht werden, wie verschiedene Akteure aus unterschiedlichen Bereichen der Staatsverwaltung zu den sicherheitsproduzierenden Akteuren ‚umfunktioniert' werden, wie sich ihre Rolle verändert und mit ihr auch die regionale bzw. lokale Politik. Es stellt sich auch die Frage nach der Selbstwahrnehmung dieser Akteure als Vollstrecker dieser Politik: wie stehen sie zu ihr, welche Vorstellungen von Migration und Migranten haben sie?

Darüber hinaus soll die Wirksamkeit der Versicherheitlichung in ihrer symbolischen Dimension untersucht werden. Die politischen, akademischen und medialen Diskurse über Migration stellen einen wichtigen Bestandteil dieser Politik dar, wurden bis jetzt aber nur wenig (und meistens nur auf die nationale Ebene bezogen) untersucht. In der vorliegenden Arbeit werden diese Bilder in einen breiteren diskursiven Kontext über den polnischen Osten gestellt und untersucht; dabei wird gezeigt, welche Bilder über die Untersuchungsregion in nationalen und regionalen Medien in Polen konstruiert werden und inwieweit diese Narrationen ein Element dieser Politik darstellen.

Der dritte Fragenkomplex betrifft schließlich die Auswirkungen der untersuchten Politik auf die Subjekte, die ihr unterzogen werden, d.h. die Bewohner der Regionen. Diese Fragestellung folgt der These, der zufolge diese Politik immer konkrete Subjekte erzeugt. Neben den Implementierenden sind es die sich im Sicherheitskomplex bewegenden (und dadurch auch definierten) Immigranten, insbesondere aber die Bewohner der Zielländer, die von den Folgen dieser Politik betroffen sind (Aradau 2001). Im Fall der Letzteren wird der Alltag durch die Probleme, die Versicherheitlichung und Kriminalisierung von Migration mit sich bringen, geprägt. Darüber hinaus wird gerade die Bevölkerung von Grenzregionen von Versuchen betroffen, sie in diese Politik zu integrieren – als wachsame Bevölkerung. Daraus ergibt sich die Frage nach der Rolle dieser Subjekte im gesamten Prozess: Wie verorten sich diese Menschen in dieser Situation, welche Handlungsmuster werden dadurch erzeugt? Ebenso wichtig ist ihre Wahrnehmung des materiellen Raumes der Grenzorte und des Grenzüberganges. Schließlich ist die Frage nach der Wahrnehmung von Migration und Migranten wichtig. Die Versicherheitlichung von Migranten findet statt in den Bildern, die von ihnen konstruiert werden sowie den Institutionen, Regeln und physisch-räumlichen Strukturen, die die Handlungen von Migranten beeinflussen.

Darüber hinaus wird in der vorliegenden Arbeit auch das Theorieangebot der Kopenhagener Schule auf seine Brauchbarkeit hin untersucht werden und im Ergebnis der Untersuchung auch gegebenenfalls modifiziert werden (müssen). Dies betrifft insbesondere das Konzept der *Entsicherheitlichung* (eng. *desecuritization*), einen der Versicherheitlichung entgegengesetzten Prozess, der dazu führt, dass bestimmte Sicherheitsprobleme ‚entschärft' und in den Verantwortungsbereich der ‚normalen' Politik zurückgebracht werden (Aradau 2004; Huysmans 1995, 1998a; Wæver 1995 – vgl. 2.1.3.3). Diesbezüglich soll es anhand von empirischen Untersuchungen unter den Bewohnern der Grenzregion möglich werden, die Brauchbarkeit dieses bisher eher auf konzeptioneller Ebene verbleibenden Konzeptes für die Beschreibung der Prozesse auf regionaler und lokaler Ebene zu überprüfen.

1.2 Forschungsstand

Wie bereits angedeutet, umfasst der theoretische Hintergrund der vorliegenden Arbeit, die mehrere Stränge der aktuellen wissenschaftlichen Debatten über die EU integriert, drei Fragenkomplexe: Europäisierung der Migrationspolitik, die Versicherheitlichung und die Rolle der Regionen. Bevor die Leitfragen und das Arbeitsprogramm erläutert werden, soll im Folgenden zunächst der Stand der bisherigen Forschung in den einzelnen genannten Bereichen besprochen werden.

1.2.1 Europäisierung der Migrationspolitik

Der Begriff der Europäisierung wird in der Literatur auf verschiedene Arten verwendet. Ohne an dieser Stelle auf die Einzelheiten der Europäisierungsdebatten einzugehen sei nur erwähnt, dass der Schwerpunkt der Diskussion um dieses Phänomen in der Politikwissenschaft stattfindet, und auf diese Debatten stützen sich auch die in dieser Studie präsentierten Ausführungen. Unter Europäisierung wird oft verstanden, dass politische Richtlinien auf europäischer Ebene, in europäischen Netzwerken entwickelt werden und dann – als *Top-down*-Prozess – bisherige Politikbereiche nationaler Akteure an sich ziehen (Axt et al. 2007; Börzel/Risse 2000; Ladrech 1994; Radaelli 1997, 2000; Vink 2003). Eine andere Dimension stellen die Reaktionen der Mitgliedsstaaten gegenüber dieser Entwicklung dar (Featherstone 2003; Kohler-Koch 2000; Ladrech 1994; Maurer et al. 2005; Mörth 2003) – nationale bzw. regionale Akteure nehmen Bezug auf europäische Politik, Mittel und Diskurse und versuchen an diesen teilzunehmen – unter „Europa" wird dabei hauptsächlich die EU verstanden (Börzel/Risse 2000; Radaelli 2000). Schließlich können nationale Akteure auch die europäische Ebene als neue Arena zur Durchsetzung eigener, national entwickelter Interessen benutzen, was dann auf einen *Bottom-up*-Prozess hinausläuft (Garsztecki 2011; Kohler-Koch/Eising 2004). Es muss an dieser Stelle angemerkt werden, dass die oben erwähnten Modelle sich meistens auf die nationalstaatliche Ebene beziehen. Es wird jedoch gerade am Beispiel der neuen Mitgliedsstaaten deutlich, wie wichtig die regionale Ebene für das Verständnis dieses Prozesses sein kann (Brusis 1999, 2006; Keating 2003, 2004; Larat 1998). In den Staaten Mittel- und Osteuropas wurde im Prozess der Systemtransformation die regionale und lokale Ebene gestärkt, der Einfluss der EU führte zu einer – national unterschiedlich ausgeprägten – Dezentralisierung (Abraham/Eser 1999; Benzler 1994; Garsztecki 2003, 2005, 2010, 2011; Keating 2003). Im Prozess der Schaffung neuer regionaler Strukturen hatte die EU-Politik daher von Beginn an eine große Bedeutung (Brusis 2002; Czernielewska et al. 2004; Goetz 2001). Die Ebene der Regionen steht also im Fokus sowohl administrativer Reformen als auch symbolischer Besetzung. Dabei werden sie mehr und mehr Objekt der Politik. Die dem Forschungsprojekt zugrunde liegende Hypothese besagt, wie im Folgenden zu zeigen sein wird, dass die Regionen auch die Ebene der Versicherheitlichung darstellen; dies sowohl im administrativen als auch im symbolischen Bereich.

Eine der dieser Untersuchung zugrundeliegenden Thesen besagt, dass die Entwicklung und Europäisierung der polnischen Migrationspolitik auf nationaler Ebene nach 1989 mit einer gleichzeitigen Versicherheitlichung verzahnt war. Dieser Prozess wurde in der polnischen Migrationsforschung reflektiert, so dass die meisten seiner Dimensionen inzwischen gut untersucht sind. Dank diesen Analysen können jetzt sowohl der Verlauf des legislativen Prozesses als auch das *Policy*-Netz rekonstruiert und Fragen nach der Rolle einzelner institutioneller Akteure beantwortet werden (Weinar 2006). In diesem Zusammenhang weisen mehrere Autoren auf die passive Rolle der polnischen Seite in diesem Prozess hin; diese hat sich weitgehend auf ihre westlichen Partner verlassen und ihre Lösungen kopiert (Górny et al. 2010; Iglicka 2003b; Kępińska/Stola 2004; Kicinger 2005; Weinar 2006). Das Resultat ist eine Migrationspolitik, welche sehr stark vom europäischen Sicherheitsdiskurs geprägt ist, sich durch einen sehr restriktiven Charakter auszeichnet und in vielerlei Hinsicht an den tatsächlichen Bedürfnissen des Landes vorbeigeht[3]. So etwa wurden lange Zeit keine Mechanismen zur Anwerbung ausländischer Arbeitskräfte geschaffen. Während jedoch sowohl die Entwicklung der Migrationspolitik in Polen auf nationaler Ebene als auch der diesen Prozess begleitende mediale Diskurs inzwischen gut untersucht sind (zum Letzteren vgl. Grzymała-Kazłowska 2005, 2007; Mrozowski 1997, 2003; Weinar 2006), bleibt die Forschung zu den Fragen der Implementierung dieser Politik auf der regionalen Ebene und ihres Einflusses auf die von ihr betroffenen Subjekte deutlich unterentwickelt. Dies stellt ein Desideratum dar, dem sich die vorliegende Arbeit anzunehmen beabsichtigt, indem sie verschiedene Bereiche der Migrationspolitik untersucht: die Europäisierung, die Versicherheitlichung und nicht zuletzt die Rolle der Regionen. Dadurch wird auch konzeptio-

---

[3] Dieser Vorwurf wurde etwa von Grabowska-Lusińska/Okólski 2008; Iglicka 2000, 2001, 2003a, 2005; Iglicka et al. 2005; Jaźwińska-Motylska 2006; Łukowski 1997 erhoben.

nell die Lücke zwischen makrostruktureller Politikanalyse – wo die Versicherheitlichung ein etabliertes Konzept ist – und der Ebene der Handlungen von Subjekten geschlossen.

1.2.2 Versicherheitlichung

Der Begriff der Versicherheitlichung deutet den zweiten wesentlichen Fragenkomplex für den Untersuchungsgegenstand der vorliegenden Studie an. Dieses Konzept bildet den Hauptpunkt eines wissenschaftlichen Ansatzes, der seit Anfang der 1990er Jahre von der sogenannten Kopenhagener Schule der *Security Studies* entwickelt wird (Buzan et al. 1998; Huysmans 1995, 1998b, 2000; Krause 1998; Wæver 1995, 2004). Dieser Theorieschule zufolge darf die Sicherheit – wie bereits angedeutet – als eine diskursive Praxis der Benennung verstanden werden. Während die klassische, neorealistische Auffassung der Sicherheit, die in der akademischen Disziplin der Internationalen Beziehungen lange Zeit dominant war, diese hauptsächlich als Sicherheit der (National-)Staaten voreinander sah (und deswegen auf die militärischen Bedrohungen fokussiert war), erlaubt die Konzeptualisierung dieses Phänomens durch die neueren Ansätze eine Erweiterung des Begriffes auch auf andere Bereiche des Sozialen (Abrahamsen 2005; Elbe 2006). Eines der Felder, das in diesem Zusammenhang großes Interesse der Forscher weckt, ist das der Migration. Bezogen darauf wurde die Versicherheitlichung zunächst von Didier Bigo (2001, 2002a, 2002b, 2002c; Bigo et al. 2008; Bigo/Guild 2005) und Jef Huysmans (1995, 2000) untersucht, in beiden Fällen mit explizitem Bezug auf die EU. Ihrer Forschung zufolge fällt der Prozess der Einbettung der Migration in den Definitions- und Tätigkeitsbereich sicherheitsproduzierender Akteure mit der Europäisierung von Migrationspolitik zusammen und seine Anfänge lassen sich in die 1980er Jahre zurückverfolgen (Geddes 2000; Huysmans 2000; Miles/Thränhardt 1995). Gleichzeitig entwickeln Huysmans (1995) und Wæver (1995) das Konzept der Entsicherheitlichung, eines Prozesses der Demokratisierung von Migrationspolitik. Dieser sollte auf einer „politischen Ästhetik der Alltäglichkeit" beruhen – in den alltäglichen Kontakten und dem Austausch zwischen zwei Gruppen (hier: den Einheimischen und den Fremden/Immigranten) wird das Problem der Migration seines Ausnahmecharakters beraubt und dadurch entschärft (Aradau 2004; Balibar 2003; Huysmans 1995, 1998a; vgl. 2.1.3.3).

Die Versicherheitlichung folgt, wie u.a. von Ulrich Best (2008) gezeigt, einer geographischen Logik, d.h. in den Diskursen über Migration werden ‚unsichere' – d.h. migratorische – Ströme, Einfallstore etc. konstruiert. In der Migrationspolitik der EU wird die Gemeinschaft als bedrohtes Gebiet dargestellt, das durch ‚Pufferzonen' geschützt werden muss. Diese werden folglich auf Länder erstreckt, in denen erweiterte Vorkontrollen stattfinden; auf diese Art und Weise werden ganze Staaten und Regionen einer Logik der Versicherheitlichung unterzogen und in ihr angeordnet (Collinson 1996; Williams et al. 2001). Die Fokussierung der vorliegenden Arbeit auf eine dieser Regionen dient dem Ziel, eine große Lücke in der bisherigen Forschung zu schließen. Versicherheitlichung wird meist als ein abstrakter Prozess beschrieben, der auf internationaler (bzw. nationaler) Ebene verläuft und sich in formellen Politiken, Gesetzen und Institutionen manifestiert. Dabei wird den betroffenen Regionen und Subjekten in diesem Prozess meistens nur geringe bzw. gar keine Bedeutung beigemessen; auch diejenigen Ansätze, die auf die Rolle der Subjekte hinweisen, verbleiben oft auf der konzeptionellen Ebene (vgl. Hansen 2000). Das Ziel dieser Untersuchung ist es daher, den Einfluss einer *konkreten* Versicherheitlichung auf die *konkreten* Subjekte aufzuzeigen. Dies wird nur dann möglich, wenn auch die Bedeutung der regionalen Ebene in diesem Prozess thematisiert wird.

1.2.3 Folgen der Versicherheitlichung an der EU-Außengrenze

Eines der Charakteristika der Politik der Versicherheitlichung ist, wie bereits angedeutet, ihre räumliche Dimension, d.h. die Tatsache, dass in ihren Diskursen bestimmte Regionen, Orte, Städte und Grenzübergänge als besonders bedroht, gefährlich oder gefährdet konstruiert werden. Dies betrifft insbesondere Grenzregionen an der EU-Außengrenze; diesen kommt in der Grenz- und Migrationspolitik der EU die Rolle der Pufferzonen zu, die als Schutzwall vor Migration dienen sollten. Sie erfahren besonderes Interesse durch Politik und Medien und werden durch Migrationspolitik versicherheitlicht.

Die in der Forschung gängige Perspektive auf die Versicherheitlichung erfasst sie als einen Prozess, der sich in Institutionen, formaler Politik und Diskursen manifestiert, ohne sich ihm jedoch anzunähern: Es wird weder untersucht, woraus die alltägliche Arbeit sicherheitsproduzierender Akteure besteht, noch bilden die Auswirkungen dieses Prozesses auf verschiedene Gruppen von Menschen den Gegenstand der Analysen. An diesem Punkt setzt das Forschungsvorhaben der vorliegenden Studie an – am Beispiel der ostpolnischen Grenzregion Karpatenvorland werden die Umsetzung dieser Politik und ihre Folgen für die Bewohner der betroffenen Gebiete untersucht. Mit dieser Fragestellung begibt sich die Arbeit auf wenig erforschtes Terrain, denn obgleich die ostpolnischen Grenzregionen von der soziologischen, ethnographischen bzw. politikwissenschaftlichen Forschung gut untersucht sind, wurde sicherheitspolitischen Fragen bis jetzt wenig Aufmerksamkeit gewidmet[4].

Im Kontext der vorliegenden Untersuchung verdienen die Fragen nach den regionalen und lokalen Identitäten, den Mustern der Zugehörigkeit und Raumkonstruktionen besondere Aufmerksamkeit. Diese Probleme werden seit mehreren Jahren insbesondere in der Politikwissenschaft im Hinblick auf den Prozess der europäischen Integration und die damit einhergehende Aufwertung der Bedeutung der ‚dritten Ebene' diskutiert. Eine andere Perspektive nimmt Anssi Paasi an, der sich mit den Regionen als sozial konstruierten Einheiten beschäftigt (Paasi 1996, 2002a, 2002b, 2003, 2005, 2009). Die polnische soziologische bzw. sozialgeographische Forschung zeigt, dass im Gegensatz zu einigen westeuropäischen Staaten (etwa Spanien oder Deutschland) in Polen die Regionen nach wie vor schwach ausgeprägt sind (Gorzelak 2001; Jałowiecki/Szczepański 2002; Stopa 2007); auch die Identifikation der Polen mit ihren Regionen befindet sich auf einem vergleichsweise sehr niedrigen Niveau – den wichtigsten Bezugspunkt bei der Herausbildung kollektiver Identitäten bildet die unmittelbare Umgebung, das Lokale (Stopa 2007). In der vorliegenden Arbeit wird auch der Frage nachgegangen, wie die Grenzbewohner ihre nächste Umgebung und deren durch die Versicherheitlichung verursachte Veränderungen wahrnehmen.

1.3 Methodologischer Ansatz und Ablauf der Untersuchung

Die vorliegende Arbeit beabsichtigt eine Lücke in der bisherigen Forschung zu schließen, was durch die Erweiterung der gängigen Perspektive um weitere Analyseebenen erreicht werden soll. Dies folgt einem Diktum von Norbert Elias, dem zufolge „ohne eine mehrperspektivische Analyse [...] jede soziologische Untersuchung gesellschaftlicher Positionen und gesellschaftlicher Funktionen einseitig" bleibt (Elias 1993: 137). Eine solche Analyse erlaubt diesen Prozess in

---

[4]Der Schwerpunkt der neuesten soziologischen und politikwissenschaftlichen Forschung über das Karpatenvorland liegt in den Veränderungen, die für diese Region aus dem polnischen EU-Beitritt resultieren. Neben den Folgen für die Wirtschaftsstruktur der Woiwodschaft (Długosz 2008a; Walawender 2008; Malikowski 2010) werden dabei auch die sozialen Aspekte diskutiert – insbesondere die Reaktionen der Bewohner der Region auf den EU-Beitritt Polens (Palak 2008a) und ihre Handlungsstrategien in der veränderten Situation (Długosz 2008b; Jestal 2008; Kluska 2008; Kotarski 2013; Tuziak/Tuziak 2008). Interessanterweise wurde dabei die Frage nach der Wahrnehmung der sicherheitspolitischen Dimension des EU-Integrationsprozesses überhaupt nicht thematisiert.

seiner Entstehung und seinem Verlauf nachzuvollziehen, und durch das Heranziehen der Ebene der Subjekte wird es möglich, ihre Selbstdefinitionen zu untersuchen, die unter dem Einfluss der konkreten Versicherheitlichung entstehen.

Wie bereits ausgeführt, umfasst das Forschungsvorhaben der vorliegenden Studie im Wesentlichen drei Fragenbereiche: 1) die Europäisierung von Migrationspolitik; 2) die Versicherheitlichung der Region; sowie 3) Auswirkungen auf Subjekte. Zur Untersuchung dieses Fragenkomplexes mussten die Forschungsmethoden mehrerer Fachbereiche – etwa der Soziologie oder der Politikwissenschaft – zusammengeführt werden. Daraus ergab sich auch der Aufbau dieser Arbeit, der im Folgenden zusammen mit dem Arbeitsprogramm an jedem der Fragenbereiche dargelegt wird.

Das zweite Kapitel hat konzeptionellen Charakter und dient der Heranführung an die hier untersuchte Problematik. Es werden die Schlüsselbegriffe für den Zweck der Untersuchung definiert und operationalisiert. Darauf folgend widmet sich die Arbeit im dritten Kapitel der Frage der Europäisierung von Migrationspolitik und ihrer zunehmenden Verknüpfung mit Fragen der Sicherheit; dies sowohl auf der europäischen als auch nationaler (polnischer) Ebene. Das vierte Kapitel beschäftigt sich mit der Implementierung dieser Politik auf der Ebene einer Region – einzelne Akteure des Staatsapparates werden auf ihre Rolle in diesem Prozess hin untersucht. Das Ziel ist die Überprüfung der These vom regionalisierenden Charakter dieses Prozesses. Im fünften Kapitel widmet sich die Analyse den diskursiven Bildern der Untersuchungsregion und der Grenze, wie sie in politischen, wissenschaftlichen und nicht zuletzt medialen Diskursen in Polen konstruiert werden. Schließlich wird im sechsten Kapitel der letzte Fragenkomplex, der Perspektive der Handlungen und Konstruktion von Subjekten gewidmet, behandelt. Da diese Thematik bis heute wenig untersucht ist, nimmt die vorliegende Studie an dieser Stelle einen explorativen Charakter an. Anhand von qualitativen Interviews mit Bewohnern der Grenzorte werden Fragen ihrer Selbstdefinition angesichts der fortschreitenden Versicherheitlichung ihrer nächsten Umgebung erörtert. Dies schließt Fragen zur Konstruktion von Bildern der Region, der Grenze und der Migranten ein. Anschließend wird auch die Frage der Perspektiven der Entsicherheitlichung erwogen.

1.4 Die Untersuchungsregion

Für die in dieser Studie beabsichtigte Untersuchung des Einflusses europäischer Migrationspolitik auf eine Region bietet sich Polen aus mehreren Gründen besonders gut an: Zuerst darf dieses Land als regionaler Vorreiter der Einführung neuer Regelungen betrachtet werden, ein Land, das auch unter weit stärkerem Umsetzungsdruck der EU-Vorgaben (von denen sich die Mehrheit auf Migrations- und Grenzpolitik bezog) stand als die EU-15-Staaten. Darüber hinaus fällt ihm aufgrund seiner geographischen Lage (es teilt die längste Außengrenze der EU mit Russland, der Ukraine und Belarus) und starker Verflechtung mit den Nachbarstaaten die Rolle eines Grenzstaates zu, in dem die Transmigration und die Pendelmigration stark ausgeprägt sind. Schließlich gibt es in Polen – anders als in den anderen ostmitteleuropäischen Staaten – einen ausgeprägten Diskurs über Migration und Ostpolitik (Best 2005). Die Studie beabsichtigt einige regionale Forschungslücken zu schließen, indem sie sich auf das Karpatenvorland als Untersuchungsregion konzentriert. Diese Woiwodschaft ist im Zuge der administrativen Reform von 1999 entstanden. Diese Reform beabsichtigte die Demokratisierung der aus der Zeit Volkspolens hervorgegangenen zweistufigen Struktur der territorialen Verwaltung mit 49 sehr schwachen Woiwodschaften. Dieses diskreditierte und ineffiziente System wurde in den 1990er Jahren zum Gegenstand öffentlicher Debatten und schließlich auch der Reform, die von der aus der Solidarność-Bewegung hervorgegangenen AWS-Regierung durchgeführt wurde. Die Reform war zwar von westeuropäischen Einflüssen inspiriert, vielmehr knüpfte sie aber an den in die 1970er Jahre zurückreichenden innerpolnischen Diskurs an, der die Notwendigkeit hervorhob, den Regionen und Woiwodschaften eine eigene Subjektivität zurückzugeben (Benzler 1994; Garsztecki 2009). Dieses Ziel sollte durch die Neugliederung der Administration in starke Einheiten, die sowohl durch gemeinsame historische Erfahrungen, als auch durch soziale, kulturelle und wirtschaftliche Bande geprägt waren, erreicht werden (Kulesza 2000).

Das im Südosten Polens gelegene Karpatenvorland, das im Osten an die Ukraine und im Süden an die Slowakei grenzt, hat eine Gesamtfläche von 17.845 km² und liegt somit an elfter Stelle unter den polnischen Woiwodschaften. Als problematisch erweist sich die Tatsache, dass die Autoren der erwähnten Reform diese Woiwodschaft aus Gebieten zusammengestellt haben, die historisch gesehen mehreren administrativen Bereichen angehörten, was ihre innere Integration erschwert. Entsprechend gering ist auch die regionale Identifikation der Lokalbevölkerung mit ihr (Malikowski 2010a; Stopa 2007). Das Karpatenvorland wird von 2,1 Mio. Menschen bewohnt (neunter Platz in Polen)[5]. Der Anteil der Landbevölkerung in dieser Woiwodschaft ist recht hoch – während der Anteil der städtischen Bevölkerung in Polen 60,9 Prozent beträgt, sind es im Karpatenvorland nur 41,4 Prozent. Die Region hat eine höhere Arbeitslosigkeitsrate als Polen

---

[5] Zu den im Weiteren präsentierten statistischen Daten vgl. GUS 2014.

allgemein (16,3 Prozent vs. 13,4 Prozent) – ein Phänomen, das im breiteren Kontext der wirtschaftlichen Entwicklung dieser Woiwodschaft und ihrer Wirtschaftsstruktur zu sehen ist. Im innerpolnischen Vergleich des Pro-Kopf-BIP belegt diese Woiwodschaft den vorletzten Platz, bezogen auf das Einkommensniveau sogar den letzten. Das Investitionsniveau bleibt unverändert niedrig (86 Prozent des polnischen Durchschnitts). Auf niedrigem Stand befindet sich auch das Ausbildungsniveau der Bevölkerung der Region, die zudem zu ca. 50 Prozent[6] in der Landwirtschaft beschäftigt ist (Polen: 27 Prozent).

Im Fall des Karpatenvorlands stellt seine Grenzlage einen wesentlichen Wirtschaftsfaktor dar. So versucht diese Woiwodschaft im Hinblick auf die geographische Lage an zwei Landesgrenzen, die malerischen Landschaften (neben der im südlichen Teil der Woiwodschaft gelegenen Mittelgebirgslandschaft Bieszczady befinden sich im Karpatenvorland u.a. zwei Nationalparks) und auch die zahlreichen historischen Sehenswürdigkeiten, den Tourismus zu entwickeln und als wichtigsten Wirtschaftszweig zu etablieren. Andererseits bedeutet die geographische Lage auch, dass diese Region seit jeher stark von ihrem peripheren Charakter geprägt wird. Die heutige Woiwodschaft Karpatenvorland umfasst Regionen, die historisch gesehen immer vergleichsweise arm und landwirtschaftlich geprägt waren. Diese Gebiete, das ehemalige Galizien, verblieben über Jahrhunderte an der Peripherie des polnischen Staates, was zu einer deutlichen Verzögerung der Industrialisierungsprozesse führte. Rückblickend betrachtet hat sich für diese Region die Zeit unter der österreichischen Verwaltung als besonders schwerwiegend erwiesen, die mit der ersten Teilung Polens (1772) begann und bis zur Wiedererlangung der polnischen Unabhängigkeit (1918) andauerte. Die Wirtschaftspolitik des Habsburger Reichs gegenüber dieser Region hat ihre Entwicklung für mehrere Jahrzehnte behindert und zur Vergrößerung der Kluft zwischen ihr und anderen polnischen Gebieten geführt. Eine Chance auf Veränderung dieses Zustandes und Modernisierung dieser Gebiete ergab sich erst im unabhängigen Polen. Unter den durch die Weltwirtschaftskrise der 1930er Jahre verursachten Bedingungen großer Arbeitslosigkeit in den Städten und der Überbevölkerung der ländlichen Gebiete entschied sich die polnische Regierung zur Ankurbelung der Konjunktur zu einem großen, an den *New Deal* angelehnten, Vierjahresprojekt von Investitionen in die Schwerindustrie. Die Mehrheit der Investitionen im Rahmen des sog. COP (Zentraler Industriekreis – pol. *Centralny Okręg Przemysłowy*), dessen Kosten in den Jahren 1937-39 ca. 60 Prozent der

---

[6] Den Schätzungen zufolge verdienen ca. 20 Prozent der Bevölkerung der Region ihren Unterhalt ausschließlich in der Landwirtschaft, während ca. 30 Prozent auch andere Einkommensquellen nutzen (Malikowski 2010a: 415).

Investitionsausgaben des polnischen Staates verschlangen, wurden ausgerechnet in den südöstlichen Woiwodschaften des Landes lokalisiert (auch in Gebieten, die heutzutage zur Ukraine gehören). Der Zweite Weltkrieg unterbrach die Realisierung dieses Programms, die weitere Modernisierung erfolgte schon im Rahmen der sozialistischen Industrialisierungspolitik der Nachkriegszeit. Die erste wirkliche, umfassende Modernisierung dieser Region fällt auf die Zeit der Industrialisierung der Volksrepublik, auch das Lebensniveau der Einwohner verbesserte sich deutlich. Die aus der Zeit der sozialistischen Industrialisierung ererbte Struktur der Wirtschaft in der Region, die sich durch die zersplitterte landwirtschaftliche Struktur, einen niedrigen Urbanisierungsgrad, schlecht entwickelte Infrastruktur und niedriges soziales Kapital der Einwohner auszeichnete, war jedoch für die Erfordernisse der Zeiten der Systemtransformation und des Überganges zur globalen, wissensbasierten Wirtschaft nicht geeignet. Rückblickend darf ein Fiasko dieser Politik festgestellt werden. Die Verifizierung erfolgte nach 1989, als die meisten der während des Sozialismus entstandenen Betriebe den Übergang in die freie Marktwirtschaft nicht überstanden. Eine Umstrukturierung war notwendig, diese musste jedoch in diesem Fall zunächst praktisch die Zerstörung der alten Wirtschaftszweige bedeuten (Długosz 2008a). Das betraf zwar alle Woiwodschaften, aber die Orte in unmittelbarer Grenznähe (peripher und in großem Maße von einigen wenigen staatlichen Betrieben abhängig) litten besonders stark darunter.

Aufgrund seiner Geschichte und peripheren Randlage wird das Karpatenvorland im polnischen kollektiven Bewusstsein, aber auch – wie noch gezeigt wird – in öffentlichen, politischen und nicht zuletzt auch akademischen Diskursen einem in Polen meist negativ konnotierten ‚Osten' zugeschrieben (vgl. 5.2). Diese Zuschreibung wirkt sich als negativer Bezugspunkt auf die regionalen politischen und wirtschaftlichen Akteure aus, sie bleibt aber auch nicht ohne Einfluss auf die kollektive Identität der Bewohner dieser Region. Diesbezüglich ist es eine der Aufgaben dieser Arbeit, die Frage zu beantworten, inwieweit die Politik der Versicherheitlichung (mit dem sie begleitenden Diskurs) mit diesem Narrativ des Ostens in Kontakt kommt und ggf. diesen sogar verstärkt und dadurch auch die Identitätszuschreibungen der Grenzbewohner beeinflusst.

2 Sicherheit und Migration

Die zum Zweck der vorliegenden Arbeit durchgeführten Untersuchungen stützen sich im Wesentlichen auf das Konzept der Versicherheitlichung. Dieser Ansatz hat Anfang 1990er Jahre eine belebte Debatte innerhalb der Forschergemeinde ausgelöst und wird seitdem in empirischen Studien in mehreren unterschiedlichen Feldern eingesetzt (siehe unten). Es darf dabei zwischen drei grundlegenden Arten unterschieden werden, auf die dieses Konzept erfasst wird (Guzzini 2011: 330 ff.): Erstens stellt es natürlich einen konzeptionellen Schritt auf dem Weg der theoretischen Reflexion über die Sicherheit dar. Zweitens soll es einigen Forschern zufolge auch ein „framework for analysis" (Buzan et al. 1998) liefern und ihnen damit ein Werkzeug an die Hand geben, mit dem sie die Versicherheitlichungsprozesse erforschen könnten. Drittens schließlich kann dieses Konzept einen Bestandteil einer politischen Theorie der Sicherheit bilden und damit die Frage zu beantworten helfen, welche Rolle Sicherheitsfragen in der politischen Ordnung spielen.

In der vorliegenden Arbeit dient die Versicherheitlichung als konzeptuelle Grundlage der empirischen Untersuchung. Das folgende Kapitel hat die Aufgabe, diesen Begriff für die Zwecke der Analyse zu präzisieren. Dadurch soll es möglich sein, ihn für die Untersuchung der Auswirkungen der neuen Migrations- und Grenzpolitik der EU auf die Regionen an den Außengrenzen der Gemeinschaft brauchbar zu machen. Dabei wird folgendermaßen vorgegangen: Der erste Abschnitt dieses Kapitels befasst sich mit dem Sicherheitsbegriff; ausgehend vom Ansatz der Kopenhagener Schule wird die Tauglichkeit ihrer Theorie der Versicherheitlichung für die Untersuchungen des migrationspolitischen Bereichs diskutiert. Der zweite große Teil dieses Kapitels führt an die Thematik der Migrationspolitik heran. Diese wird im Prozess ihrer Entstehung und Entwicklung gezeigt; besondere Aufmerksamkeit gilt dabei den Veränderungen in den Migrationspolitiken der westeuropäischen Länder in den Zeiten nach dem Zweiten Weltkrieg. In einem weiteren Schritt wird die Verbindung zwischen der Migrationspolitik und einem anderen wichtigen Themenbereich dieser Untersuchung hergestellt, nämlich der ‚Europäisierung' – einem Prozess, der im Fall der Migrationspolitik ihre fortschreitende Versicherheitlichung bedeutet hat.

2.1 Sicherheitsfrage

Obwohl die geisteswissenschaftliche Beschäftigung mit der ‚Sicherheit' auf eine sehr lange Tradition zurückblicken kann, entzieht sich der Begriff selbst eindeutigen Definitionen und es werden darunter nach wie vor unterschiedliche Phänomene verstanden. Grundsätzlich wird Sicherheit als Zustand von „Sicherheit von einer – wie auch immer gearteten – Bedrohung" (Hesse 2012: 42) verstanden. Den Gegensatz dazu stellt der Zustand der Unsicherheit dar, d.h. der Angst vor einer Bedrohung, unabhängig davon, ob sie faktisch ist oder nur als solche empfunden wird.

Das Sicherheitskonzept bildet bereits seit der Antike, wo es einen Zustand der Gefahrlosigkeit für Personen und Objekte bedeutete (vgl. Bieber 2005), eine der wichtigen Kategorien in der Politik. Angefangen im 17. Jahrhundert, d.h. zur Zeit der Herausbildung der modernen Staatenwelt, wurde der Begriff der Sicherheit zunehmend als staatliche Sicherheit verstanden – das sowohl in der wissenschaftlichen Reflexion (wovon bspw. die klassischen Werke von Hobbes und Locke zeugen) als auch in der politischen Praxis (Bilgin 2003: 203). Konsequenterweise ist diese Problematik im 20. Jahrhundert, im Zuge der Entwicklung der modernen Politikwissenschaft und ihrer Subdisziplinen, dort zu einer der zentralen Kategorien geworden, so dass inzwischen „die Darstellung der Entwicklung der politikwissenschaftlichen Teildisziplin der Internationalen Beziehungen ohne den Rekurs auf den normativen Begriff Sicherheit schlichtweg unmöglich [ist]" (Kümmel 2006: 13).

Der vorliegende Abschnitt stellt einen Versuch dar, von den bestehenden politikwissenschaftlichen Theorien der Sicherheit ausgehend, diesen Begriff für eine empirisch angelegte Untersuchung im Bereich der Migration fruchtbar zu machen. Bevor jedoch diesbezüglich der theoretische Rahmen der sogenannten Kopenhagener Schule näher untersucht wird, soll zunächst wenigstens kurz auf den traditionellen Sicherheitsbegriff, wie auch auf verschiedene Versuche einer kritischen Revision desselben, eingegangen werden.

2.1.1 Traditionelles Sicherheitskonzept

Die sozialwissenschaftliche Beschäftigung mit der Sicherheitsproblematik hat insbesondere nach dem Zweiten Weltkrieg (und vorwiegend in den USA und Westeuropa) eine starke Konjunktur erfahren. Der zu jener Zeit entwickelte neorealistische Ansatz in den Internationalen Beziehungen war für beinahe die ganze Zeit des Kalten Krieges das dominierende Paradigma in den Sicherheitsstudien und ist auch später ein wichtiger Bezugspunkt für alle jüngeren Theorieschulen geblieben, die ihre Positionen oft in Auseinandersetzung mit diesem Ansatz herausgebildet haben[7]. Ohne auf die inneren Unterschiede zwischen verschiedenen Richtungen des Neorealismus einzugehen, sei an dieser Stelle anzumerken, dass die nun folgende Darstellung dieser Theorie sich im Wesentlichen auf das Werk von Kenneth Waltz konzentriert (Waltz 1959, 1979), dessen zentrale Elemente (v.a. das Konzept des ‚Sicherheitsdilemmas') von der wissenschaftlichen Gemeinde deutlich stärker rezipiert worden sind als bspw. die klassischen Thesen von Morgenthau[8]. Die wichtigste Prämisse des Neorealismus besteht in der Annahme der zentralen Rolle der staatlichen Akteure im internationalen System – die Beziehungen zwischen den nicht-staatlichen Akteuren (wie internationalen Organisationen bzw. Unternehmen) werden in diesem Analyserahmen nicht berücksichtigt (Waltz 1979; Rubinstein 1988). Diesem Ansatz zufolge funktionieren Staaten im internationalen System, das durch einen Zustand der Anarchie (Fehlen einer übergeordneten Macht, die das Verhalten der Akteure regeln und gegebenenfalls auch sanktionieren könnte) gekennzeichnet ist. Das führt zur ständigen Bedrohung durch den Ausbruch von gewalttätigen Konflikten, denn in einer Situation, in der eine höhere Autorität fehlt, ist der Zustand der Sicherheit sehr brüchig:

> This is meant not in the sense that war constantly occurs but in the sense that, with each state deciding for itself whether or not to use force, war may at any time break out. (...) the hope that in the absence of an agent to manage or to manipulate conflicting parties the use of force will always be avoided, cannot be realistically entertained. Among men as among states, anarchy, or the absence of government, is associated with the occurrence of violence. (Waltz 1979: 102)

In einer solchen Welt, die nichts anderes als ein Selbsthilfesystem darstellt, wird das Überleben eines jeden einzelnen Staates zum Hauptziel aller seiner Bemühungen, dem er alle anderen Pläne unterordnen muss. Aus dieser Situation entsteht das bereits genannte Sicherheitsdilemma (engl. *security dilemma*). Aufgrund der Tatsache, dass es im internationalen System keine übergeordnete Macht gibt, die die Staaten von der Gewaltanwendung abhalten könnte, versuchen alle Betroffenen (die – und das ist die nächste Annahme des Neorealismus – rational handelnde Akteure sind) ihre Sicherheit auf eigene Faust zu gewährleisten, indem sie aufrüsten. Das führt jedoch nur zur Verunsicherung anderer

---

[7] Zur Vormachtstellung des Neorealismus in den Internationalen Beziehungen der Nachkriegszeit siehe u.a. Rubinstein 1988; Wæver 2004.

[8] Zum Ansatz von Morgenthau bzw. dessen Rezeption siehe u.a. Burchill 2001; Frei 1994; Nobel 1995.

Staaten, die sich dadurch in ihrer eigenen Sicherheit bedroht sehen und mit ähnlichen Maßnahmen antworten. Das Ergebnis ist der Rüstungswettlauf aller beteiligten Akteure[9].

Aus der obigen Beschreibung werden die wichtigsten Merkmale des neorealistischen Sicherheitsverständnisses ersichtlich, allen voran die Tatsache, dass demnach Sicherheit sowohl in der wissenschaftlichen Theorie als auch in der von ihr beeinflussten Sicherheitspolitik eindeutig „auf militärische und verteidigungspolitische Aspekte [gerichtet war]. Im Zentrum von Sicherheitsbegriff und -politik stand während des gesamten Ost-West-Konflikts der militärische Schutz des Staates vor Bedrohungen in Gestalt anderer Staaten" (Hesse 2012: 44).

Diese, notwendigerweise sehr knappe Beschreibung des neorealistischen Ansatzes soll verdeutlichen, wie sehr der durch diese Denkschule entwickelte Sicherheitsbegriff die Epoche, in der er entstanden ist, d.h. die Nachkriegszeit mit der ausgeprägten Konfrontation zweier politischen Blöcke, widerspiegelte. Der Realismus blieb dem intellektuellen Horizont seiner Epoche verhaftet, doch sahen das seine Vertreter trotz der aus verschiedenen Richtungen geäußerten Kritik nicht ein (Buzan 1997). Im Gegenteil, viele von ihnen versuchten, die Annahmen auf denen die Theorie basierte, als zeitlose, objektive Wahrheiten zu präsentieren, so dass „it is the „political realist" paradigm itself that determines what counts as fact [...]" (Rubinstein 1988: 531). Sie waren unfähig, ihre eigene Position den (angesichts der sich verändernden Konturen der internationalen Politik) nötigen Korrekturen zu unterziehen – ein Punkt, der ihnen sehr oft seitens derjenigen Forscher zum Vorwurf gemacht wurde, die seit den 1970er Jahren eine Erweiterung des Sicherheitsbegriffes forderten (Galtung 1969).

2.1.2 Erweitertes Sicherheitskonzept

Das neorealistische Paradigma dominierte die wissenschaftliche Reflexion der internationalen Politik in den ersten beiden Dekaden nach 1945. In der Zeit der sich verschärfenden Anspannungen zwischen den zwei großen politischen Blöcken schien dieser Ansatz mit seinem Sicherheitsdilemma ein entsprechendes konzeptuelles Instrumentarium zur Analyse der Struktur und Entwicklungen der internationalen Beziehungen zu liefern. Die Veränderung der Dynamik der Situation in den 1970er Jahren ließ jedoch auch innerhalb der Politikwissenschaft ernsthafte Fragen an der Validität dieser Theorierichtung bzw. zumindest einiger

---

[9] Für diese klassische Version des Konzeptes des Sicherheitsdilemmas siehe Herz 1950, 1974; Wheeler/Booth 1992.

ihrer wichtigsten Prämissen aufkommen und führte schließlich zu mehreren Debatten, deren Ergebnis neue Ansätze und Konzeptualisierungen der Sicherheitsfrage waren (Daase 2009).

2.1.2.1 Frühe Debatten über die Erweiterung des Sicherheitsbegriffes

Auch wenn der neorealistische Ansatz über die gesamte Zeit des Kalten Krieges das Denken über sicherheitspolitische Themen in der Politikwissenschaft maßgeblich beeinflusst, ja zeitweise dominiert hat, wurde in der wissenschaftlichen Gemeinde bereits während dieser Periode die Einführung eines erweiterten Sicherheitsbegriffes diskutiert. In diesem Zusammenhang sind die Thesen von Richard Löwenthal zu sehen, der bereits im Jahr 1971 für einen neuen Begriff plädierte:

> Die Bewahrung der staatlichen Identität [kann] sinnvoll nichts anderes meinen als die Sicherung der fortgesetzten inneren Selbstbestimmung (…) eines Volkes. (…) Es ist umfassender auch als das Ziel der Bewahrung der militärischen Sicherheit im konventionellen Wortsinn. (Löwenthal 1971: 11 f.)

Die Entspannungspolitik der 1970er Jahre trug maßgeblich dazu bei, dass unter Fachleuten die ‚Hierarchie der Gefahren' reevaluiert worden ist und zwar dahingehend, dass die bis dahin als am wichtigsten erachteten militärischen Bedrohungen anderen Formen von Sicherheitsproblemen Platz machen mussten. In diesem Zusammenhang darf v.a. das Werk von Johan Galtung erwähnt werden, der das Sicherheitskonzept um die Ebene der Individuen ergänzte, die menschliche Dimension der Sicherheit untersuchte und u.a. der Frage nachging, wie und unter welchen Umständen Gewaltanwendung durch eine Gesellschaft legitimiert wird (vgl. Galtung 1969). Die Anhänger des sogenannten interdependenztheoretischen Ansatzes der IB argumentierten, dass in der Ära verstärkter wirtschaftlicher Verflechtungen das bisherige Verständnis von Sicherheitspolitik auch um die ökonomische Dimension erweitert werden müsse[10]. Eine andere Richtung der möglichen Erweiterung des Sicherheitsbegriffes wurde von denjenigen Wissenschaftlern vorgeschlagen, die in den Folgen der fortschreitenden Degradierung der Umwelt eine viel gefährlichere Bedrohung für die menschliche Sicherheit sahen, als in zwischenstaatlichen Konflikten. In diesem Geiste stellte z.B. Lester

---

[10] Zum Ansatz des Institutionalismus siehe v.a. Keohane/Nye 1985; Keohane 2002. Für die deutsche Rezeption dieses Ansatzes, die in den 1980er Jahren einsetzte, siehe Kohler-Koch 1989; Müller 1993, 1995; Senghaas 2004.

Brown in der von ihm konzipierten Wirkungskette die politische Sicherheit gar ganz ans Ende, denn „the military threat to national security is only one of many that governments must now address. The numerous new threats derive directly or indirectly form the rapidly changing relationship between humanity and the earth´s natural systems and resources" (Brown 1977: 37). Die Relevanz dieser Problematik in den politikwissenschaftlichen Debatten über Sicherheit nahm vor allem in den 1980er Jahren, mit steigendem Bewusstsein über die Folgen der Umweltzerstörung, zu (vgl. Beck 1986). Einen zusätzlichen Ansporn erfuhren diese Debatten schließlich durch den Zusammenbruch der Sowjetunion und die dadurch ausgelöste Umstrukturierung der internationalen Politik (Rosenau 1992). Dieses Ereignis war, wie von Ken Booth bemerkt (1997), insbesondere für die Vertreter des Neorealismus mit der Notwendigkeit des Umdenkens über die internationale Politik verbunden. Angesichts der neuen Bedrohungen (allen voran die sogenannten neuen Kriege – vgl. Kaldor 2000; Münkler 2002) und der zahlreichen Krisen[11] wurden in der politikwissenschaftlichen Diskussion seit Anfang der 1990er Jahre die Forderungen nach einer Neuausrichtung des Sicherheitsbegriffs, die diesen neuen Phänomenen Rechnung tragen würde, immer stärker. In diesem Sinne wurde für einen umfassenden Sicherheitsbegriff plädiert, denn „Menschenrechte, politische Stabilität und Demokratie, soziale Belange, Wiederaufbau zerstörter Gesellschaften, kulturelle und religiöse Identität und Flüchtlingsbewegungen sind Themenbereiche, die für Sicherheit und Konfliktprävention stetig wichtiger werden" (Gärtner 2001: 90).

Für diejenigen Wissenschaftler, die unter dem starken Einfluss der neorealistischen Orthodoxie geblieben waren, kam das Erscheinen der unter dem Label NEST (eng. *New European Security Theory*)[12] bekannt gewordenen Ansätze ziemlich überraschend. Nichtsdestotrotz muss betont werden, dass diese keinesfalls im (theoretischen) Vakuum entstanden waren und vielmehr ihre Inspirationen aus den oben genannten Versuchen einer alternativen (zum Neorealismus) Sicherheitsforschung genommen hatten. Darauf aufbauend lösten sie in den späten 1980er Jahren eine Debatte aus, die bereits nach 1989 in der Entstehung neuer Theorierichtungen resultierte, deren Positionen auf einer radikalen Kritik des Neorealismus basierten. Diese werden im folgenden Abschnitt dargestellt.

---

[11] Zur sinkenden Bedeutung der zwischenstaatlichen Konflikte siehe Zangl/Zürn 2003.
[12] Die Benutzung dieser Bezeichnung in der vorliegenden Arbeit stützt sich auf Büger/Stritzel (2005). Die Vertreter dieser kritisch-theoretischen Ansätze arbeiten inzwischen eng zusammen und bezeichnen sich selbst als *Critical Approaches to Security in Europe* (vgl. CASE 2006).

2.1.2.2 Umfassender Sicherheitsbegriff der NEST

Die im vorangegangenen Abschnitt beschriebenen frühen Versuche einer theoretischen Auseinandersetzung mit dem neorealistischen Paradigma gewannen im Lauf der Zeit an Intensität. Spätestens das Ende des Kalten Krieges führte der wissenschaftlichen Gemeinde die Tatsache vor Augen, dass im veränderten geopolitischen Kontext auch die Sicherheitstheorie neu gedacht werden muss, so dass sie die gewachsene Rolle mancher Phänomene berücksichtigt (Baldwin 1995; Bilgin 2003: 207). Vor diesem Hintergrund wurden seit Anfang der 1990er Jahre insbesondere in Europa in der Sicherheitsforschung zunehmend Ansätze entwickelt, die sich von der neorealistischen Theorietradition sehr deutlich absetzten. Im Folgenden werden drei dieser neuen Ansätze behandelt, – die Kopenhagener Schule[13], die Waliser Schule und die Pariser Schule[14] – die einen großen Beitrag zur Entwicklung der Theorie der Sicherheit geleistet haben.

Den wohl größten Einfluss auf die Entwicklung der Sicherheitsstudien seit Anfang der 1990er Jahren hatte eine Theorie der Sicherheit, die von der sogenannten Kopenhagener Schule entwickelt worden ist. Dieser Terminus, der auf Bill McSweeney zurückgeht (1996), wird für die Bezeichnung einer theoretischen Richtung benutzt, die ihren Ursprung in den Arbeiten des 1985 in Kopenhagen gegründeten *Copenhagen Peace Research Institute* (COPRI[15]) hat und die sich seitdem in mehreren Publikationen und Sammelbänden bemüht hat, eine umfassende und kohärente Sicherheitstheorie zu entwickeln (vgl. u.a. Buzan 1991, 1997; Buzan et al. 1998; Buzan/Wæver 2003; Wæver 1995, 2000, 2004). Ihr wohl wichtigster Beitrag zu diesem Forschungsfeld besteht in dem Konzept der Versicherheitlichung, das die Verabschiedung des klassischen Sicherheitsverständnisses markiert. ‚Sicherheit', so der Ansatz der Kopenhagener Schule, stellt keine objektive Gegebenheit dar, sondern wird vielmehr sozial konstruiert. Sie kann als eine diskursive Praxis der Ernennung (eng. *utterance*) verstanden

---

[13] Da diese Theorierichtung den konzeptionellen Rahmen der vorliegenden Studie bildet, wird sie getrennt im Abschnitt 2.1.3 behandelt.
[14] Es sei darauf hingewiesen, dass eine strikte Trennung zwischen den Denkschulen angesichts der gegenseitigen Befruchtung und zahlreichen Gemeinsamkeiten zwischen diesen Ansätzen etwas künstlich ist (vgl. CASE 2006: 450). Sie wird im Folgenden dennoch beibehalten, um der Klarheit der Ausführungen zu dienen.
[15] Mit diesem Institut, das 2003 zum *Danish Institute for International Studies* umbenannt wurde, waren zu unterschiedlichen Zeiten Vertreter der Kritischen Theorie wie Barry Buzan, Lene Hansen, Ole Wæver und Jaap de Wilde verbunden – zu Aktivitäten des Instituts vgl. Guzzini/Jung 2004.

werden, die Teilbereiche von Politik bestimmten Akteuren, Regeln und Handlungsweisen zuordnet[16].

Der Ansatz der sogenannten *Critical Security Studies* ist durch eine Gruppe von Forschern um Ken Booth und Richard Wyn Jones an der *University of Wales* entwickelt worden, woher auch die Bezeichnung dieser Theorierichtung als Waliser Schule kommt (Booth 1991, 2007; Hansen 1997; Krause 1998; Krause/Williams 1997). Die Vertreter dieser Denkrichtung sehen sich in der theoretischen Tradition der Frankfurter Schule; demnach soll auch die von ihnen entwickelte Theorie politisch Partei ergreifen (können). Konsequenterweise richtet sich der analytische Fokus des Interesses dieser Theorieschule auf die Ebene der Subjekte, die eindeutig den zentralen Bezugspunkt der Theorie der Sicherheit darstellen. Nicht mehr die Staaten stehen im Zentrum der Überlegungen als wichtigstes Referenzobjekt, sondern die Menschen, die es zu schützen bzw. zu emanzipieren gilt. Diese normative Haltung führt zu Versuchen, Wege jenseits der Versicherheitlichung bzw. Methoden, diese rückgängig zu machen, zu finden (vgl. 2.1.3.3).

Einen deutlich anderen Fokus hat die Theorie der sog. Pariser Schule. Während die Vertreter der bereits genannten Ansätze aus dem IB-Bereich kamen, hatten die französischen Forscher ihren Hintergrund in Disziplinen wie politische Soziologie, Politikwissenschaft oder Kriminologie. Diese Tatsache erklärt auch die vergleichsweise deutlich stärkere empirische Orientierung dieser Theorierichtung (CASE 2006: 457 f.). Sie wurde v.a. durch Jef Huysmans und Didier Bigo entwickelt, die sich bei ihrem Sicherheitskonzept stark durch Michel Foucaults Arbeiten zur Natur der Macht inspirieren ließen (Foucault 2004, 2005). Eine andere Inspirationsquelle, deutlich zu sehen bei Bigo, stellten die Arbeiten Pierre Bourdieus, insbesondere dessen Feldbegriff, dar (Bourdieu 1998, 2001). Bigo plädiert in seinen Schriften für eine Sicherheitstheorie, die das ‚Sicherheitsfeld' (eng. *field of security*) untersuchen würde. Eine besondere Aufmerksamkeit widmet er den dort aktiven Sicherheitsexperten (wie Polizei, Militär oder Zoll, aber auch Vertreter von Stiftungen oder Forschungsinstituten) – ihre Rolle rückt in den Fokus der Untersuchung (Bigo 1994, 2001, 2002a, 2002b, 2002c; Bigo et al. 2008; Bigo/Guild 2005). Dabei wird im Gegensatz zur Theorie der Kopenhagener Schule die Sicherheit nicht als eine diskursive Praxis der Benennung verstanden, sondern als ein Prozess, der in den alltäglichen, oft routinierten Praktiken der oben erwähnten Experten, die als *security professionals*

---

[16] Das Konzept der Versicherheitlichung wurde zum ersten Mal von Ole Wæver formuliert (1995), seine wohl bekannteste ‚klassische' Umsetzung findet sich in Buzan et al. 1998; eine nähere Besprechung erfolgt im Abschnitt 2.1.3.1.

(Bigo 2002a: 64) bezeichnet werden, entsteht. Die Pariser Schule untersucht dabei, welcher Akteur eine allgemein anerkannte Expertenrolle im jeweiligen Feld annehmen kann und wie die Sicherheit infolge des andauernden Ringens der Akteure um Anerkennung, Macht und Ressourcen (re)produziert wird. Es wird ausdrücklich betont, dass diese Prozesse nicht aus dem Sicherheitsdiskurs hervorgehen, sondern unabhängig von diesem entstehen und dann jenseits von ihm verlaufen (können).

Die in diesem Kapitel dargestellten Ansätze unterscheiden sich zwar in mehreren Punkten voneinander, sie haben aber auch gemeinsam, dass sie Positionen vertreten, die als konstruktivistisch zu bezeichnen sind. Mit ihren Postulaten der Neudefinierung des klassischen Sicherheitsbegriffes, die vor allem dessen Erweiterung einschließen würde, stellen sie gleichzeitig auch die lange Tradition der politischen Philosophie in Frage, auf die sich der Neorealismus berufen hat und deren wichtigste Prämisse darin bestand, in den Nationalstaaten die wichtigsten Akteure internationaler Politik zu sehen. Die neuen Sicherheitstheorien lehnen diese Vorstellung mit Verweis auf die Restrukturierung des Politischen als überholt ab. Der von ihnen geforderten Erweiterung der Referenzdimension liegt die Überzeugung zugrunde, dass das Referenzobjekt der Sicherheit anders als bis dahin lokalisiert werden muss – neben dem Nationalstaat wird nun auch die Sicherheit der Gesellschaft oder der Individuen untersucht.

2.1.3 Die Theorie der Versicherheitlichung als konzeptueller Rahmen für die Untersuchung der Migrationsproblematik

2.1.3.1 Sicherheitstheorie der Kopenhagener Schule

Der Ansatz der Kopenhagener Schule, unter spezieller Hervorhebung des darin entwickelten Konzepts der Versicherheitlichung, stellt den konzeptuellen Bezugspunkt für die vorliegende Studie dar. Im Folgenden wird er erläuternd erklärt, bevor die für den Zweck der vorliegenden Untersuchung vorgenommenen Modifizierungen erwogen werden.

Die zentrale Prämisse des Kopenhagener Ansatzes liegt in der Ablehnung vom klassischen, neorealistischen Verständnis von Sicherheit als einer objektiven Gegebenheit zugunsten einer Konzeption, die diese als soziales Konstrukt versteht, als Ergebnis eines Prozesses, in dessen Verlauf verschiedene soziale Phänomene zu Gefahren erklärt und somit als solche konstruiert werden. Dies bedeutet, dass "by saying it, something is done (as in betting, giving a promise, naming a ship). By uttering „security", a state-representative moves a particular development into a specific area, and thereby claims a special right to use whatever means are necessary to block it" (Wæver 1995: 51). Konsequenterweise darf angenommen werden, dass potenziell jedes soziale Phänomen zu einem Sicherheitsproblem erklärt werden kann. Daraus folgt, dass „not only is the realm of possible threats enlarged, but the actors or objects that are threatened (...) can be extended to include actors and objects well beyond the military security of the territorial state" (Williams 2003: 513). Eine solche Konzeptualisierung der Sicherheit macht eine entsprechende Erweiterung der Agenda der Sicherheitsstudien notwendig, obgleich sie auch Gefahr läuft, diese auf alle Phänomene des Sozialen auszustrecken (bis hin zur Feststellung „alles ist Sicherheit"), was in einer Verwässerung der Theorie resultieren würde. Diesem Problem begegnet die Theorie der Kopenhagener Schule einerseits mit Erarbeitung des Konzeptes der Sicherheitsbereiche (eng. *sectors*)[17] und andererseits dadurch, dass sie die sogenannte Versicherheitlichung, d.h. eine erfolgreiche Übertragung eines Problems in das Feld der Sicherheit, mit zahlreichen Bedingungen belegt. Es werden nämlich nicht alle Themen gleichermaßen in ihrer Rolle als Sicherheitsprobleme von der relevanten Zuhörerschaft akzeptiert und auch nur bestimmte Akteure haben das gleiche Recht darauf, die Sicherheit „auszusprechen" (Lipschutz 1995).

Es sei darauf hingewiesen, dass die Kopenhagener Schule dem Phänomen der Versicherheitlichung eher kritisch gegenübersteht. Sie sieht darin nämlich ein Eingeständnis seitens der politischen Akteure, die sich als unfähig erwiesen haben, ein bestimmtes Problem mit den Mitteln ‚normaler' Politik zu lösen. Aus dieser Haltung, die sie sehr deutlich von dem in der Formel „je mehr Sicherheit, desto besser" ausgedrückten Standpunkt des neorealistischen Ansatzes absetzt, folgt auch das Interesse der Kopenhagener Schule für eine mögliche Entsicherheitlichung (eng. *desecuritization*) (Huysmans 1998 – vgl. 2.1.3.3).

2.1.3.2 Spätere Debatten um die Theorie der Versicherheitlichung

Der Ansatz der Kopenhagener Schule hat eine lebhafte Debatte innerhalb der wissenschaftlichen Gemeinde hervorgerufen; in ihrem Verlauf wurden mehrere Kritikpunkte formuliert (siehe unten), besonders intensiv wurde dabei der Ansatz

---

[17] Die Kopenhagener Schule unterscheidet fünf verschiedene Bereiche (eng. *sectors*), die theoretisch alle versicherheitlicht werden können – Politik, Ökonomie, Militär, Umwelt und Soziales (Buzan/Wæver 2003). Dadurch sollte dem Vorwurf begegnet werden, die Theorie der Versicherheitlichung wäre nur ungenügend in den sozialen Kontext eingebunden.

der Versicherheitlichung diskutiert, der den wichtigsten Punkt dieser Theorie bildete[18].

Während die vorliegende Studie einen Beitrag zu der (inzwischen sehr umfangreichen) vom Ansatz der Kopenhagener Schule inspirierten Forschungsliteratur leistet, so folgt sie diesem Ansatz nicht durchgehend, sondern versucht diesen Analyserahmen um eine neue Perspektive von Untersuchungen zur Versicherheitlichung der Migration zu bereichern. Neben den unbestreitbaren Vorteilen, die mit der empirischen Anwendung der Theorie der Kopenhagener Schule zur Analyse der Sicherheitsprozesse verbunden sind, gibt es dabei immer noch eine Reihe von Problemen, die dadurch verursacht werden, dass einige der zentralen Elemente dieser Theorie ungenügend herausgearbeitet sind. Die wichtigsten Probleme lassen sich in drei Punkten lokalisieren, wie u.a. von Matt McDonald gezeigt (2008; vgl. auch Stritzel 2007, 2011): Erstens führt das Festhalten an einer bestimmten Interpretation der Sprechakttheorie dazu, dass die Sprache als einziges Medium der Deutungsübertragung betrachtet wird. Dabei werden andere Möglichkeiten weitgehend außer Acht gelassen, was v.a. in den Zeiten der Entwicklung der neuen Medien schwerwiegende Folgen für die Forschung, die diese ignoriert, haben kann. Zweitens tut sich die Theorie aus dem oben genannten Grund auch schwer, die Rolle des sozialen Kontextes, in dem der Sprechakt zustande kommt, anzuerkennen und entsprechend zu thematisieren. Drittens ist auch in Bezug auf die Akteure im Prozess der Versicherheitlichung der Fokus der Theorie der Kopenhagener Schule zu eng. Durch die Konzentration auf die politischen Eliten, denen als einzigen das Recht zugesprochen wird, die Sicherheit ‚auszusprechen', kann sie die Komplexität des sozialen Feldes nicht erfassen.

Eine der durch die wissenschaftliche Gemeinde meistdiskutierten Thesen der Kopenhagener Schule bildet ihr Verständnis der Sicherheit als ein Sprechakt (eng. *speech act*), das v.a. in den Arbeiten Ole Wævers anzutreffen ist (Wæver 1995; Stritzel 2011: 348)[19]. Sein Ansatz ist in großem Maße von der Sprachtheorie John L. Austins (1972), insbesondere aber von den Arbeiten Judith Butlers

---

[18] Ganz allgemein lassen sich dabei laut Pram Gad/Lund Petersen (2011) drei zentrale Richtungen der Entwicklung der wissenschaftlichen Literatur zur Versicherheitlichung identifizieren. Die erste Gruppe der Forscher versucht das Konzept als eine analytische Kategorie weiterzuentwickeln (Balzacq 2005; Huysmans 2011; Stritzel 2007, 2011). Andere beschäftigen sich mit den normativen Implikationen der Theorie (Aradau 2004; Booth 2007; Elbe 2006; Floyd 2010, 2011; Roe 2012). Die dritte Gruppe schließlich untersucht die Versicherheitlichung bspw. in den alltäglichen Praktiken der *security professionals*, um zu zeigen wie einzelne Staaten die Grenze zwischen dem ‚normalen' und dem ‚Ausnahmezustand' zu verwischen versuchen (Bigo 2002a; McDonald 2008; Neal 2006).

[19] Zu den letzten Entwicklungen in der akademischen Debatte um die Sicherheit als Sprechakt siehe u.a. Balzacq 2010, 2011; Floyd 2010; Huysmans 2011; Vuori 2008.

und ihrem Konzept der „Performativität", inspiriert (Butler 2006). Mit diesem Begriff werden von Butler diejenigen Sprechakte beschrieben, die das, was sie benennen, dadurch gleichzeitig auch in Kraft setzen. Solche Sprechakte sind von den äußeren Umständen (dem sozialen Kontext) unabhängig, im Gegenteil, sie selbst sind im Stande, die soziale Wirklichkeit zu strukturieren:

> [...] it is the speech act itself which has the power to create authority and bring about change rather than pre-existing context that would empower actors and/or speech acts in the first place. (Stritzel 2007: 361 f.)

Die Sprache ist demnach der einzige Ort der Sicherheitsproduktion – die Sicherheit wird konstruiert, was durch den Akt der Äußerung zustande kommt. Dies ist auch das zentrale Ereignis des ganzen Prozesses – alle sozialen Praktiken folgen aus diesem Akt der Ernennung, entstehen in einem von ihm strukturierten Feld. Diese Begrenzung auf die Sprache als einzige Form der Sicherheitsproduktion ist jedoch – wie von McDonald gezeigt – aus zumindest zwei Gründen problematisch. Erstens ist die Sprache nicht das einzige Medium der Deutungsübertragung. Wie bereits angesprochen, kann das auch über verschiedene audiovisuelle Mittel erfolgen, deren Rolle gegenwärtig ständig zunimmt und die faktisch ganz neue Formen der Kommunikation hervorbringen (vgl. McDonald 2008: 568). Diese Tatsache macht auf die Bedeutung der Bilder in der Produktion der Sicherheitsdiskurse aufmerksam, was für die ganze Theorie der Versicherheitlichung schwerwiegende Folgen haben könnte, müssten doch grundlegende Fragen nach der Konzeptualisierung der Form des Sicherheitsaktes aufgestellt werden (vgl. Huysmans 2011: 372 ff.). Es ist ein ernstzunehmendes Problem, denn die Verweigerung, die Bedeutung der nicht-sprachlichen Mittel der Deutungsübertragung anzuerkennen bzw. „treating social communication in a strictly linguistic-discursive form risks limiting the kinds of acts and contexts that can be analyzed as contributing to securitizations" (Williams 2003: 525). Dieses Problem ist eng mit der Frage nach den Akteuren im Prozess der Versicherheitlichung verbunden: Die von den Medien bzw. Künstlern produzierten Bilder von Sicherheit unterliegen nicht der Kontrolle des staatlichen Akteurs und aufgrund ihrer Reichweite und Wirkungskraft untergraben sie seine dominierende Position in diesem Prozess. Aus diesem Grund sollte der offizielle (staatliche) Diskurs nur als eine von mehreren Narrationen in einem diskursiven Feld betrachtet werden. Auch wenn er meistens seine dominierende Position behält, so darf seine absolute Dominanz nicht vorausgesetzt werden; vielmehr muss er immer in seiner Relation zu anderen Diskursen untersucht werden. Es handelt sich dabei um die Fragen der Macht in einem diskursiven Feld, die jeweils erneut aufgestellt und untersucht werden müssen.

Die in ihrer Natur postmoderne Konzeptualisierung der Sicherheit als Sprechakt, dessen Bedeutung und auch performative Kraft nicht dem sozialen Kontext seiner Entstehung entsprungen sind, sondern vielmehr von diesem Akt selbst hervorgebracht werden, hat weitreichende Implikationen für die Versuche, diese Theorie für empirische Analysen fruchtbar zu machen. Diese müssten demnach den Sicherheitsakt völlig unabhängig vom sozialen Kontext untersuchen, ja, den Letzteren sogar ausblenden[20]. In der vorliegenden Studie wird jedoch die Position vertreten, dass jeder dieser Prozesse in einem bestimmten sozialen Kontext stattfindet – sowohl sein Verlauf als auch die Endgestalt hängen von mehreren soziokulturellen Faktoren ab, die bei der Analyse berücksichtigt werden müssen. Es handelt sich hier z.B. um die Fragen nach den Bedingungen des Erfolges einer bestimmten Versicherheitlichung, ihrer Wirksamkeit (d.h. warum verläuft sie im Fall bestimmter Felder reibungslos, während sie in anderen Fällen auf Widerstand trifft). Diese Fragen können nicht ohne Erörterung der Struktur der untersuchten Gemeinschaft, ihrer Kultur und Geschichte und der bereits existierenden Narrationen beantwortet werden. Erst die Berücksichtigung aller dieser Faktoren erlaubt eine umfassende Analyse einer konkreten Versicherheitlichung.

Diese Überlegungen weisen auf ein ganz breites Feld von sozialen Praktiken hin, in dem die Sicherheitsproduktion erfolgt. Es ist ausgerechnet dieser Bereich des Sozialen – so die Vertreter der sog. Pariser Schule – der untersucht werden müsse, solle eine konkrete Versicherheitlichung in einer Analyse erfasst werden, die über eine konzeptionelle Ebene hinausgeht (Bigo et al. 2007; Bigo 2008). Durch diese Herangehensweise, die die soziale Dimension des Prozesses berücksichtigt, wird es möglich zu untersuchen, wie diese Politik auf supranationaler Ebene interpretiert und umgesetzt wird, welche Formen sie letztendlich annimmt. Für den vorliegenden Fall bedeutet es, dass dieser Prozess auch jenseits der offiziellen, auf EU- und nationaler Ebene formulierten Programme untersucht wird, so dass überprüft werden kann, ob seine Umsetzung tatsächlich den harten Vorgaben der EU folgt oder ob die für diese Umsetzung verantwortlichen regionalen Akteure ihre eigenen Strategien im Umgang mit diesem Pro-

---

[20] Diese Feststellung bezieht sich auf die frühen Konzeptualisierungen dieses Problems in der Theorie der Kopenhagener Schule, die später unter dem Einfluss der Kritik ihre Position zu revidieren versuchte. Vor diesem Hintergrund ist Buzans Konzept der ‚Sicherheitssektoren' zu betrachten (vgl. Albert/Buzan 2011; Buzan 1998, 2003; CASE 2006; Guzzini 2011).

blem entwickeln, die eher an die lokalen Gegebenheiten angepasst sind, anstatt dem offiziellen Diskurs zu folgen.

Bei der Analyse des sozialen Kontextes ergeben sich jedoch gewisse Probleme, denn seine Rolle in der untersuchten Politik darf nicht einfach als Summe seiner Bestandteile verstanden werden. Diese Elemente sind eng miteinander verzahnt, so dass die Untersuchung sie in dieser komplexen Wechselbeziehung erfassen muss. Einen interessanten Ausweg aus diesem Dilemma bietet Holger Stritzel (2007). Er unterscheidet zwischen soziolinguistischer und soziopolitischer Dimension des sozialen Kontextes. Unter der ersten wird „the network of constitutive rules and narratives that surround a single linguistic act" (Stritzel 2007: 369) verstanden, d.h. all die bereits existierenden Narrationen, Bilder und Metaphern, auf die die Akteure zurückgreifen, wenn sie ihren Diskurs verständlich machen wollen. Die zweite Dimension umschreibt die sozialen und politischen Strukturen, in denen die sicherheitsproduzierenden Akteure funktionieren. Diese Strukturen sind asymmetrisch und werden durch Machtbeziehungen bestimmt, die darüber entscheiden, welche Akteure das Recht haben, die Sicherheit auszusprechen. Die Versicherheitlichung ist also immer in die historischen Deutungs- und Machtstrukturen eingebettet; von zentraler Bedeutung ist hier „existing discourse in its fluid socio-linguistic and more sedimented (socio-political and/or socio-linguistic) form which privileges or disadvantages certain actors (,positional power') and texts (,performative force') as opposed to others" (Stritzel 2007: 370). Im Modell von Stritzel gibt es drei zentrale Antriebskräfte der Versicherheitlichung: 1) die performative Kraft der Texte über die Gefahren und Bedrohungen, die jedoch 2) in bereits existierenden Diskursen eingebettet sind und 3) die Macht der Akteure, die im Prozess der Deutungszuschreibung eine entscheidende Rolle spielen. Der letzte Punkt wird auch in den Arbeiten der Vertreter der Pariser Schule stark hervorgehoben, deren Perspektive die vorliegende Studie annimmt. Demnach wird Sicherheit v.a. als eine Technik des Regierens verstanden (im Sinne der Gouvernementalität von Foucault – 2004; 2005) und entsprechend untersucht: Nicht mehr der zentrale politische Diskurs ist hier entscheidend (wenn auch seine Bedeutung offenbar gewürdigt wird), sondern die auf supranationaler Ebene angesiedelten alltäglichen, oft routinierten Praktiken der Sicherheitsexperten (Bigo 2002a; vgl. auch 2.1.2.2). Bei der Untersuchung der Implementierung der europäischen Migrationspolitik in einer polnischen Grenzregion wird daher dem regionalen ‚Sicherheitsfeld' der Akteure aus Politik und Verwaltung entsprechende Aufmerksamkeit geschenkt.

2.1.3.3 Die Frage der Entsicherheitlichung

Die Konzeptionalisierung der Versicherheitlichung als Phänomen prozessualen Charakters setzt auch die Möglichkeit einer gegenläufigen Entwicklung voraus, d.h. eines Prozesses, in dessen Ergebnis ein bestimmtes Problem von der Agenda der Sicherheitspolitik zurückgezogen wird. Diese Möglichkeit erscheint insbesondere für diejenigen Theoretiker attraktiv, die aus normativen Positionen heraus argumentieren und auf die potenziellen innenpolitischen Konsequenzen der Organisation der Gesellschaft nach den Prinzipien der Feindseligkeit und des Ausnahmezustands hinweisen (CASE 2006: 455 ff.; Roe 2012; Wæver 2011). Ähnlich erwünscht wird sie auch für diejenigen, die der Versicherheitlichung Ineffektivität und Kontraproduktivität (unnötige Produktion von Gefahren und Bedrohungen) vorwerfen (Huysmans 1998: 570). Aus diesen Gründen wurde das Konzept der Entsicherheitlichung[21] entwickelt, d.h. der Aufhebung der „abnormal politicization" (Alker 2005: 197) eines Problembereichs und der daraus folgenden Rückkehr zu dessen Bearbeitung mit Mitteln der normalen Politik – ‚normal' hier im Sinne der „Politik der Normalität" (im Gegensatz zu der des Ausnahmezustands, die die Versicherheitlichung charakterisiert). Wenn aber die Entsicherheitlichung oft gar als „the theory's most programmatic concept" (Waever 2011: 471) betrachtet wird und die meisten Vertreter der NEST sich auch darauf einigen, dass sie in den meisten Situationen etwas Erstrebenswertes sei, so herrscht dennoch Unsicherheit sowohl bezüglich der Form, die sie annehmen sollte als auch der möglichen Strategien ihrer Umsetzung. Aufgrund dessen, dass dieses Konzept – im Vergleich zur Versicherheitlichung – eher unterentwickelt bleibt, werden an dieser Stelle zunächst Fragen von grundlegender Natur gestellt: Wie kommt es überhaupt zur Entsicherheitlichung? Welche Begleitumstände müssen dafür gegeben sein und wie verläuft der Prozess? Den ersten Versuch einer Antwort auf diese Fragen lieferte bereits der Ansatz von Ole Wæver (2000), der darauf abzielte, den potenziellen Prozessen der Versicherheitlichung vorzubeugen. So stellte er mit Hinblick auf die zukünftige Entwicklung der Forschung fest, dass „securitization studies are thus likely to lead to a special interest in strategies that preempt or forestall securitization rather than those that solve already preexisting security problems" (Wæver 2000: 254). Allerdings darf diese Strategie der „non-securitization" (Roe 2004: 285) nicht allgemein gültig sein, liefert sie doch keine Antwort auf die Frage, wie im Fall einer bereits erfolgten Versicherheitlichung vorgegangen werden soll. Aus diesem Grund ist sie auch für den Zweck der vorliegenden Studie nicht geeignet.

---

[21] Dieser Begriff geht auf Ole Wæver zurück (vgl. Wæver 1995).

Die Ausführungen stützen sich vielmehr auf die von Jef Huysmans entwickelte Strategie der „Ästhetik der Alltäglichkeit" (eng. *political aesthetics of everydayness*) (Huysmans 1995, 1998). Huysmans nennt drei mögliche Strategien der Entsicherheitlichung eines bestimmten Problembereiches[22]. Die erste von ihnen („objektivistische Strategie") versucht demnach die Wirkung der Versicherheitlichung zu entschärfen, indem sie auf deren oft fehlende Begründung hinweist (im Fall der Migration könnte bspw. mit Statistiken belegt werden, dass Immigranten keine höheren Kriminalitätsraten aufweisen als die einheimische Bevölkerung). Die offensichtliche Schwäche dieser Herangehensweise zeigt jedoch bereits Huysmans auf: Hier wird die Dichotomie Einheimische-Immigranten selbst durch diejenigen reproduziert, die sich um die Entsicherheitlichung bemühen (Huysmans 1995: 66). Dieser Fehler wird zwar in der von Huysmans als konstruktivistisch bezeichneten Strategie vermieden, bemüht sie sich doch eher um ein Verständnis des Funktionierens der Versicherheitlichung und nicht so sehr um die Festlegung, ob bestimmte Phänomene tatsächlich Gefahren (eng. *threats*) darstellen. Dafür aber darf ihr ein zu statisches Verständnis der sozialen Welt vorgeworfen werden (Huysmans 1995: 66 f.). Huysmans selbst plädiert für den dritten Weg, die „dekonstruktivistische Strategie" der Entsicherheitlichung, die auf der erwähnten politischen Ästhetik der Alltäglichkeit basiert. Demnach wird ein bestimmtes Problem dadurch als potenzielle Gefahr ‚entschärft', dass es durch den öffentlichen Diskurs in einem breiteren sozioökonomischen Kontext und in alltäglichen Praktiken gezeigt wird. Huysmans illustriert diese Strategie mit dem Beispiel der Unruhen in den Vorstädten westlicher Metropolen, die im medialen Diskurs oft zur Konstruktion der Bedrohung durch Immigranten benutzt werden. Ein Versuch der Entsicherheitlichung dieses Problems könnte darin bestehen, dass „these riots are contextualised in a more complex story about the deterioration of life in suburbs as a result of ghettoisation, unemployment, etc." (Huysmans 1998: 588). Durch das Aufzeigen der Ähnlichkeiten der Lebenssituationen (Herausforderungen und Probleme) zwischen den Einheimischen und Immigranten soll die Dichotomie zwischen den beiden Gruppen, und damit auch die nötige Grundlage jeder Versicherheitlichung, überwunden werden.

---

[22] Ein neues und interessantes Herangehen bietet Vibeke Tjalve (2011): In ihrem Modell zielt die Entsicherheitlichung nicht auf die Ebene der *politics*, sondern die der *polity* ab – aufgrund der strukturellen Veränderungen im politischen System wie auch wegen der faktischen Ablösung der Sprache in ihrer Rolle des Mediums von Deutungsübertragung durch die audiovisuellen Mittel müssen die grundlegenden Fragen bezüglich des Wesens der Prozesse der Ver- und Entsicherheitlichung neu aufgestellt werden.

Wie jedoch von Claudia Aradau (2004) gezeigt, scheint das Konzept von Huysmans trotz aller seiner Vorzüge eher eine *ad-hoc*-Strategie im Umgang mit dem Problem darzustellen. Was hier nicht angesprochen wird, ist die Frage der sozialen Ordnung, die den Beziehungen zwischen den beiden Gruppen einen Rahmen gibt und dadurch oft die genannte Dichotomie, die „hegemonic structures" (Aradau 2004: 400) der Kontrolle und Macht, reproduziert. Die Politik wird – so Aradau – auch in den Praktiken des Alltags legitimiert (Roe 2004: 287). Als einen möglichen Ausweg aus diesem Problem schlägt Aradau daher eine Strategie des Ankämpfens gegen diese Politik vor, die auf Ebene der Subjekte ansetzen würde. Dabei meint sie aber nicht etwa die Sicherheitsakteure selbst, sondern vielmehr Menschen, die früher selbst Auswirkungen solcher Maßnahmen erfahren haben. Ihre Perspektive wurde in der bisherigen Forschung als auch in der politischen Praxis weitgehend ignoriert, doch die Umsetzung der Entsicherheitlichung darf nur auf ihrer Ebene erfolgen – eine Ästhetik der Alltäglichkeit bedeutet demnach einen kontinuierlichen und aktiven Austausch sowie Kontakte zwischen den Gruppen der Einheimischen und der Fremden/Migranten. Dieser Perspektive folgt auch die vorliegende Studie. Sie setzt auf der Ebene der Subjekte (den Bewohnern der betroffenen Region) an, damit durch eine Analyse ihrer Selbstdefinitionen gezeigt werden kann, inwieweit die Versicherheitlichung ihre Bilder der ‚Fremden' und Immigranten beeinflusst hat und wie sich ihre Beziehungen zu den Nachbarn von der anderen Seite der Grenze unter den nun veränderten Bedingungen im Grenzraum gestalten.

2.2 Theoretische Annäherungen an die Migrationspolitik

Staatliche Versuche, das Phänomen der Migration zu kontrollieren, blicken auf eine lange Geschichte zurück; sie können bis ins Mittelalter zurückverfolgt werden, wenngleich sich diese Kontrolle damals aufgrund der sich überschneidenden verschiedenen Rechtsansprüche und fehlender eindeutiger territorialer Zuordnung oft als schwierig bzw. gar unmöglich gestaltet hat (Anderson 1996; Eigmüller/Vobruba 2006). Die Veränderung dieses Zustands erfolgte aufgrund der fortschreitenden Stärkung der Zentralmacht der Herrschenden; mit dem langsamen Aufkommen des Bewusstseins der staatlichen Souveränität gingen auch verstärkte Versuche seitens der jeweiligen Machthaber einher, ihre Macht über ein Territorium durch dessen Abgrenzung von anderen Gebieten zu verstärken, was den Grenzen immer mehr den Charakter einer *Frontière* verlieh. Die Anfänge der modernen Migrationspolitik sind in den Prozessen der politisch-kulturellen Neuordnung der westeuropäischen Gesellschaften zu suchen, die im

18. Jahrhundert einsetzten und dazu führten, dass der Staat „den Verlauf der Grenze festlegte, sie überwachte und schließlich darüber bestimmte, wer und auch was die Grenze passieren durfte" (Eigmüller/Vobruba 2006: 58). Die verschiedenen Methoden zur Kontrolle der Grenzen des eigenen Territoriums, die zuerst in Frankreich in der Zeit nach der Revolution eingeführt worden sind, wurden im Verlauf des 19. und 20. Jahrhunderts von immer mehr Staaten übernommen und zunehmend perfektioniert. Aristide Zolberg schreibt in diesem Zusammenhang von den Aufnahmepolitiken der westlichen Staaten als „kleiner Tür", die nur ausgewählte Gruppen von Ausländern passieren dürfen. Die zukünftige Entwicklung des internationalen Migrationsregimes, so Zolberg weiter, hänge in entscheidendem Maße davon ab, „how these doors are manipulated" (Zolberg 1989: 406)[23].

Im Folgenden werden die unterschiedlichen Arten der wissenschaftlichen Erfassung des Problems der Migrationspolitik untersucht. Darüber hinaus wird auch die in den staatlichen Politiken erfolgende Verknüpfung der Migration mit den Fragen der Sicherheit thematisiert.

2.2.1 Modelle der Migrationspolitik

Die unterschiedlichen Formen, die die staatlichen Politiken gegenüber dem Phänomen der Migration annehmen können, werden in der wissenschaftlichen Literatur grundsätzlich auf zweierlei Weise erfasst (Weinar 2006: 23): Zum einen wird der Frage nachgegangen, ob ein Staat die Migrationsbewegungen beeinflussen bzw. steuern kann. In diesem Zusammenhang werden hauptsächlich die Mittel untersucht, mit denen die Migration von den Staaten gesteuert wird (vgl. u.a. Massey et al. 1998; Mitsilegas 2012). Zum anderen befassen sich die Forscher mit den Faktoren, die hinter der Entstehung der jeweiligen Migrationspolitiken in ihrer konkreten Form stehen. Bei der Untersuchung von Wechselbeziehungen zwischen Migrationsbewegungen und institutionellen Veränderungen in Staat und Gesellschaft stehen also Fragen nach den Entwicklungsrichtungen der

---

[23] Es sei an dieser Stelle darauf hingewiesen, dass diese Bewertung keinesfalls von allen Forschern geteilt wird. In der Tat herrscht in der Literatur großer Dissens bzgl. der Beurteilung der Effektivität der staatlichen Migrationspolitiken. Während einige Forscher die entscheidende Rolle der immer stärker differenzierten Migrationspolitiken in der Entwicklung der globalen Migrationsströme betonen (siehe u.a. Bonjour 2011; Geddes 2003; Mitsilegas 2012), weist die andere Gruppe auf die misslungenen Versuche hin, diese Ströme zu steuern (Castles 2004; Castles/Miller 2009; de Haas 2010). Zu den Details dieser Debatte wie auch Versuchen einer konzeptionellen Klarstellung siehe Czaika/de Haas 2013.

Migrationspolitik zum definierten Zeitpunkt im Mittelpunkt des Interesses (Brettell/Hollifield 2000). In der vorliegenden Studie wird die letztere der beiden genannten Perspektiven vertreten, um die Versicherheitlichung der Migrationspolitik auf EU-Ebene und die Folgen dieses Prozesses für die Entwicklung der polnischen Migrationspolitik sowohl auf nationaler Ebene als auch in einer Region zu untersuchen.

In seinem weitesten Sinne bedeutet der Begriff ‚Migrationspolitik' ein System von Regulierungen, die von einem Staat als Reaktion auf Migrationsbewegungen von Menschengruppen auf seinem Territorium und über dessen Grenzen hinweg eingesetzt werden, um zu bestimmen, wem ein Recht auf Immigration bzw. Auswanderung zugesprochen bzw. verwehrt wird (Boswell 2007; Castles 2004; Hollifield 2000; Sciortino 2000). Diese Regulierungen beziehen sich sowohl auf die Einreisenden als auch auf die einheimische Bevölkerung und umfassen verschiedene Problembereiche, weswegen zwischen drei Sphären von Aktivitäten in der Migrationspolitik unterschieden werden kann: Erstens, die Politik gegenüber Immigration (im weiten Sinne) – es handelt sich um ein rechtlich-administratives System, das für die Kontrolle der Anzahl und Dauer der Zuflüsse der kurz- und langfristigen Immigranten ins jeweilige Land entwickelt worden ist und sich solcher Instrumente wie bspw. Visapolitik bedient (Freeman 1995; Weinar 2006)[24]. Zweitens kann dieser Begriff auch die Politik eines Staates gegenüber den Immigranten bedeuten, d.h. die Fragen der Regulierung von Aufenthaltsrecht und Status dieser Gruppe im Ankunftsland, aber auch das politisch brisante Thema der Integration der Immigranten in die Aufnahmegesellschaft[25]. Die letzte Dimension der Bedeutung des Begriffes Migrationspolitik bildet schließlich die Politik eines Staates gegenüber der Emigration der eigenen Staatsbürger, die sehr unterschiedliche Formen annehmen kann – von der Kontrolle und Überwachung der Ausreise (meistens in totalitären Regimes[26]), über die vom Staat unterstützte Arbeitsmigration, die als zusätzliche Einkommensquelle dient, bis hin zu Maßnahmen, die zur Unterstützung der in der Welt verstreuten Diaspora dienen (Weinar 2006: 35).

---

[24] Ein aus der Sicht der vorliegenden Studie wichtiger Bestandteil einer so verstandenen Migrationspolitik sind die Fragen der äußeren Sicherheit des Staates, seines Schutzes vor Gefahren wie irreguläre Immigration, internationaler Terrorismus, organisiertes Verbrechen u.ä., der durch ein hoch entwickeltes Grenzkontrollsystem erreicht werden soll – siehe Feldman 2011.
[25] In diesem Zusammenhang wird von der Migrationspolitik oft erwartet, dass sie ein Maßnahmensystem bereitstellt, das sich für die Eingliederung der Immigranten in die Aufnahmegesellschaft als fördernd erweist (u.a. Bade 2003, 2006, 2007; Bommes 2005; Freeman 2004; Joppke 2005, 2007a, 2007b; Puchala 1997; Portes/Zhou 1993).
[26] Albert Hirschman argumentiert, dass es im Wesen solcher Staaten liegt, die Freizügigkeit der eigenen Bürger zu unterdrücken (Hirschman 1970).

Aufgrund der Tatsache, dass die meisten vorhandenen Studien sich mit den Migrationsregimen liberaler Demokratien beschäftigen, wird in ihnen der Faktor Emigration überwiegend ausgelassen – Migrationspolitik wird also in der Literatur primär in zwei Dimensionen verstanden: Als Politik gegenüber der Immigration und den Immigranten. Im Folgenden werden diese beiden Dimensionen auf ihre Relevanz für die Fragestellung der vorliegenden Studie untersucht.

2.2.1.1 Der Staat und die Kontrolle der Migrationsströme

In seinem klassischen Artikel über die verschiedenen in den westlichen liberalen Demokratien anzutreffenden Modelle von Migrationspolitik unterscheidet Gary Freeman zwischen den drei wichtigsten Gruppen von Staaten, die aufgrund unterschiedlicher historischer Erfahrungen wie auch ethnischer Zusammensetzung unterschiedliche Wege im Umgang mit der Migrationsfrage gewählt haben (Freeman 1995).

Freeman weist darauf hin, dass Migration in den angelsächsischen Staaten wie den USA, Australien oder Kanada einen besonderen Stellenwert hat, weil die Einwanderung historisch gesehen einer der Faktoren war, die zur Entstehung ihrer Staatlichkeit beigetragen haben. Folglich wird sie dort auch heutzutage immer noch als ein wichtiges Element der Entwicklung des Staates betrachtet. Die in diesen Staaten entwickelten Migrationsregime haben eine lange Tradition, sind gut institutionalisiert und haben expansiven Charakter, u.a. deswegen, weil sie als Antwort der Regierungen auf die Bedürfnisse der einflussreichen Interessengruppen (z.B. der Großindustrie) entstanden sind, die generell große Befürworter der Immigration sind (ebd.).

Im Vergleich zu dieser ersten Ländergruppe haben die Staaten Nord- und Westeuropas ihren ersten Kontakt mit großen Immigrationswellen erst zu einem relativ späten Zeitpunkt ihrer Entwicklung gemacht (in der Zeit nach dem Zweiten Weltkrieg), als sie bereits vollkommen geformte Nationalstaaten waren. Die Massenmigration hatte im Prozess der Herausbildung der nationalen Identitäten dieser Länder kaum eine Rolle gespielt[27]. Aus diesem Grund herrscht in diesen Staaten, verglichen mit der ersten Gruppe, eine grundlegend andere Vorstellung von der Rolle, die für Immigration im Staat vorgesehen wird. Dies führt dazu,

---

[27] Gleichwohl darf dem entgegengehalten werden, dass bspw. das Deutsche Reich im 19. Jhd. eine massive Binnenmigration von Polen erlebt hat, die alle Phänomene moderner Migration, d.h. Integrationsprobleme, Akkulturation, fließende Identitäten, etc. aufzeigte.

dass in Westeuropa die völlige Integration der Immigranten in das politische und gesellschaftliche Leben der Aufnahmestaaten nicht als selbstverständlich bzw. gar wünschenswert betrachtet wird (Castles 1993: 235). Ganz im Gegenteil, die im besten Fall ambivalente Haltung zur Idee eines ‚Schmelztiegels', gepaart mit Unzufriedenheit mit den aus der Ära der Gastarbeiterprogramme hervorgegangenen sozialen Spannungen, resultieren in einer widerwilligen Position der Öffentlichkeit und der Verantwortlichen gegenüber der Immigration (Diehl/Haug 2003; Fetzer 2000; Han 2010; Hollifield 1996; Thränhardt 1994; Treibel 1999).

Ein später ‚Eintritt' in das internationale Migrationssystem charakterisiert auch die letzte der von Freeman unterschiedenen Gruppen, die sogenannten neuen Länder der Immigration. In diese Gruppe fallen diejenigen europäischen Staaten, die wie bspw. Italien, Spanien oder Griechenland für sehr lange Zeit vorwiegend Senderstaaten waren und mit dem Problem der Immigration erst in den 1970er und 1980er Jahren konfrontiert wurden (Freeman 1995: 893). Aus der Perspektive der vorliegenden Arbeit ist es wichtig festzuhalten, welche Faktoren Freeman als entscheidend für die Entwicklung der Migrationspolitiken dieser Staaten identifiziert hat. Einer von ihnen ist nämlich, neben fehlenden institutionellen Mechanismen bzw. administrativen Erfahrungen mit der Verwaltung der Immigration, der Einfluss der Europäischen Union (Freeman 1995: 894). Die Bedeutung der Erfahrungen dieser Ländergruppe für diese Arbeit erklärt sich daraus, dass sie große Ähnlichkeit mit den später in Osteuropa stattgefundenen Entstehungsprozessen der dortigen Migrationspolitiken aufweisen. Auch dort waren die eigenen Erfahrungen mit dem Problem der Immigration nur sehr beschränkt und der Prozess der Entwicklung institutioneller Migrationsregimes verlief unter entscheidendem Einfluss politischer und ideologischer Faktoren sowie einer starken Anteilnahme der EU. Diese Entwicklung wird am Beispiel Polens im Abschnitt 3.2 geschildert.

2.2.1.2 Der Staat und die Immigranten

Zu Beginn des 21. Jahrhunderts werden die Nationalstaaten im migrationspolitischen Bereich mit Problemen konfrontiert, deren Lösung aufgrund ihrer Komplexität die bisherigen Ansätze und Strategien vor schwierige Herausforderungen stellt. In der sozialwissenschaftlichen Forschung wird angesichts fortschreitender Prozesse der Reterritorialisierung und Erfindung neuer politischer Räume die Frage diskutiert, ob die Nationalstaaten nach wie vor „über Einschluss und Ausschluss entscheiden können" (Schroer 2006: 198) und welche Modelle der Zugehörigkeit dieser Situation entsprechen würden (vgl. u.a. Borjas 2002; Castles 1995; Gurowitz 1999; Hollifield 2000; Joppke 1998; Soysal 1994).

Im Zeitalter der Globalisierung haben die Staaten zwar nur stark begrenzte Möglichkeiten, die internationalen Migrationsströme zu beeinflussen, sie haben jedoch nach wie vor viele Spielräume bezüglich der Behandlung der auf ihr Territorium gelangten Immigranten. In einer Situation, in der die Zugehörigkeit zu einer Gemeinschaft traditionell durch ethnische und kulturelle Faktoren bestimmt wird, stellt die potenzielle Zulassung eines der Gemeinschaft in beiden dieser Punkte fremden Immigranten sie vor eine schwierige Herausforderung (Soysal 1994: 2). Der betroffene Staat muss für sich in diesem Zusammenhang die grundlegenden Fragen nach Souveränität bzw. nationaler Zugehörigkeit beantworten. Aus diesem Grund hängen die Inkorporationsmuster von den jeweiligen Werte- und Normensystemen ab und variieren von Staat zu Staat. Andererseits haben sie sich auch historisch entwickelt, so dass diesbezüglich zwischen mindestens zwei grundlegenden Paradigmen unterschieden werden kann: Der Strategie der Assimilation steht die Strategie der „differenzierten Ausgrenzung" gegenüber (Castles/Davidson 2000: 60 f.). Erstere dominierte im Europa des 19. Jahrhunderts; sie basierte auf einer allgemein geteilten Überzeugung, dass durch Erlernen der Sprache und Teilnahme am gesellschaftlichen Leben des Aufnahmestaates letztendlich die „Einschmelzung" der Immigranten erreicht wird. Die „differenzierte Ausgrenzung" wiederum bedeutet im Grunde genommen die Zulassung der Immigranten zu einigen ausgewählten Bereichen, ohne dass ihnen volle politische und soziale Rechte verliehen werden. Die hohe Verbreitung dieser Strategie in Westeuropa zur Zeit des Wirtschaftswunders der Nachkriegsperiode zeugte vom starken Verlangen nach Kontrolle der Immigration als einem Phänomen, das potenziell eine große Gefahr für die ethnokulturelle Integrität der Empfängerstaaten darstellen könnte.

In den immer stärker ausdifferenzierten, multikulturellen Gesellschaften kann jedoch die Antwort des Staates auf die Anwesenheit der ‚Fremden' nicht mehr nur die Assimilation oder auf dem anderen Pol nur der Ausschluss sein. In diesem Punkt wird der Missklang zwischen den im wissenschaftlichen Diskurs entwickelten Modellen und den staatlichen Politiken offenbar (Weinar 2006: 34). Ein Ausdruck dieses Problems ist die in der vorliegenden Arbeit untersuchte Politik der Versicherheitlichung, die faktisch auf den Ausschluss ausgewählter Immigrantengruppen abzielt. Die Darstellung dieser Menschen als ‚Gefahr' für die (wie auch immer definierte) innere Sicherheit eines jeweiligen Staates führt zu ihrer Stigmatisierung und macht die Inkorporation in die Aufnahmegesellschaft sehr schwierig. Es sei auch angemerkt, dass sich insbesondere die westlichen Staaten gleichzeitig darum bemühen, mit gezielten Maßnahmen hochqualifizierte Arbeitskräfte anzuwerben (Han 2010) – ein Widerspruch, der von der Politik aufgelöst bzw. in der Gesellschaft selber diskursiv ausgetragen werden muss.

2.2.1.3 Migrationspolitik in ihrer Entstehung

Unabhängig vom gewählten Modell und unterschiedlichen Formen, die die Migrationspolitiken einzelner Staaten annehmen können, ist jede von ihnen als Ausdruck des Bedürfnisses eines Staates nach der Regulierung seiner Situation in einem (bzw. in allen) von der bereits erwähnten Bereiche (Emigration, Immigration, Immigranten) zu verstehen. Virginie Guiraudon und Christian Joppke (2001) argumentieren in diesem Zusammenhang, dass jede Migrationspolitik den Versuch des jeweiligen Staates darstellt, eine entsprechende Antwort auf seine „control dilemmas" (ebd.: 8) zu liefern bzw. dass diese einen Rahmen bilden, innerhalb dessen diese Politik in einer Situation von „tensions between economics and politics, on the one hand, and law and politics, on the other" (ebd.: 8) entwickelt wird. Die wichtigsten Faktoren, die eine Migrationspolitik beeinflussen, sind also politischer, wirtschaftlicher und ideologischer Natur (vgl. auch Castles 2004).

Die Analyse der Erfahrungen verschiedener Staaten mit ihren Migrationspolitiken zeigt, dass hier einige Gesetzmäßigkeiten festgelegt werden können, von denen die wohl wichtigste die enge Verbindung zwischen dem wirtschaftlichen Entwicklungsgrad des jeweiligen Staates und seiner Migrationspolitik ist. Wie bereits erwähnt, wird Emigrationspolitik v.a. in Entwicklungsstaaten betrieben (Dowty 1987; Hirschmann 1981; Zolberg 1978). Für die Industriestaaten wird dafür die Immigration zum wichtigen Problem. Hier dürfen zwei zentrale Entwicklungsphasen einer Migrationspolitik unterschieden werden. In der ersten Etappe, die manchmal auch als ‚traditionell' bezeichnet wird, hat das Erlangen der Kontrolle über das neue Phänomen die höchste Priorität; das erklärt auch die defensive Haltung der Migrationspolitiken, die in dieser Phase entstehen und durch den Ausbau von Kontrollmechanismen charakterisiert sind. Die sich mit der Zeit immer stärker abzeichnende Orientierung der Politik nach außen markiert den Übergang zur zweiten, modernen Phase der Entwicklung einer Migrationspolitik (vgl. Guiraudon/Joppke 2001).

2.2.2 Europäisierungsprozesse und Versicherheitlichung von Migrationspolitik

In politikwissenschaftlichen Debatten zu migrationspolitischen Fragen wird seit Anfang der 1990er Jahren das Phänomen der fortschreitenden Angleichung der Politiken der westeuropäischen Staaten in diesem Bereich diskutiert (Freeman 1995; Hollifield 1992). Eine besondere Rolle wird in diesem Zusammenhang dem Prozess der europäischen Integration zuteil. Das theoretische Modell der Europäisierung dient dazu, das Phänomen der Konvergenz der Politiken der Staaten zu erklären, die durch das gemeinsame Ziel der Integration auf mehreren Ebenen miteinander verbunden sind. Dieses Modell bildet die Grundlage für die in der vorliegenden Studie vorgenommenen Untersuchungen zur Versicherheitlichung der polnischen Migrationspolitik.

Aufgrund der Fülle der Literatur zum Thema Europäisierung und der großen Anzahl unterschiedlicher Phänomene, die unter diesem Begriff analysiert werden, erscheint es notwendig, einen Überblick über den Stand der Forschung zu geben und den Begriff für den Zweck der vorliegenden Studie zu präzisieren. Im folgenden Abschnitt werden seine Bedeutung für Studien über Migration erklärt und schließlich auch Anwendungsmöglichkeiten auf die Analyse der Migrationspolitik in einem neuen Mitgliedsstaat der EU diskutiert.

2.2.2.1 Europäisierung von Migrationspolitik

In seinem inzwischen klassischen Text definiert Claudio Radaelli das Phänomen der Europäisierung als „[...] processes of (a) construction (b) diffusion and (c) institutionalization of formal and informal rules, procedures, policy paradigms, styles, 'ways of doing things' and shared beliefs and norms which are first defined and consolidated in the making of EU decisions and then incorporated in the logic of domestic discourse, identities, political structures and public policies" (Radaelli 2000: 4). Diese Definition enthält bereits einen (breiten) Rahmen für eine Analyse der Arten des europäischen Regierens auf unterschiedlichen Ebenen – Europäisierung wird hier gleichzeitig als ein *bottom-up-* und *top-down-*Prozess des Austausches zwischen der EU und den Mitgliedsstaaten begriffen[28].

---

[28] In der vorliegenden Studie, die sich mit dem Einfluss der EU auf die nationalen Politiken beschäftigt, wird nur die letztere Perspektive angenommen. Wichtig dabei ist der Verlauf des Prozesses: Politikinhalte haben ihren Anfang auf der EU-Ebene, aber durch den Anpassungsdruck, den die EU auf die einzelnen Mitgliedsstaaten ausübt, werden diese Lösungen auf die nationale Ebene transferiert und die bestehenden politischen Systeme dazu gezwungen, diese zu übernehmen (Faist/Ette 2007: 21).

Ein für die Analyse der Europäisierungsprozesse wichtiges Problem ist die konzeptionelle Nähe dieses Begriffes (und die daraus resultierende Gefahr der Verwechslung) zu solchen Phänomenen wie ‚europäische Integration', ‚Harmonisierung' bzw. ‚Konvergenz'. Die Europäisierung darf jedoch nicht mit der ‚europäischen Integration' gleichgesetzt werden – vielmehr ist sie ein Prozess, der von dieser ausgelöst wird (Weinar 2006: 43). Sie ist auch nicht mit Konvergenz bzw. Harmonisierung synonym zu benutzen, denn „there is a difference between a process and its consequences" (Radaelli 2000: 6), und auch wenn sie oft in diesen mündet, so ist dies keinesfalls gegeben. Am Ende des Europäisierungsprozesses kann auch die Divergenz der institutionellen Lösungen stehen (Héritier/Knill 2000) – dies ist von besonderer Bedeutung für die vorliegende Arbeit, die untersucht, wie die europäische Migrationspolitik durch die Implementierung an der polnischen Ostgrenze regionale Ausprägungen annimmt.

Im Folgenden wird für die Untersuchungen der polnischen Migrationspolitik auf die von Radaelli angebotene Definition der Europäisierung (vgl. oben) zurückgegriffen, die als Prozess des *Policy*-Transfers von einer Organisation in die andere verstanden wird. Basierend auf dem von David P. Dolowitz und David Marsh entwickelten Ansatz (Rose 1991; Dolowitz/Marsh 1996, 2000) wird unter *Policy*-Transfer ein Prozess verstanden, „in which knowledge about policies, administrative arrangements, institutions etc. in one time and/or place is used in the development of policies, administrative arrangements and institutions in another time and/or place" (Dolowitz/Marsh 1996: 344). Dabei scheint es aus der Perspektive der vorliegenden Studie nur eine geringe Rolle zu spielen, dass das Konzept der Europäisierung ursprünglich nur zur Analyse von Veränderungen in EU-Staaten entwickelt wurde, wobei Polen aber den Großteil der durch die Untersuchung erfassten Periode über kein EU-Mitgliedsstaat war. Der große Einfluss der EU auf diejenigen europäischen Staaten, die der EU nicht angehörten, mit ihr aber in engem Kontakt standen (wie bspw. Beitrittskandidaten), wurde bereits von Radaelli anerkannt (Radaelli 1997). In diesen Fällen, wie auch im dritten Kapitel noch gezeigt wird, hatte die Europäisierung zunächst eher indirekten Charakter und äußerte sich in Form von Beeinflussung und Nachahmung bestimmter Lösungen (vgl. auch Garsztecki 2011; Grabbe 2001, 2003).

2.2.2.2 Die regionale Ebene in der Politik der Versicherheitlichung

Die Regionen befinden sich im Zentrum der europäischen Politik, die sich ausdrücklich zum Ziel setzt, diese Ebene zu stärken. Dennoch kann dabei von einem einheitlichen (west)europäischen Modell des Regionalismus keine Rede sein;

vielmehr wurden insbesondere auf konzeptioneller Ebene verschiedene Muster entwickelt, nach denen die europäischen Regionen ausgerichtet werden sollten. Aus den seit Anfang der 1990er Jahre andauernden Debatten zu diesem Thema sind inzwischen mehrere unterschiedliche Konzepte hervorgegangen, wie bspw. das Konzept der „wettbewerbsfähigen Region" oder das der „innovativen Region" (Matthiesen/Reutter 2003). Eine andere Idee stellt das in Bezug auf die Grenzregionen benutzte Modell der „verbindenden Region" dar, gewissermaßen als Musterbeispiel der Idee der europäischen Integration und der grenzübergreifenden Zusammenarbeit (Best 2006b). In der vorliegenden Studie wird jedoch die These untersucht, der zufolge dieses Leitbild nur für diejenigen Regionen gilt, die an EU-Binnengrenzen liegen. Im Gegensatz dazu wird für die Regionen an den EU-Außengrenzen das Modell der „sicheren Region" angewandt (mit diesem Leitbild wurde z.B. die Mittelmeerregion versehen – vgl. Solingen 2003). Die Idee einer sicheren Region impliziert jedoch gleichzeitig auch ihren Gegensatz, die unsichere Region (bspw. der Balkan in den 1990er Jahren – vgl. Luoma-Aho 2002).

In den hier untersuchten Prozessen der Versicherheitlichung der Migrationspolitik fällt den Grenzregionen eine besonders wichtige Rolle zu, sind sie doch Orte, an denen diese Politik umgesetzt wird: Dort erfährt sie ihre Konkretisierung und nimmt durch politische bzw. administrative Entscheidungen, aber auch in Form räumlicher Anordnungen im Grenzraum (Grenzübergänge, Zäune, Kontrollen etc.) Gestalt an. Aus diesem Grund befinden sich diese Regionen unter besonderer Beobachtung seitens der EU-Politik. Deren Einfluss wird nicht nur in der regionalen Politik spürbar, sondern auch in der Wirtschaft, den Beziehungen zu den Nachbarregionen auf der anderen Seite der Grenze und schließlich auch im Alltag der Einwohner der Region. Insbesondere diese letzte Tatsache ist von zentraler Bedeutung für die Fragestellung der vorliegenden Arbeit. Die Politik der Versicherheitlichung erzeugt immer konkrete Subjekte (Hansen 2000) – sowohl die Migranten als auch die Einwohner der Zielländer sind davon betroffen. Dies macht eine Analyse dieses Prozesses notwendig, die neben der Ebene der EU-Politik ihren analytischen Fokus auch um die regionale Ebene und die Ebene der Subjekte erweitert. Eine solche Untersuchung kann zeigen, wie sich die Einwohner einer Region mit diesem Prozess auseinandersetzen, welche Bilder sie von ihrer Region haben und wie sie die Orte, an denen sie leben, wahrnehmen und diese durch ihre Handlungen konstruieren. Dabei fällt der Kategorie der Grenze eine besondere Rolle zu; sie ist einer der Orte, die durch die Wirkung der Sicherheitstechniken sehr direkt betroffen sind.

2.3 Zwischenfazit

In der vorliegenden Arbeit werden im Wesentlichen drei Fragenkomplexe aktueller Europäisierungsdebatten aufgegriffen. Ihr Hauptanliegen stellt die Analyse der Umsetzung der Migrations- und Grenzpolitik der EU dar. Diese wird in ihrer Entstehung und im Prozess der Europäisierung auf verschiedenen Ebenen erfasst. Schließlich werden auch Folgen dieser Prozesse für die Regionen an der Außengrenze der Gemeinschaft untersucht – die Transformation dieser Grenze wird am Beispiel der polnischen Region Karpatenvorland analysiert.

Die Arbeit lässt sich in ihrer Fragestellung theoretisch vom Konzept der Versicherheitlichung leiten. Hauptanliegen dieses Ansatzes ist es, den Sicherheitsbegriff in einem breiteren diskursiven Kontext zu erfassen und die Zusammenhänge von Akteuren, Handlungsweisen und Regeln in einer diskursiven Formation zu untersuchen. ‚Sicherheit' sei demnach nicht mehr als eine objektive Gegebenheit zu verstehen, sondern als etwas sozial Konstruiertes, eine soziale Praxis der Ernennung. Die vorliegende Studie benutzt den Ansatz der Kopenhagener Schule als konzeptuellen Untersuchungsrahmen, gleichzeitig weicht sie von ihm insofern ab, als sie die für diese Theorie charakteristische starke Fokussierung auf die Diskursebene (bzw. der Kommunikation) zugunsten einer stärker soziologisch orientierten Perspektive erweitert. An die Forschung von Didier Bigo angelehnt, wird in der vorliegenden Arbeit der soziale Kontext der Sicherheitsproduktion stärker hervorgehoben und untersucht.

3 Versicherheitlichung der Migrationspolitik

Die Politik der ‚Abdichtung' der polnischen östlichen Außengrenze, deren Formen und Auswirkungen auf die betroffenen Regionen und ihre Bewohner den Gegenstand der vorliegenden Untersuchung bilden, ist ein Teilelement jener Migrationspolitik, die in Polen seit Beginn der Systemtransformation durch aufeinanderfolgende Regierungen konsequent entwickelt wird. Diese wiederum soll vor dem Hintergrund der Entwicklung eines europäischen Systems der Migrationskontrolle, dessen Teil Polen nach 1989 geworden ist, betrachtet werden. Es handelt sich dabei, wie in diesem Kapitel gezeigt wird, um einen langwierigen Prozess, dessen Anfänge in die 1950er Jahre zurückreichen und der in seiner Entwicklung mehrere Etappen durchlaufen hat.

Im Folgenden wird der Prozess der Entstehung und Europäisierung der Migrationspolitik auf der EU-Ebene rekonstruiert. Der Verlauf und verschiedene Dimensionen dieses Prozesses sind inzwischen umfassend untersucht worden (Grabbe 2001; Huysmans 1995, 2000, 2002; Jahn et. al 2006; Jileva 2003; Lavenex/Uçarer 2003), aus diesem Grund soll der Fokus dieses Kapitels in eine andere Richtung gehen. Die Ausführungen konzentrieren sich auf den Charakter dieser Politik; es wird geschildert, wie sich die ihr innewohnende Ambivalenz, das Abwägen zwischen dem Streben nach Kooperation einerseits und dem Wunsch nach mehr Sicherheit, Abgrenzung und Abschottung andererseits, im bestehenden Grenzregime niederschlägt. Gleichzeitig soll erläutert werden, inwieweit diese Prozesse für den Fall Polens von Bedeutung sind – es wird gezeigt, in welchem Moment dieses Land (wie auch andere mittel- und osteuropäische Staaten) in den Wirkungsbereich dieser Politik hineingezogen worden ist, mit welchen Mitteln sich seine Inkorporation in das europäische Migrationsregime vollzogen hat und welche Rolle ihm dort zuteil geworden ist. Es wird argumentiert, dass die gegenwärtig fortschreitende Versicherheitlichung der polnischen Ostgrenze aus der Rolle resultiert, die dieser in der EU-Politik bereits in den 1980er und frühen 1990er Jahren zugeschrieben worden ist. Im Abschnitt 3.2 wird die Entwicklung und Versicherheitlichung der polnischen Migrationspolitik nach 1989 untersucht. Dieser Teil der Arbeit soll veranschaulichen, wie stark die Sicherheitsmerkmale der europäischen Migrationspolitik im polnischen

Rechtssystem präsent sind und in welchen Bereichen die polnische Migrationspolitik am stärksten versicherheitlicht wurde. Darüber hinaus werden die Implikationen dieser Entwicklung für die Lage an den polnischen östlichen Außengrenzen erwogen.

3.1 Migrationspolitik auf EU-Ebene

Bei der Europäisierung nationaler Migrationspolitiken in den Staaten Westeuropas handelt es sich um einen komplexen Prozess, in dessen Verlauf der anfängliche Unwille der Vertreter einzelner Staaten zur Kooperation im migrationspolitischen Bereich nach und nach überwunden und durch eine zunehmende Institutionalisierung der Zusammenarbeit und ihre Einengung zunächst multilateral und später auch auf EU-Ebene ersetzt worden ist. Die nun folgende Rekonstruktion dieses Prozesses soll veranschaulichen, wie die Europäisierung der Migration in Europa faktisch mit ihrer Versicherheitlichung einherging. Darüber hinaus soll die Relevanz einzelner Entwicklungen für die MOE-Staaten (insbesondere Polen) verdeutlicht werden. Die Ausführungen stützen sich dabei auf die von Thomas Faist und Andreas Ette (2007) dargebotene Periodisierung der Europäisierung nationaler Migrationspolitiken, die vier Phasen dieses Prozesses unterscheidet.

3.1.1 Phase des Unilateralismus

Die Anfänge der Kooperation der westeuropäischen Staaten im Bereich der Migration reichen bis zum 1957 in Rom unterzeichneten Vertrag zur Gründung der Europäischen Wirtschaftsgemeinschaft (EWG) zurück, der einen ersten Versuch der Regelung der Bewegungsmöglichkeiten der Einwohner Westeuropas darstellte. Dieser Vertrag garantierte den Einwohnern der Mitgliedsstaaten der Europäischen Wirtschaftsgemeinschaft die Bewegungsfreiheit innerhalb der Gemeinschaft und auch „Gleichbehandlung mit einheimischen Arbeitskräften in Bezug auf Beschäftigung, Entlohnung und sonstige Arbeitsbedingungen" (Angenendt/Parkes 2009: 39)[29]. Gleichzeitig führte er zum ersten Mal eine Unter-

---

[29] Diese Privilegien sind 1968 durch eine Entscheidung des Rates in das Gemeinschaftsrecht eingeschrieben worden – siehe Verordnung Nr. 1612/68 des Rates vom 15.10.1968 „über die Freizügigkeit der Arbeitnehmer innerhalb der Gemeinschaft".

scheidung der Möglichkeiten der Freizügigkeit für die Bürger der Mitgliedsstaaten und diejenigen aus den Drittstaaten ein[30].

Die Fragen der Zuwanderung aus den Drittstaaten wurden weder im genannten Vertrag noch in den darauffolgenden Jahren auf der Gemeinschaftsebene behandelt (Doty 1996; Ugur 1995). Die Migration blieb faktisch bis zur Ölkrise von 1973 eine Frage eher technischer Natur und damit im Entscheidungsbereich der einzelnen Staaten. Als Erklärung für diesen Zustand darf ein eher eindimensionales Verständnis dieses Phänomens genannt werden, das die Immigranten auf die Rolle von Arbeitskräften reduzierte. Dies, zusammen mit der Angst vor den potenziell hohen Transaktionskosten, erklärt auch den allgemeinen Unwillen, dieses Problem außerhalb des nationalstaatlichen Rahmens zu bearbeiten (Koslowski 1998a; Uçarer 2003: 18). Das Umdenken in dieser Frage erfolgte im Zuge der Wirtschaftskrise der 1970er und 1980er Jahre. Um ihre Arbeitsmärkte zu schützen, entschieden sich viele Staaten dafür, ihre damaligen Anwerbepolitiken zu korrigieren und einen Anwerbestopp zu verhängen. Dies brachte allerdings nicht die erwünschten Resultate – aufgrund der Familienzusammenführung stiegen die Zahlen der Immigranten in Westeuropa weiter (Huysmans 2000; Uçarer 2003). Eine Nebenwirkung dieses Schrittes war allerdings eine zunehmende Politisierung der Immigration. In den öffentlichen und politischen Debatten der 1970er und 1980er Jahre wurde sie immer stärker als Bedrohung für die innere Sicherheit der betroffenen Aufnahmestaaten dargestellt (Bigo 1994; den Boer 1995; Doty 1996; Huysmans 2000; Ugur 1995). Diese Entwicklungen fanden ihren Ausdruck in den politischen Entscheidungsprozessen. Dabei entwickelten die einzelnen Staaten zunächst unabhängig voneinander verschiedene Maßnahmen, um potenziellen Immigranten den Zutritt auf ihr Territorium zu erschweren. Diese Mechanismen umfassten u.a. verstärkte Grenzkontrollen, Ausweisung, Verhaftung und Minderung finanzieller Hilfen für die Antragsteller. Im Bereich der Asylpolitik wurden solche innovativen Konzepte entwickelt wie ‚sicherer Herkunftsstaat', ‚sicherer Drittstaat' und ‚offensichtlich unbegründeter Asylantrag' (vgl. Collinson 1996; Fritsch 2003; Jahn et al. 2006; Uçarer 2003). Eine weitere Neuerung stellten die Rückübernahmeabkommen dar, die viele Empfängerstaaten in den 1980er Jahren bilateral mit denjenigen Nicht-EU-Mitgliedsstaaten abschlossen, die entweder die Asylsuchenden ‚schickten' bzw. die sich auf ihrem Weg Richtung Westeuropa befanden (Grabbe 2003; Jileva 2003; Lavenex 1999; Uçarer 2003). Diese Verträge garantierten den Empfängerstaaten, dass sie illegale Einwanderer in diese Länder wieder abschie-

---

[30] Aus diesem Grund sehen einige Forscher darin die Basis für die spätere Idee der ‚Festung Europa' (vgl. Ugur 1995: 967).

ben konnten. Dieses verstärkte Interesse für die externen Aspekte der Asylpolitik weist auf das sich bereits zu jener Zeit verändernde Verständnis unter den westeuropäischen Politikern dafür hin, wie die Grenzen der Gemeinschaft zu definieren seien und wie sie gezogen werden sollen. Durch den Versuch, die potenziellen Einwanderer bereits in den Transitstaaten abzufangen und damit faktisch deren Grenzpolitiken zu beeinflussen (durch Hilfe bei der ‚Sicherung' ihrer Grenzen), hat die EU diese Regionen faktisch zu ‚Pufferzonen' umfunktioniert und ihrem Streben Ausdruck verliehen, die Migrationsbewegungen über die tatsächlichen Grenzen der Gemeinschaft hinaus zu beeinflussen (Lavenex 1998). Wie noch gezeigt wird, sollte diese Politik in den 1990er Jahren auch in Bezug auf die Staaten Mittel- und Osteuropas Anwendung finden.

Die erste Phase der Entwicklung der europäischen Migrationspolitik war überwiegend durch unilaterale Entscheidungen der einzelnen Staaten charakterisiert. Die mangelnde Koordination der eingeführten Regelungen zwischen ihnen hat zu einer Art Wettlauf geführt – die Einführung von bestimmten restriktiven Maßnahmen in einem Land verursachte den Anstieg von Asylanträgen in seinen Nachbarstaaten, was wiederum dort entsprechende Reaktionen seitens ihrer Regierungen hervorrief (Santel 1995: 177 f.).

3.1.2 Informeller Intergouvernementalismus der 1980er Jahre

Aus der Perspektive der Entwicklung des europäischen Migrationsregimes betrachtet, stellen die 1980er Jahre eine Dekade dar, in der durch westeuropäische Regierungen die ersten Versuche unternommen wurden, ihre jeweiligen Maßnahmen zur Regulierung migrationspolitischer Fragen mit anderen Staaten abzustimmen.

Vor diesem Hintergrund ist das Schengener Abkommen zu betrachten, das die Bereitschaft einiger EU-Mitgliedsstaaten zum Ausdruck bringt, über die Ebene der informellen Treffen der Regierungsvertreter hinauszugehen, um weitere Integration im Bereich der Migration anzustreben (Uçarer 2003; Lavenex/Uçarer 2003). Dieses Abkommen, das 1985 durch die Beneluxstaaten, Deutschland und Frankreich unterzeichnet wurde, verfolgte das Ziel einer vollständigen Öffnung der Binnengrenzen zwischen den Mitgliedsstaaten, was den Aufbau des europäischen Binnenmarktes vorantreiben sollte. Zwar war das Angebot des ursprünglichen Abkommens relativ nüchtern, aber in der Atmosphäre der Angst vor zunehmenden Migrationszahlen nach Europa, entschieden sich die Mitgliedsstaaten bereits fünf Jahre später dennoch dafür, es um das sogenannte Durchführungsübereinkommen (SDÜ) zu ergänzen. Dieses neue Dokument, gegen das erwähnte vermeintliche Sicherheitsdefizit gerichtet, widmete den Fragen der Freizügigkeit fast keinen Platz mehr (Fritsch 2003). Stattdessen entwickelte es eine ganze Reihe von Maßnahmen, die den Drittstaatsangehörigen die Einreise in die Mitgliedsstaaten erschweren sollten: Die polizeilichen Aktivitäten wurden aufeinander abgestimmt und die Außengrenzkontrollen, Asyl- und Visapolitiken in den Teilnehmerstaaten vereinheitlicht. Die Flüchtlingsfrage wurde in den Bereich Innere Sicherheit und Verbrechensbekämpfung verschoben, wodurch sie mit Phänomenen wie organisierter Kriminalität, Terrorismus, illegaler Einwanderung und Drogen- und Waffenhandel in Verbindung gebracht wurde. Diese Inbeziehungsetzung der Migration mit Sicherheitsfragen ist auch im SDÜ deutlich zu sehen, was nur zeigt, dass die ursprüngliche Idee eines sozioökonomischen Projektes des europäischen Binnenmarktes inzwischen durch ein neues Paradigma abgelöst wurde (Huysmans 2000).

Einen weiteren wichtigen Schritt stellt die Unterzeichnung der Einheitlichen Europäischen Akte im Jahr 1986 dar, die die Migrationsproblematik zum ersten Mal auf die Ebene der offiziellen europäischen Zusammenarbeit hievte. Dieser Vertrag definierte die Freizügigkeit innerhalb der Gemeinschaft über die Aufhebung der Kontrollen an den Binnengrenzen (Art.13). Zur selben Zeit und gewissermaßen als Antwort auf diese Entwicklung erfolgte eine Verstärkung der Kontrollen an den Außengrenzen, eine Maßnahme, die in den Augen der Regierenden in Westeuropa zur notwendigen Bedingung für den Erhalt eines offenen Binnenmarktes geworden war. Gleichzeitig unternahmen auch diejenigen Staaten, die dem Schengener Abkommen nicht beigetreten waren, v.a. in der zweiten Hälfte der 1980er Jahre Kooperationsversuche im migrationspolitischen Bereich. Allerdings nahmen diese hauptsächlich die Form von Konsultationen zwischen Repräsentanten dieser Staaten während der Treffen verschiedener intergouvernementaler Foren und Arbeitsgruppen an, die sich neben den Vertretern der Innen- und Außenministerien hauptsächlich aus den Akteuren aus dem Bereich der breit verstandenen Sicherheit zusammensetzten (Polizei, Sicherheitsdienste etc.) (de Lobkowicz 1995; Fritsch 2003: 5)[31].

Die 1980er Jahre sahen eine Reihe von Versuchen seitens westeuropäischer Staaten, ihre migrationspolitischen Maßnahmen miteinander zu koordinieren. Zwar verblieb diese Zusammenarbeit zunächst auf Ebene der informellen intergouvernementalen Kooperation, allerdings wurden hier die Weichen für

---

[31] In diesem Zusammenhang darf v.a. die wohl wichtigste dieser Gruppen, die bereits 1975 ins Leben gerufene sog. Trevi-Group, die sich mit Terrorismusbekämpfung und der polizeilichen Zusammenarbeit beschäftigte, genannt werden. Im Jahr 1988 wurde für die Koordination der Arbeiten der zahlreichen Arbeitsgruppen und Foren die sog. Coordinators Group gegründet.

spätere Entwicklungen bereits im institutionellen Rahmen der EU gestellt[32]. Aus rückblickender Perspektive dürfen insbesondere in den Aktivitäten der genannten *ad-hoc*-Arbeitsgruppen die Anfänge eines jenen Sicherheitsfeldes gesehen werden, dessen Akteure sich bereits kurze Zeit später mit ihrem Diskurs über Migration durchsetzen würden und in der Zukunft, nach dem Inkrafttreten des Vertrags von Maastricht, einen entscheidenden Einfluss auf die Gestaltung der EU-Migrationspolitik ausüben sollten (Anderson/den Boer 1994; Guiraudon/Joppke 2001; Huysmans 2000; Weinar 2006).

3.1.3 Entwicklung der Migrationspolitik im institutionellen Rahmen der EU

Die grundlegenden Veränderungen im Charakter der Migration nach Westeuropa in den 1980er Jahren[33] und insbesondere die neue krisenhafte Situation angesichts der sich anbahnenden Massenmigration aus Afrika, Mittel- und Osteuropa und Asien nach dem Umbruch des Jahres 1989 (Collinson 1996; Dover 2008; Rees 2008; Trauner 2007) haben den westeuropäischen Regierenden die Schwächen des bis dahin funktionierenden Systems der Migrationsregulierung vor Augen geführt. Das Ergebnis war die Suche nach neuen Maßnahmen (Tomei 2001).

Mit dem Vertrag von Maastricht ist der Prozess der Entwicklung der europäischen Migrationspolitik in eine neue Phase der formellen intergouvernementalen Zusammenarbeit getreten. Durch das Errichten der dritten Säule der EU („Polizeiliche und Justizielle Zusammenarbeit") wurde der institutionelle Rahmen zur weiteren Entwicklung der Zusammenarbeit in Fragen von Migration und Asyl geschaffen (Koslowski 1998b). Der Flüchtlingsschutz wurde weiter eingeschränkt, das Abschiebesystem gleichzeitig ausgebaut (Fritsch 2003: 7). Dennoch sah dieser Vertrag die Kooperation im migrationspolitischen Bereich immer noch in Form von zwischenstaatlichen Kooperationsverfahren vor; eine Vergemeinschaftlichung der Kooperation war aufgrund des starken Souveränitätsanspruchs einzelner Mitgliedsstaaten in diesem Bereich nicht möglich (Kostakopoulou 2000; Lavenex 2006).

---

[32] Einen dieser Schritte markiert die Annahme des Palma-Dokuments (1989), in dem der Europäische Rat erstmals direkt das Ziel der Schaffung einer gemeinsamen Asylpolitik formulierte.

[33] Verglichen mit den drei Jahrzehnten der Nachkriegszeit zeichnete sich diese Bewegung durch einen deutlich stärker individualistischen Charakter aus, was zur Folge hatte, dass sich die Regierungsprogramme zur Eindämmung der Immigration, die auf das Phänomen der Gruppenmigration zugeschnitten waren, schnell als ineffektiv erwiesen (Tomei 2001: 36).

Einen wichtigen Schritt zur Ergänzung der Vereinbarungen des Schengener Abkommens stellte das Dubliner Übereinkommen dar (1990). Mit diesem Dokument, das von allen Staaten unterzeichnet wurde und damit die Grundlagen der späteren gemeinsamen Asylpolitik schuf, sind die Regeln für die Bestimmung des für die Prüfung eines Asylantrags zuständigen Staates eingeführt worden (diese Entscheidung trat im September 1997 in Kraft). Damit sollte das Problem des „asylum shopping", d.h. die Praxis des mehrfachen Antragstellens in verschiedenen Mitgliedsstaaten, bekämpft werden. Darüber hinaus sollte die Bewegungsfreiheit der Asylsuchenden innerhalb der Schengen-Staaten unterbunden werden, damit sie sich nicht mehr aussuchen konnten, in welchem Staat sie den Antrag stellen wollen (Klos 1999). Dadurch sollten die als besonders attraktiv geltenden Aufnahmestaaten entlastet werden. Das Dubliner Übereinkommen und das SDÜ markieren eine Abkehr vom traditionellen Flüchtlingsschutz. Die Entwicklung von Zuständigkeitsregelungen bezüglich der Behandlung der Asylanträge resultierte in einer Situation, in der nicht mehr alle Staaten verpflichtet waren, den Asylsuchenden Zutritt auf ihr Territorium zu gewähren (Fritsch 2003: 6). Dies führte direkt zur Versicherheitlichung der Außengrenzen, deren Schutzfunktion damit bestätigt und aufgewertet wurde.

Den nächsten Schritt auf diesem Weg stellten die sog. Londoner Resolutionen dar. Dadurch wurde eine einheitliche Regelung über die Drittstaaten eingeführt, nach der es möglich war, denjenigen Asylsuchenden ein Asylverfahren zu verweigern, die durch einen sicheren Drittstaat eingereist waren. Es muss angemerkt werden, dass es den Mitgliedsstaaten immer noch freistand zu entscheiden, welche Staaten für sie sichere Dritt- bzw. Herkunftsstaaten darstellten. Diese Entwicklung hatte weitreichende Implikationen für die Staaten Mittel- und Osteuropas, in denen gerade zu jener Zeit die Transformationsprozesse einsetzten und die sich in diesem Unterfangen zunehmend auf die EU orientierten. Der Zustand ihrer Grenzen, ihrer Durchlässigkeit und Möglichkeiten der Kontrolle, weckte große Besorgnis seitens der EU, die sofort versuchte, ihr Migrationsregime auch auf diese Staaten auszustrecken (Collinson 1996; Grabbe 2001). Dabei wurde hauptsächlich auf zwei Strategien zurückgegriffen (Jileva 2003: 84). Zum ersten wurden mehrere Rückübernahmeabkommen zwischen der EU und den MOE-Staaten abgeschlossen (von denen das Abkommen zwischen Polen und Deutschland von 1991 das erste war), wodurch die EU-Staaten erreichten, ihre Sicherheitszone weiter in den Osten auszuweiten und die Kosten dafür zumindest teilweise auf die betroffenen Staaten abzuwälzen. Die andere Strategie sah die Anerkennung der mittel- und osteuropäischen Staaten als sichere Drittstaaten vor, wodurch sich den EU-Staaten die Möglichkeit eröffnete, die Asylantragstellenden in diese Transitstaaten zurückzuweisen, ohne auf die Feststellung der Flüchtlingseigenschaft warten zu müssen[34]. Das bedeutete sowohl die Erweiterung des Migrationsregimes der EU über die tatsächlichen Grenzen der Gemeinschaft hinaus, als auch die faktische Umgestaltung dieser Staaten zu einer Art Pufferzone, durch die sich die EU-Mitgliedsstaaten von der unerwünschten Migration absetzen konnten (Boswell 2003).

Den wichtigsten und wirksamsten ‚Hebel', mit dem die EU erwünschte Veränderungen im Bereich der Asyl- und Einwanderungspolitik der MOE-Staaten erreichen konnte, stellte jedoch die Bedingtheit der EU-Mitgliedschaft dar (Grabbe 2001, 2006; Lavenex 2008; Schimmelfering/Sedelmeier 2005)[35]. Auf dem EU-Gipfel in Kopenhagen im Juni 1993 beschloss der Europäische Rat die sogenannten Kopenhagener Kriterien, die alle Kandidatenländer erfüllen müssen – darunter befanden sich auch die Acquis-Kriterien. Trotz der Präzisierung dieser Konditionen in den „Beitrittspartnerschaften" waren sie bis zum Ende der 1990er Jahre relativ allgemein gehalten, was wahrscheinlich durch die Unsicherheit der EU selbst bezüglich der endgültigen Gestalt des Acquis zu erklären ist, was sich jedoch nach der Aufnahme des Schengener Besitzstandes in die Säulenstruktur der EU durch den Vertrag von Amsterdam (1999) geändert hat. Der Gemeinschaftliche Besitzstand musste von den Beitrittskandidaten im vollen Umfang noch vor dem Beitritt übernommen werden (die Innenminister dieser Staaten hatten sich dazu auf einem Treffen mit der EU im Juni 1998 verpflichtet), was die Frage des Transfers der Visapolitik der EU zu einem Problem rein technischer Natur machte, der nicht weiter hinterfragt werden konnte. Im Hinblick auf diese Problematik wurde bereits an mehreren Stellen darauf hingewiesen, dass die Visapolitik der EU nicht einmal im geringsten Maß den regionalen Kontext der Beziehungen der betroffenen Kandidatenländer zu ihren Nachbarstaaten im Osten Europas berücksichtigte (vgl. Grabbe 2003; Jileva 2003). Die Harmonisierung mit der europäischen Visapolitik erforderte die Einführung der Visapflicht für diese Staaten, was wiederum zur zusätzlichen Belastung der in vielen Fällen ohnehin angespannten bilateralen Beziehungen führte – im Abschnitt 3.2.3.1 wird diesbezüglich näher auf die Situation Polens eingegangen.

---

[34] Das erfolgte unter dem Verweis auf Artikel 3.5 des Dubliner Übereinkommens, dem zufolge jeder Mitgliedsstaat das Recht behält, „einen Asylbewerber nach seinen innerstaatlichen Rechtsvorschriften unter Wahrung der Bestimmungen des Genfer Abkommens in der Fassung des New Yorker Protokolls in einen Drittstaat zurück- oder auszuweisen".

[35] Interessanterweise zeigen die bereits nach der Erweiterung in den neuen EU-Mitgliedsstaaten durchgeführten Untersuchungen, dass das Tempo der Harmonisierung der nationalstaatlichen Gesetzgebungen dort entgegen den Erwartungen nicht abgenommen hat – vgl. Epstein/Sedelmeier 2008; Schimmelfering 2008; Sedelmeier 2008.

3.1.4 Fortschreitende Vergemeinschaftlichung

In den Jahren nach der Unterzeichnung des Maastrichter Vertrags äußerten einige Mitgliedsstaaten, angetrieben durch Angst vor Einwanderung, ihren Wunsch nach mehr Integration auf supranationaler Ebene. Als Antwort auf diese Stimmen wurden im Amsterdamer Vertrag von 1999 die Beschlüsse des Schengener Abkommens in den Rahmen der EU-Gesetzgebung integriert (Jahn et al. 2006; Jileva 2003). Gleichzeitig wurde die Einrichtung eines „Raumes der Freiheit, der Sicherheit und des Rechts" beschlossen, der innerhalb von fünf Jahren zum freien Personenverkehr führen sollte. Dieses Konzept beinhaltete eine Intensivierung der Grenzkontrollen an den Außengrenzen der EU, durch welche die Sicherheit der EU-Bürger innerhalb des gemeinsamen Raumes gewährleistet werden sollte – dies umfasste ein aufmerksames Verfolgen der Entwicklung der Situation an den Außengrenzen der Gemeinschaft und in den benachbarten Kandidatenländern.

Die im Amsterdamer Vertrag anvisierte Aufhebung der Grenzkontrollen bedurfte einer Gewährleistung der Sicherheit in diesem Raum. Dies wurde durch die Beschlüsse des EU-Gipfels in Tampere (1999) erreicht, auf dem Leitlinien für die zukünftige europäische Kooperation im Bereich der Asyl- und Migrationspolitik verabschiedet wurden (Jahn et al. 2006). Das wichtigste Ziel war die Errichtung einer gemeinsamen Asyl- und Einwanderungspolitik und die weitere Entwicklung der Kooperation mit den Herkunftsstaaten (was u.a. durch Programme für die Zusammenarbeit mit Drittstaaten erreicht werden sollte). Auf einem Gipfeltreffen im Jahr 2004 wurden von den Staats- und Regierungschefs die Vorschläge der Kommission zur Umsetzung der Beschlüsse von Tampere (Tampere II[36]) aufgegriffen und weiter zu einem fünfjährigen „Haager Programm"[37] ausgearbeitet. Dies sah u.a. die Harmonisierung des Asylrechts bis 2010 (Schaffung eines „gemeinsamen europäischen Asylsystems") und eine verstärkte Bekämpfung der irregulären Zuwanderung vor (Jahn et al. 2006: 25). Das Haager Programm hat zehn prioritäre Ziele aufgestellt[38], für deren Umsetzung drei Rahmenprogramme errichtet wurden. Als eines von vier Finanzinstrumenten[39] des Rahmenprogramms „Solidarität und Steuerung der Migrations-

---

[36] KOM (2004)401
[37] „Haager Programm zur Stärkung von Freiheit, Sicherheit und Recht in der Europäischen Union", 2005/C 53/01
[38] KOM (2005)184
[39] Die anderen drei Fonds waren der Europäische Fonds zur Integration von Drittstaatsangehörigen, der Europäische Rückkehrfonds und der Europäische Flüchtlingsfonds.

ströme" wurde die Errichtung eines Außengrenzenfonds[40] vorgesehen, der im Zeitraum von 2007 bis 2013 den Staaten an den Außengrenzen der EU die nötigen finanziellen Mittel bereitstellen sollte, um sie bei der Umsetzung der gemeinsamen Normen zur Überwachung der Grenzen zu unterstützen[41]. Die zukünftigen Prioritäten in der Entwicklung der Außengrenzen wurden im Slogan vom „integrierten Schutz an den Außengrenzen der Union" auf den Punkt gebracht – dies sollte durch eine effizientere Verwaltung dieser Grenze erfolgen. Diesem Ziel dienten u.a. die Einführung des neuen Visa-Informationssystems (VIS) Ende 2011 wie auch die Einrichtung der FRONTEX-Agentur im Jahr 2004 (Monar 2005; Müller 2013). Die Errichtung des Visa-Informationssystems sollte einer noch besseren Durchführung der Kontrollen der Reisenden an den Grenzübergängen dienen[42].

Die EU hat weiterhin an der Miteinbeziehung der Drittstaaten in ihr Asylsystem gearbeitet, was seinen Ausdruck in der Mitteilung der Kommission über die sogenannten Regionalen Schutzprogramme[43] gefunden hat. Diese Maßnahme zur Unterstützung der Drittstaaten, die mit einer großen Zahl von Asylsuchenden (v.a. aus Afrika und Osteuropa) konfrontiert waren, zielte eindeutig darauf ab, diese Asylsuchenden von der weiteren Reise in Richtung EU abzubringen. Sie darf als weiterer Schritt zur Erweiterung der Pufferzone um die EU betrachtet werden – die Rolle der Beitrittskandidaten aus den 1990er Jahren sollen durch diese Verträge nun u.a. Belarus, die Republik Moldau und die Ukraine übernehmen.

Der im Dezember 2009 in Kraft getretene Vertrag von Lissabon, dessen wichtigste Ziele in der Reform des politischen Systems der EU durch den Ausbau der internen Koordinationsmechanismen und in der Stärkung der Rolle des Europäischen Parlaments bestanden, hat weitere Veränderungen im Bereich der Asyl- und Migrationspolitik verursacht. Durch ihn wurden die Entscheidungsver-

---

[40] 574/2007/EG
[41] Das Budget des Fonds belief sich auf 1,82 Mrd. EUR; davon wurde Polen für die gesamte Zeitperiode eine Summe von ca. 78 Mio. EUR zugesprochen. Für die Verwaltung dieser Mittel war in Polen das Department der EU und internationalen Zusammenarbeit im Innenministerium zuständig. Die Gelder sollten (entsprechend den Zielen des Fonds) sowohl für die Modernisierung der Infrastruktur an den Grenzübergängen als auch für Transportmittel, Schulungen etc. eingesetzt werden.
[42] Das System wurde durch die „Entscheidung des Rates vom 8. Juni 2004 zur Einrichtung des Visa-Informationssystems (VIS)" (2004/512/EG) ins Leben gerufen und hat am 11. Oktober 2011 seine Arbeit aufgenommen. Dank diesem System, das aus einer zentralen Datenbank besteht, die durch eine spezielle Infrastruktur mit den nationalen Schnittstellen in den Schengen-Mitgliedsstaaten verbunden ist, kann die Identität eines Visuminhabers bereits beim Grenzübergang durch die Behörden schneller und effizienter geprüft werden als früher (Lesińska et al. 2012).
[43] KOM (2005)388

fahren verbessert und die eine Herausbildung einer neuen strategischen Ausrichtung erschwerenden Kompetenzstreitigkeiten zwischen den verschiedenen Institutionen beendet (Angenendt/Parkes 2009). Der bereits in den früheren Verträgen als Ziel anvisierte Raum der Freiheit, der Sicherheit und des Rechts wurde durch die Platzierung im Lissaboner Vertrag zusätzlich aufgewertet. Die bis dahin zwischen dem EU- und dem EG-Vertrag zerstreuten Teilpolitiken wurden durch diese Reform im „Raum der Freiheit, der Sicherheit und des Rechts" im Titel V des AEUV zusammengeführt, was den Effizienzverlusten ein Ende setzen sollte.

3.1.5 Grenzmanagement der EU

Die Schaffung des „Raumes der Freiheit, der Sicherheit und des Rechts" bedeutet, dass die bisherige Politik der Aufhebung der Kontrollen an den Binnen- und ihrer Verlagerung an die Außengrenzen der EU, bestätigt wurde[44]. Das angestrebte Ziel waren eine gemeinsame Asyl- und Visapolitik und ein koordiniertes Grenzschutzsystem an den Außengrenzen der Gemeinschaft. Diese Ziele werden sukzessiv erreicht, indem immer neue Maßnahmen zur Verstärkung der Kontrollen (VIS) und zur Verbesserung der Zusammenarbeit der zuständigen Behörden eingeführt werden – im Zusammenhang mit Letzterem kann auch die Einführung eines gemeinsamen Visakodex der Gemeinschaft[45] genannt werden, der u.a. ein System des Informationsaustausches zwischen den Konsulaten der Schengen-Mitgliedsstaaten in den Drittstaaten vorsieht (Art. 48). Im Frühjahr 2013 hat die Europäische Kommission ein Projekt zur Einführung zweier neuer Maßnahmen mit dem Ziel der weiteren Perfektionierung der Grenzkontrollen präsentiert. In dem sogenannten Entry-Exit-System (EES)[46] sollen die Daten aller Nicht-EU-Bürger registriert werden, die die EU-Außengrenze überschreiten. Diese Maßnahme zielt darauf ab, schnell und präzise die Anzahl der Tage zu nennen, die ein jeweiliger Reisender innerhalb der EU bleiben darf, und ist somit v.a. gegen die sogenannten *visa overstayers* gerichtet. Darüber hinaus sollen alle Nicht-EU-Bürger, die regelmäßig in die EU einreisen, im Registered Traveller Programme (RTP)[47] registriert werden. Beide Maßnahmen sollen das Risiko der Einreise ‚unerwünschter' Immigranten in den Schengen-Raum minimieren.

---

[44] Art. 67, 77 AEUV
[45] EG Nr. 810/2009
[46] COM (2013) 95 final
[47] COM (2013) 97 final

Im Hinblick auf die bisherigen Ausführungen darf dem Schengener Grenzregime eine grundlegende Ambivalenz im Verhältnis der EU zu ihren Nachbarn attestiert werden. Einerseits bekundet die EU immer wieder ihr Interesse an der Aufrechterhaltung der Beziehungen zu den Nachbarn. Durch die auf verschiedenem Wege verlaufende Förderung der Zusammenarbeit ihrer Grenzregionen mit den benachbarten Regionen der Drittstaaten[48] versucht sie dabei eine Pufferzone aus „befreundeten Staaten" um sich herum zu errichten. Als ein Versuch der Aufwertung dieser Politik kann auch die im Zuge der EU-Osterweiterung des Jahres 2004 erarbeitete Europäische Nachbarschaftspolitik (ENP) gedeutet werden, die das Ziel der politischen und ökonomischen Stabilisierung und Modernisierung der Nachbarländer verfolgt (Lavenex et al. 2011a, 2011b). Andererseits jedoch wird die EU-Grenzpolitik durch das starke Sicherheitsbestreben charakterisiert – die verstärkten Kontrollen an den Außengrenzen der EU werden als eine *Conditio sine qua non* für die Abschaffung innerer Grenzen betrachtet. Infolge der seit den 1980er Jahren fortschreitenden Versicherheitlichung wird dem Phänomen der Migration zunehmend misstrauisch begegnet; es wird als ein problematischer Aspekt der Öffnung der Grenzen oder gar als Sicherheitsrisiko betrachtet. Das wiederum trägt zur weiteren Verfestigung der Überzeugung einer Notwendigkeit des Ausbaus der Kontroll- und Überwachungsfunktionen an den äußeren Rändern der Gemeinschaft als der besten Methode zur Gewährleistung von Sicherheit und Wohlstand innerhalb der EU bei.

Die beiden genannten widersprüchlichen Tendenzen scheinen zwei Seiten desselben Prozesses der europäischen Integration darzustellen. Dieser steht nämlich gleichermaßen für Offenheit und Geschlossenheit, Ausschluss und Inklusion. Er darf als ein Versuch gedeutet werden, diese Widersprüche zu vereinbaren; dieses Streben wird besonders an den äußeren Rändern der Gemeinschaft sichtbar, wo die Grenzen durch das „Nebeneinander von Exklusions- und Inklusionsprozessen" (Müller 2013: 91) gleichzeitig Barriere- und Brückenfunktion erfüllen (Lavenex 2005; Müller 2013; van Houtum 2010). Aufgrund der Tatsache, dass der unerwünschten Zuwanderung auch solche Grenzüberschreitungen gegenüberstehen, die den (v.a. wirtschaftlichen) Interessen der EU-Mitgliedsstaaten entsprechen, ist nicht der völlige Ausschluss das erklärte Ziel dieser Politik, sondern vielmehr eine „kalkulierte Inklusion" (Müller 2013: 95). Es entsteht somit eine „smart border" (Andreas 2003: 96), „deren Grenzregime einem innovativen Filter gleicht, welcher die Differenzierung der „unerwünschten" und „erwünschten" Grenzübertritte in effizienter Weise ausbalanciert"

---

[48] Diesem Ziel dient bspw. das speziell dafür entwickelte TACIS-Programm, das heute unter dem Dach der Generaldirektion EuropeAid fortgeführt wird.

(Müller 2013: 96). Wie genau eine solche Grenze funktionieren soll, wird in einer Mitteilung der Kommission aus dem Jahr 2002 zur Entwicklung eines integrierten Grenzschutzes beschrieben. Diesem Dokument zufolge liegt die Umsetzung der erwähnten Filterfunktion bei den nationalen Behörden. Im „Schengener Grenzkodex" und dem „Schengen-Handbuch" (beide aus dem Jahr 2006) wurden für diese Kontrollbehörden gemeinsame Standards und Verfahren festgelegt – als Ziel werden die zunehmende Technisierung der Kontrollvorgänge und die Routinisierung von Abläufen genannt (Müller 2013: 98).

3.2 Europäisierung der polnischen Migrationspolitik

Ähnlich den anderen Staaten des Ostblocks war auch Polen während des Kalten Krieges von den internationalen Migrationsströmen fast vollkommen abgeschnitten[49]. Auch wenn das System einige Ausnahmen tolerierte und beginnend in den 1970er Jahren die ersten Ausreisemöglichkeiten für polnische Bürger in den Westen eingeführt hat, so blieb in dieser gesamten Zeitperiode das Problem der Migration stark politisiert und die Bewegungsfreiheit der Polen kontrolliert (Iglicka 2007). Nur unter diesen Umständen war es möglich, dass das Ausländergesetz von 1963 das einzige derartige Gesetz in der ganzen Geschichte Volkspolens war und bis in die 1990er Jahre unverändert blieb.

Der Zusammenbruch der Sowjetunion und des von ihr kontrollierten RgW-Blocks löste eine große Migrationswelle aus den ehemaligen sowjetischen Republiken Richtung Westen aus, die sehr schnell alle Lücken des Rechtssystems des sich auf der Route dieser Migrationsbewegung befindenden Polens offengelegt hat (Szonert 2000). Aus diesem Grund war auch im Bereich der Migration die Transformationszeit für Polen eine Periode großer Veränderungen – hier wurde ein neues Migrationsregime praktisch von grundauf errichtet (Iglicka 2005).

Im vorliegenden Abschnitt wird der Prozess der Entstehung der polnischen Migrationspolitik in den zurückliegenden 25 Jahren unter spezieller Berücksichtigung ihrer Beeinflussung durch die EU-Politik geschildert. Bei der Untersuchung dieses Europäisierungsprozesses wird ein spezielles Augenmerk auf diejenigen Entscheidungen gelegt, die durch ihren versicherheitlichenden Charakter Auswirkungen auf die Situation in den Grenzregionen haben. Nachdem zunächst der Verlauf des Prozesses der Entstehung der Politik und der Insti-

---

[49] In der gesamten Periode zwischen 1949 und 1990 sind jährlich durchschnittlich 1.000-3.000 Menschen nach Polen immigriert (Górny et al. 2010:34).

tutionalisierung des Feldes geschildert wird, widmet sich die Untersuchung im folgenden Teil einzelnen Teilbereichen dieser Politik: der Asyl- und der Visapolitik. Bezogen auf die Letztere wird der Einführung der Visapflicht für die östlichen Nachbarstaaten Polens im Jahr 2003 als einem wichtigen Schritt auf dem Weg der Versicherheitlichung besondere Aufmerksamkeit geschenkt.

3.2.1 Entwicklung der Migration nach Polen in den Jahren 1990-2013

Polen ist ein Land, das über lange Perioden seiner Geschichte ein Emigrationsland war. Aufgrund der Tatsache, dass sowohl die Modernisierung als auch gewisse demographische Prozesse dort vergleichsweise spät eingesetzt haben, zur Zeit Volkspolens zusätzlich gebremst wurden und das Land für beinahe die gesamte Nachkriegsperiode von den internationalen Migrationsströmen abgeschnitten war, konnte sich in diesem Fall der für die Industriestaaten übliche Übergang hin zu einem Land mit einem positiven Migrationssaldo erst nach 1989 ungehindert vollziehen (Górny et al. 2010).

Ein Blick auf die Statistiken zeigt, dass dieser Prozess nur langsam vorangeschritten ist und auch inzwischen 25 Jahre nach dem Beginn der Systemtransformation Polen einen negativen Migrationssaldo aufweist (*Abbildung 1*).

Abbildung 1: Internationale Migration in Polen, 1991-2011 (in Tausend)

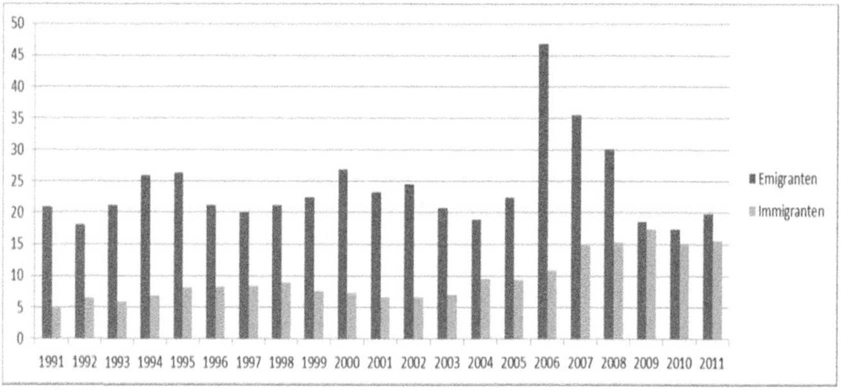

Quelle: Kaczmarczyk 2014

Polen war nach 1989 hauptsächlich ein Transitland für die aus dem Osten nach Westeuropa migrierenden Menschen – der Anteil derjenigen, die sich in Polen niederlassen wollten, blieb sehr gering. Erst der durch die EU-Mitgliedschaft verursachte wirtschaftliche Aufschwung hat diese Anfang der 1990er Jahre entstandenen Migrationsmuster geändert; Polen ist im zurückliegenden Jahrzehnt wohl zum ersten Mal in seiner Geschichte zunehmend zum Zielland für immer mehr Gruppen potenzieller Migranten geworden (insbesondere aus seinen östlichen Nachbarstaaten wie auch anderen ehemaligen sowjetischen Republiken – vgl. Brunarska et al. 2012; Kaczmarczyk 2014)[50].

Trotz der Entwicklung der letzten Jahre bleibt der Anteil der Immigranten an der Gesamtbevölkerung Polens sehr niedrig. Polen ist (noch) kein Einwanderungsland geworden und im europäischen Vergleich (EU-27) bleibt es sogar das Land mit dem geringsten Anteil der Ausländer an der Gesamtbevölkerung. Die Quantifizierung dieser Gruppe gestaltet sich zwar schwierig und die Schätzungen variieren diesbezüglich, aber alle Quellen schätzen diesen Anteil als sehr niedrig ein: zwischen 0,13% (PESEL – vgl. Kaczmarczyk 2011) und 2,2% (UN 2011). Diese Tatsache verdient Aufmerksamkeit, insbesondere im Kontext der Entwicklung der polnischen Migrationspolitik seit 1989, die – wie gezeigt wird – von Sicherheitsgedanken durchdrungen war und sich als wichtigste Aufgabe gestellt hatte, das Land vor den erwarteten ‚Strömen illegaler Immigranten' zu schützen.

3.2.2 Polnische Migrationspolitik in ihrer Entstehung

Die sofortige Umorientierung der polnischen Außenpolitik nach 1989, die sich die Integration in die politischen, wirtschaftlichen und militärischen Strukturen der westlichen Welt als oberstes Ziel gestellt hatte, war durch das Bedürfnis der Gewährleistung von Sicherheit in der veränderten geopolitischen Umgebung getrieben (Zięba 2010). Es war dieser Sicherheitsgedanke, der den Entscheidungen Polens auch im migrationspolitischen Bereich in den ersten Jahren der Systemtransformation zugrunde lag (und hier v.a. eine Form der Angst vor unkontrollierbarer Migration und organisiertem Verbrechen über die vermeintlich löchrigen polnischen Staatsgrenzen annahm – vgl. Głąbicka 1999) und der auch das Verhalten der polnischen Machthaber in diesem Bereich in den ersten Jahren der Systemtransformation und ihre schnelle Übernahme des westeuropäischen Mo-

---

[50] Andererseits sei auch auf die durch den EU-Beitritt ausgelöste neue Welle der Arbeitsmigration der einheimischen Bevölkerung nach Westeuropa hingewiesen, vgl. u.a. Anacka 2008; Grabowska-Lusińska/Okólski 2008; Milewski/Ruszczak-Żbikowska 2008.

dells in den späteren Jahren erklären helfen kann (Anioł 1992; Kicinger 2005, 2009). Im Folgenden wird der Verlauf dieses Prozesses rekonstruiert und dabei der Rolle, die der Sicherheitsgedanke bei den jeweiligen Entscheidungen spielte, besondere Aufmerksamkeit gewidmet.

3.2.2.1 Rekonstruktion des Prozesses

Die politischen Veränderungen des Jahres 1989 haben durch die Auflösung der Grenzen in den Staaten des Ostblocks eine ganz neue Migrationsdynamik ausgelöst. Für Polen resultierten sie in einem rapiden Anstieg der Zahl der Grenzübertritte durch die Einwohner dieser östlichen Staaten – eine Entwicklung, auf die das Land nicht vorbereitet war (Iglicka 2000, 2001; Kicinger 2005, 2009; Weinar 2006; Szonert 2000). Die polnischen Verantwortlichen haben schnell verstanden, dass eine Situation, in der nur auf *ad-hoc*-Maßnahmen zurückgegriffen wurde, nicht lange aufrechtzuerhalten sein würde. Zu jenem Zeitpunkt sah sich Westeuropa mit einer Welle von Asylsuchenden aus dem Osten (v.a. aus den ehemaligen sowjetischen Republiken) konfrontiert und Polen befand sich als Transitland auf der Route dieser Migranten auf ihrem Weg nach Westeuropa (Salt 1993) – das rechtliche System des Landes im migrationspolitischen Bereich musste an diese veränderte Situation angepasst werden.

Entwicklungen der 1990er Jahre

Eine Anpassung an die deutlich veränderte Situation war notwendig, sie erforderte aber auch das Errichten einer gänzlich neuen Migrationspolitik, denn die bis dahin geltenden Regulierungen[51], konstruiert in einem ganz anderen geopolitischem Kontext, erwiesen sich als vollkommen unbrauchbar (Iglicka 2005; Kicinger 2005; Kicinger/Koryś 2011; Okólski 2004). Ein Hilfsgesuch an die westeuropäischen Partner in dieser Frage schien den polnischen Verantwortlichen ein natürlicher Schritt, dennoch verlief die Annäherung Polens an den Westen im migrationspolitischen Bereich zunächst zögerlich, hauptsächlich aufgrund der Weigerung der polnischen Seite, die Migration als mehr als nur ein temporäres Problem wahrzunehmen (Weinar 2006). Das Umdenken in dieser Frage darf aus heutiger Perspektive als Ergebnis eines spezifischen Sozialisationsprozesses

---

[51] Das einzige Ausländergesetz Volkspolens wurde im Jahr 1963 verabschiedet (vgl. Dz.U. 1963, Nr. 15, poz.77; novelliert 1974, 1977 und 1983).

interpretiert werden, dem die polnische Seite Anfang der 1990er Jahre durch Kontakte mit Vertretern der europäischen Organisationen unterzogen wurde. Durch die Teilnahme an Treffen verschiedener Arbeitskreise und Diskussionsforen – neben dem UNHCR dürfen hier noch die KSZE, der Baltische Rat und der Europarat[52] mit seinen Konferenzen und Arbeitsgruppen, wie CIREA und CIREFI, genannt werden – konnten polnische Delegierte den westeuropäischen Diskurs über Migration und Asyl kennenlernen und verinnerlichen. Die Ratifizierung der Genfer Konventionen[53] und der New Yorker Protokolle war Ausdruck dieser inzwischen veränderten Einstellung der polnischen Politiker zum Thema Migration; inzwischen haben auch sie darin ein dauerhaftes Problem erkannt, das nur mit multilateralen Methoden zu lösen ist (Kicinger 2009; Weinar 2006). Die Entwicklungen der ersten Hälfte der 1990er Jahre gipfelten in dem 1997 vom polnischen Parlament verabschiedeten Ausländergesetz[54], das hauptsächlich den Fragen der Einreisebedingungen für Ausländer nach Polen gewidmet war. Ziel war es, den Zufluss der unerwünschten Ausländer aufzuhalten, wofür u.a. die Regeln der Visavergabe bzw. -verweigerung festgelegt wurden. Besonders detailliert wurden v.a. die Prozeduren der Ausweisung behandelt.

Die Verabschiedung des Ausländergesetzes von 1997 darf als das Ende der ersten Phase der Entwicklung der polnischen Migrationspolitik betrachtet werden (Weinar 2006). In dieser Periode erfolgte die ‚Entdeckung' der Migration durch die politische Klasse, die sie nach anfänglichem Zögern schließlich als ernstzunehmendes soziopolitisches Problem anerkannte und auf die Agenda zur politischen Bearbeitung aufnahm. Die neue Politik hat in dieser Zeit ihr Anfangsstadium verlassen und eine feste institutionelle Grundlage bekommen. Aufgrund der mangelnden historischen Erfahrungen des Landes mit diesem Phänomen neigten die polnischen Politiker dazu, Lösungsansätze aus den westlichen Ländern zu übernehmen. Die politische Neuorientierung Polens in der Zeit der Transformation und seine fortschreitende Integration in die westlichen Strukturen resultierten in einer verstärkten Präsenz der EU, die auch in Fragen der Migration fertige Lösungsmodelle anbieten konnte. Das Resultat war ein Lernprozess, während dessen die lernende Seite nicht nur die fertigen gesetzlichen Lösungen übernahm, sondern auch die Normen und Werte internalisierte, deren Ausdruck diese Gesetze darstellten.

---

[52] Polen wurde 1991 in den Europarat aufgenommen.
[53] Dz.U. 1991, Nr. 119, poz. 513
[54] Dz.U. 1997, Nr. 114, poz. 739

Vorbereitungen auf den EU-Beitritt

Polen hatte sein Vorhaben der Aufnahme in die Strukturen der Europäischen Gemeinschaft sehr schnell kundgetan. Bereits im September 1989 wurde das „Abkommen über die handelspolitische und wirtschaftliche Zusammenarbeit" Polens mit der EWG unterzeichnet. Diesem folgten Bemühungen um ein Assoziierungsabkommen zwischen Polen und der Europäischen Gemeinschaft (1994 in Kraft getreten). Schließlich wurde der Beitrittsprozess 1997 offiziell in Gang gesetzt. Den Beitrittsverhandlungen mit der EU ging die Phase des sogenannten „screening" der Gesetzgebungen der Kandidatenländer, d.h. ihres Vergleichs mit den Rechtstexten der EU (unter spezieller Berücksichtigung derjenigen Gesetze, die die EU als *Acquis communautaire* festgelegt hatte), voraus. Da sich die Vertreter der Kandidatenstaaten verpflichtet hatten, noch vor dem Beitritt den gesamten Schengen-Acquis in ihre Gesetzgebungen zu integrieren, handelte es sich beim Screening offensichtlich um eine sehr wichtige Phase der Vorbereitung auf den Betritt (Jileva 2003: 78). Das Screening im Bereich „Gerechtigkeit und interne Angelegenheiten" (eng. *Justice and Home Affairs* – im weiteren JHA), das bereits 1998 begonnen hatte, zeigte, wie asymmetrisch sich die Machtverhältnisse in diesem Feld gestalten – da im Bereich der JHA aufgrund der Entscheidung der Kommission jegliche Verhandlungen von vornherein ausgeschlossen waren, blieb der polnischen Seite auch kein Handlungsspielraum (Grabbe 2003). Der Schengener Besitzstand wurde als besonders wichtig angesehen und musste ohne Ausnahmen implementiert werden[55]. Die Inkorporation des Schengen-Acquis in die polnische Rechtsordnung stellte einen wichtigen Impuls für die Novellierung des Ausländergesetzes von 1997 dar. Die entsprechenden Arbeiten begannen im Jahr 2000 und wurden bereits nach wenigen Monaten abgeschlossen. Das neue Gesetz wurde im Juni 2001 verabschiedet[56]. Die Novellierung betraf hauptsächlich die Fragen der gemeinsamen Visapolitik, der Familienzusammenführung und nicht zuletzt der Grenzkontrollen. Die besondere Betonung der Letzteren resultierte aus dem starken Interesse der EU an diesem Thema – nach seinem EU-Beitritt würde Polen die Rolle des ‚Pförtners' zukommen und deswegen wurde der Zustand der Vorbereitung seiner Grenzinfrastruktur und seiner Sicherheitsbehörden besonders genau untersucht (Piórko/Sie Dhian Ho 2003: 181)[57]. Im Bereich der Asylpolitik wurde verlangt, dass Polen das Übereinkom-

---

[55] Im Fall Polens bedeutete es, dass das Land 180 Gesetze übernehmen musste, wovon 160 Gesetze Teil des Schengen-Acquis waren.
[56] Dz.U. 2001, Nr.127, poz. 1400
[57] Die Maßnahmen dafür wurden durch das SDÜ spezifiziert (Art. 6).

men von Dublin und die Eurodac-Datenbank einführt und seine Prozeduren verbessert. Darüber hinaus musste Polen auch seine Listen der Staaten, deren Bürger zur Einreise ein Visum brauchen, mit der in der Schengen-Zone verpflichtenden Liste harmonisieren – diese Bedingungsvorgabe stieß in Polen auf große Kontroversen, weil sie direkt die Beziehungen des Landes mit seinen östlichen Nachbarstaaten betraf. Die Novellierung des Ausländergesetzes vom Jahr 2001 wurde jedoch durch die Entwicklung der Ereignisse im Bereich der Migrationspolitik schnell überholt, was eine Korrektur notwendig machte. Die Arbeiten daran verliefen parallel zu den letzten Verhandlungen und in enger Kooperation mit der EU. Schließlich wurde in den Jahren 2002-2003 das letzte Ausländergesetz vor dem EU-Beitritt Polens zusammen mit zwei anderen Gesetzen verabschiedet, die alle als nächster Schritt auf dem Weg der Stärkung des Einflusses der EU auf die polnische Migrationspolitik gedeutet werden können. Die erste dieser Vorschriften war das „Gesetz zur Regulierung der Fragen der Einreise und des Aufenthaltes von EU-Bürgern in Polen"[58], was sie zu einer in vielerlei Hinsicht besonderen und privilegierten Gruppe machte. Dieses Gesetz war ein Teil des Schengen-Acquis, durfte also von der polnischen Seite nicht modifiziert werden. Die Übernahme dieser Lösung, die für Polen eine Neuheit darstellte, bedeutete, dass auch dieses Land doppelte Standards in der Behandlung von verschiedenen Gruppen von Ausländern benutzen würde. Im Juni 2003 wurden das „Gesetz über Hilfeleistung für Ausländer auf dem Territorium Polens"[59] und das neue Ausländergesetz[60] vom polnischen Parlament verabschiedet. Die wichtigsten Veränderungen, die durch diese zwei Gesetze in die polnische Rechtsordnung eingeführt wurden, waren die neue Kategorie des „geduldeten Aufenthaltes" und die Amnestierung für eine Gruppe von illegal in Polen lebenden Ausländern. Die Erstere bezog sich auf diejenigen Asylsuchenden, die zwar die Kriterien der Genfer Konventionen nicht erfüllten, gleichzeitig aber aus humanitären Gründen nicht in ihr Herkunftsland abgeschoben werden konnten. Diesen Menschen wurden viele Rechte zugesprochen – wie Unterstützung durch den Staat, Zugang zum Arbeitsmarkt und das Recht auf Familienzusammenführung. Die Amnestierung richtete sich an diejenigen Ausländer, die seit mindestens sechs Jahren ununterbrochen (und illegal) in Polen lebten und über eine bestimmte materielle Absicherung verfügten (Zugang zu Wohnung und Arbeitsgenehmigung) – diese Gruppe bekam nun die Chance, ihren Aufenthalt zu legalisieren[61].

---

[58] Dz.U. 2002, Nr. 141, poz. 1180
[59] Dz.U. 2003, Nr. 128, poz. 1176
[60] Dz.U. 2003, Nr. 128, poz. 1175
[61] Von dieser Maßnahme, von der hauptsächlich die bereits gut integrierten Ausländer betroffen waren, die seit Jahren in Polen lebten, dort arbeiteten und ihre Familien hatten, versprach sich die

Diese Regulierungen erinnern an eine ähnliche Tendenz in den westeuropäischen Staaten, die ihre Politiken gegenüber denjenigen Ausländern, die bereits auf ihrem Territorium lebten, liberalisierten, gleichzeitig aber durch Verschärfung der Einwanderungskontrollen diejenigen abzuschrecken versuchten, die erst ins jeweilige Land einreisen wollen.

Eine rückblickende Betrachtung des legislativen Prozesses, dessen Ergebnis die Gesetze von 2001 und 2003 darstellen, wie auch der ihn begleitenden parlamentarischen Debatten (Trojanowska-Strzęboszewska 2010; Weinar 2006) lässt diese Periode als diejenige Phase in der Entwicklung der polnischen Migrationspolitik herausstreichen, in der die polnischen Politiker besonders starkem Anpassungsdruck seitens der EU ausgesetzt waren. Der Beitrittsprozess hatte der EU eine direkte Einwirkung auf die weiteren Arbeiten an der polnischen Migrationspolitik ermöglicht. Mit der Verabschiedung des Ausländergesetzes von 2003 ging für die polnische Migrationspolitik eine wichtige Etappe ihrer Entwicklung zu Ende. Mit ihr war der Prozess des ‚Nachholens' bzw. der Anpassung dieser Politik an die westeuropäischen institutionellen Muster abgeschlossen. In dieser Phase hat sich, wie von Weinar gezeigt (2006: 98), auch das *Policy*-Netz im migrationspolitischen Bereich herauskristallisiert und nach einiger Zeit seine bis heute endgültige Form erhalten (vgl. 3.2.2.2). Im Ergebnis dieser Entwicklungen verfügte Polen im Augenblick seines EU-Beitritts im Mai 2004 über ein System der Regulierungen im migrationspolitischen Bereich, die vollkommen mit dem Acquis übereinstimmten (Kicinger 2005: 16). Da Polen den größten Teil seiner Souveränität in diesem Bereich an die Europäische Union abgegeben hatte, würden die künftigen Entwicklungen auf diesem Gebiet von den Entscheidungen auf der EU-Ebene abhängen.

Polnische Migrationspolitik seit 2004

Aus der Perspektive der Migrationspolitik stellt der EU-Beitritt Polens den zweiten (nach dem Jahr 1989) entscheidenden Augenblick dar – die damit verbundene Veränderung der geopolitischen Lage hat die Migrationsprozesse in der gesamten Region, wie auch die Politik des polnischen Staates in diesem Bereich stark beeinflusst (Duszczyk/Lesińska 2010; Kicinger 2005; Weinar 2006). Aus

---

polnische Regierung, erfolgreich gegen Grauzonen anzukämpfen und die Kontrolle über die Migrationsflüsse nach Polen zu erlangen. Von 3460 Ausländern aus 62 Staaten, die ihren Aufenthalt in Polen auf diesem Weg zu legalisieren versuchten, erreichten 2696 Personen ihr Ziel (Szulecka 2010b: 101).

diesem Grund stellte der EU-Beitritt einen weiteren starken Stimulus zur Entwicklung der Migrationspolitik dar, was auch an der großen Aktivität der Gesetzgeber in diesem Bereich in der Periode nach 2004 deutlich zu sehen ist (Górny et al. 2010: 75)[62].

Die Fokussierung der Verantwortlichen auf die Problematik der Überwachung der Außengrenze führte 2005 zur Novellierung des Gesetzes über den Grenzschutz[63] von 1990, wobei u.a. die Kompetenzen des Grenzschutzes deutlich ausgeweitet wurden[64]. Gleichzeitig führte Polen eine Reihe von Maßnahmen ein, die das Problem der mangelnden Arbeitskräfte in einigen Bereichen des polnischen Arbeitsmarktes adressieren sollten (vgl. 3.2.3.2). Weitere wichtige Veränderungen in dieser Phase sind mit der Aufnahme Polens in die Schengen-Zone am 21. Dezember 2007 verbunden. Zwar war das Land formell bereits mit dem EU-Beitritt zum Mitglied der Schengen-Zone geworden, aber die Aufhebung der Grenzkontrollen an der Binnengrenze (zw. Polen und der Bundesrepublik Deutschland) erfolgte auf Entscheidung des Europarats erst Ende 2007. In den dazwischenliegenden drei Jahren wurde Polen einer Reihe von Evaluierungen unterzogen, in denen seine Arbeit an der Verbesserung der Kontrollen an den Außengrenzen und die Fortschritte in der Implementierung der Schengen-Strategie bewertet wurden. Der Schengen-Beitritt war für die polnische Migrationspolitik mit schwerwiegenden Folgen verbunden; er zog die Notwendigkeit der Koordination der Asyl- und Visapolitik nach sich, was faktisch der endgültigen Abgabe der Kompetenzen in diesen Bereichen an die EU-Ebene gleichkam. Es erfolgte die Vorbereitung der staatlichen Administration auf die Aufnahme der Kooperation im Rahmen des Schengen-Informations-Systems und des SIS II – hierauf musste die polnische Rechtsordnung in einigen Punkten erst einmal vorbereitet werden. Des Weiteren bedeutete der Beitritt in die Schengen-Zone auch weitere notwendige Veränderungen in der Struktur der polnischen Sicherheitsbehörden: Der Grenzschutz übernahm die Verantwortung für die Zusammenarbeit der polnischen Seite mit FRONTEX und erhielt zudem neue Aufgaben: die Bekämpfung des Terrorismus und den Schutz der „Verkehrswege von besonderer internationaler Bedeutung vor der Kriminalität" (Art.1, Pkt.5b). Im

---

[62] Seit 2004 wurden bereits mehrere Novellierungen des Ausländergesetzes von 2003 verabschiedet – 2005 (Dz.U. 2005, Nr. 94, poz. 788), 2007 (Dz.U. 2007, Nr. 120, poz. 818), 2008 (Dz.U. 2008, Nr. 235, poz. 1611) und 2010 (Dz.U. 2010, Nr. 239, poz. 1593). Im Dezember 2013 wurde das nächste Ausländergesetz verabschiedet (Dz.U. 2013, poz.1650).
[63] Dz.U. 2005, Nr. 234, poz. 1997
[64] Unter anderem wurde die sogenannte Grenzzone, d.h. das Grenzgebiet auf dem der Grenzschutz operative Aktionen durchführen kann, auf das ganze Territorium der Grenzgemeinden ausgeweitet.

Dezember 2008 wurden auch neue Zollvorschriften eingeführt, die die bis dahin gültigen Regulierungen bezüglich der Norm der Einfuhrwaren verschärften[65].

Der EU-Beitritt bedeutete für Polen, dass alle Veränderungen in seiner Migrationspolitik seit 2004 direkt von den Prozessen auf EU-Ebene abhängig sind. Die Rolle der polnischen Seite beschränkt sich seitdem hauptsächlich auf die Ausführung der EU-Direktiven und die Einführung der entsprechenden Korrekturen in seine Rechtsordnung. Die Arbeiten in dieser Periode konzentrierten sich auf Fragen der Grenzkontrollen, der Asyl- und der Visapolitik. Gleichzeitig hat auch die schrittweise Verbesserung der ökonomischen Lage Polens nach dem EU-Beitritt zu einer größeren Attraktivität des Landes für potenzielle Immigranten geführt; die polnischen Regierungen (dieselbe Linie wurde trotz des Regierungswechsels 2007 fortgesetzt) reagieren auf diese veränderte Situation (zu der auch die erwähnten Probleme des eigenen Arbeitsmarktes kommen) mit einer Politik, die den Ausländern, insbesondere aus den benachbarten östlichen Staaten, den Zugang zum polnischen Arbeitsmarkt erleichtern soll.

3.2.2.2 Institutionalisierung des Feldes

Trotz der bereits angesprochenen Weigerung der Vertreter der polnischen Seite in den ersten Jahren der Systemtransformation, die Migration als dauerhaftes Problem anzuerkennen, rückte dieses Thema aufgrund der sich verändernden Rahmenbedingungen relativ schnell auf die Agenda zur politischen Bearbeitung: Neben der Berufung einer parlamentarischen Arbeitsgruppe zur Erarbeitung eines Gesetzesentwurfes (1991) nahm Polen auch die Zusammenarbeit mit dem UNHCR auf (Szonert 2000; Weinar 2006). Die Ratifizierung der Genfer Konventionen bestätigte endgültig die Westorientierung Polens in migrationspolitischen Fragen, gab dem Entstehungsprozess der Migrationspolitik einen starken Impuls und leitete den Übergang vom vorläufigen Zustand dieser Politik zur Phase ihrer Institutionalisierung ein. Diese verlief zunächst etwas chaotisch, bis endlich 1997 kraft des neuen Ausländergesetzes das Innenministerium durch die damalige Regierung zur einzigen für Migrationsfragen zuständigen Institution ernannt wurde (Głąbicka et al. 1998: 8). Im Jahr 2001 wurde ein neues Ministe-

---

[65] (WE) Nr. 274/2008. Dieser Schritt traf vor allem den Grenzhandel, denn es wurden neue Obergrenzen für die Warenmengen festgelegt, die die Grundlage dieses Handels darstellten – Zigaretten von 200 St. auf 40 St., und von zwei Flaschen Alkohol auf eine.

rium gegründet, das Amt für Repatriierung[66] und Ausländer (pol. *Urząd ds. Repatriacji i Cudzoziemców* – im Weiteren URiC), das dem Innenministerium unterstand. Die letzte Veränderung im institutionellen Gefüge wurde schließlich 2007 mit dem Ersetzen des URiC durch das Amt für Ausländerangelegenheiten (pol. *Urząd do Spraw Cudzoziemców* – im Weiteren UdSC) durchgeführt (Kicinger/Koryś 2011: 359).

Die Struktur des polnischen migrationspolitischen *Policy*-Netzes[67] wies von Anfang an einen geschlossenen Charakter auf: Es besteht aus einem engen Kreis von Akteuren, zu dem hauptsächlich staatliche Migrationsexperten, Vertreter internationaler Organisationen und einiger NGOs, in deutlich geringerem Maße die Interessenverbände oder die Öffentlichkeit gehören.

Die Gestaltung der Migrationspolitik liegt im Kompetenzbereich des Innenministers, der auch Kontrolle über die Arbeiten des UdSC behält – der Chef dieses Amtes wird vom Ministerrat auf Vorschlag des Innenministers berufen und untersteht diesem auch direkt. Die Rolle dieses Ministeriums erschöpft sich in Verwaltung und Kontrolle der Migrationspolitik, es besitzt nicht die Kompetenzen, diese eigenständig (d.h. jenseits von Vorgaben des Innenministeriums) zu gestalten.

Neben dem UdSC wurden einige Kompetenzen in ausgewählten Angelegenheiten auch an andere Akteure verteilt. So kontrolliert beispielsweise das Außenministerium aufgrund dessen, dass ihm alle Konsulate und Botschaften Polens im Ausland unterstehen, die Implementierung und praktische Umsetzung der Visapolitik. Die Rolle dieses Ministeriums wird zusätzlich dadurch aufgewertet, dass die Visapolitik als eines der Instrumente der Außenpolitik betrachtet und von Polen gegenüber seinen östlichen Nachbarn auch tatsächlich als solches eingesetzt wird (Szulecka 2010a).

Die Fragen der Regulierung der Arbeitsimmigration nach Polen fallen wiederum in den Zuständigkeitsbereich des Ministeriums für Arbeit und Sozialpolitik. Diese Behörde soll Gesetzesentwürfe zur Regulierung des Zugangs einzelner Ausländergruppen zum polnischen Gesundheits- und Sozialsystem vorbereiten. Gleichzeitig aber ist es auch für die Fragen der Integrationspolitik zuständig – dieser Bereich der Migrationspolitik wurde in Polen aufgrund der niedrigen Immigrationsraten lange Zeit unterschätzt, was zu der Situation geführt hat, dass

---

[66] In diesem Zusammenhang wurde unter dem Begriff ‚Repatriierung' v.a. die Umsiedlung der polnischen Bevölkerung verstanden, die nach dem Zweiten Weltkrieg in den von der Sowjetunion annektierten Gebieten geblieben war.
[67] Hier verstanden nach Hugh Heclo als das „Zusammenwirken der unterschiedlichsten exekutiven, legislativen und gesellschaftlichen Institutionen und Gruppen bei der Entstehung und Durchführung einer bestimmten Policy" (Frey 1997: 22).

Polen keine Experten hatte, die es in diesen Fragen auf den Treffen mit den Vertretern der EU hätten repräsentieren können (Kicinger/Koryś 2011). Die Beschäftigung mit dieser Thematik (im Ministerium für Arbeit und Sozialpolitik wurde damit ein Department betraut) ist Resultat dieser Situation und darf deswegen als vielleicht das deutlichste Beispiel einer durch den Einfluss der EU verursachten institutionellen Veränderung in der polnischen Migrationspolitik betrachtet werden.

Laut der polnischen Verfassung (Art. 118) besitzen in Polen sowohl der Präsident, als auch die Regierung, die beiden Kammern des Parlaments und auch die Staatsbürger die Gesetzgebungsinitiative, aber das Engagement dieser Akteure im Prozess der Entstehung der Migrationspolitik war in den meisten Fällen sehr begrenzt. Zur Erklärung dieses Zustands können mehrere Faktoren angeführt werden. Zuerst sei darauf hingewiesen, dass die Migrationspolitik (wie bereits erwähnt) von Anfang an ‚hinter verschlossenen Türen', im engen Kreis von Experten und Mitarbeitern einzelner Ministerien entwickelt wurde. Das niedrige Interesse der politischen Klasse an dieser Problematik in den ersten Jahren nach 1989 ist wohl auf die zahlreichen Herausforderungen der Transformationszeit zurückzuführen, aber auch in späteren Jahren hielt es sich in Grenzen, so dass sich das Parlament vollkommen auf eine rein legislative Rolle beschränkte, die offenbar seiner Bedeutung im polnischen politischen System und den ihm zustehenden Kompetenzen nicht entspricht. Die von Agnieszka Weinar (2006) durchgeführte Analyse der den legislativen Prozess begleitenden parlamentarischen Debatten zeugen vom sehr geringen Interesse der polnischen politischen Klasse für die Problematik der Migration. Damit einher ging auch ein geringes Interesse der Öffentlichkeit an den Fragen der Migration, was schnell zu einer gewissen ‚Entöffentlichung' dieses Problems geführt hat (Trojanowska-Strzęboszewska 2010; Weinar 2006).

Das hier untersuchte *Policy*-Netz zeichnet sich darüber hinaus auch dadurch aus, dass zu ihm von Anfang an nur einige wenige nicht-staatliche Akteure zugelassen worden sind. Der Einfluss der polnischen NGOs war in der gesamten untersuchten Periode eher indirekt; aufgrund der mangelnden Möglichkeiten einer direkten Mitarbeit an der Gestaltung der Politik versuchten sie, durch verschiedene Kampagnen und Programme bestimmte Bereiche dieser Politik zu beeinflussen[68]. Dagegen war die Beeinflussung des Prozesses durch ausländische

---

[68] In diesem Zusammenhang sind insbesondere die Polnische Humanitäre Organisation (pol. *Polska Akcja Humanitarna*), die Stefan-Batory-Stiftung (pol. *Fundacja Stefana Batorego*) und die Internationale Helsinki-Föderation für Menschenrechte zu nennen (zu ihren Aktivitäten auf dem Feld der Migration vgl. Kicinger/Koryś 2011: 363).

Akteure deutlich stärker. Als wichtigste Akteure sind in diesem Zusammenhang insbesondere der Europarat, die Zentraleuropäische Initiative, die Organisation für Sicherheit und Zusammenarbeit in Europa, das UNHCR und die IOM zu nennen. Das UNHCR war in Polen insbesondere am Anfang der 1990er Jahre sehr stark präsent, indem es über die Vergabe des Flüchtlingsstatus entscheiden konnte (und zwar ohne die polnische Seite über die Einzelheiten dieses Prozesses informieren zu müssen – vgl. Weinar 2006: 80). Schließlich scheinen die Migrantenorganisationen in diesem Kontext keine größere Rolle zu spielen. Dies ist vor dem Hintergrund eines geringen Ausmaßes dieses Phänomens und seiner kurzen Geschichte verständlich, resultiert aber nichtsdestotrotz darin, dass die Interessen der jeweiligen Gemeinden nur ungenügend durch ihre eigenen Vertreter repräsentiert werden.

3.2.3 Europäisierung einzelner Teilbereiche der polnischen Migrationspolitik

Die heutige polnische Migrationspolitik ist Ergebnis der in den vorangegangenen Abschnitten beschriebenen Entwicklungen. In diesem Zusammenhang stellt sich die Frage, wie dieses System auf die Migrationsbewegungen in der Region reagieren kann und welche Entwicklungen für die Migrationssituation in Polen daraus resultieren.

Im Folgenden wird auf diese Frage eingegangen, indem die Entwicklungen in ausgewählten Teilbereichen der Migrationspolitik ausführlich geschildert werden. Der Bereich der Einreisepolitik verdient aus der Perspektive der vorliegenden Studie eine besondere Aufmerksamkeit, weil die Veränderungen in diesem Bereich unmittelbare Auswirkung auf die Untersuchungsregion Karpatenvorland hatten (Einführung der Visapflicht für die östlichen Nachbarstaaten). Das Beispiel der Politik der Regulierung des Zugangs von Ausländern zum polnischen Arbeitsmarkt veranschaulicht die in der Forschung oft kritisierte Konzeptionslosigkeit polnischer Migrationspolitik. Die Asylpolitik schließlich wird oft als jenes Feld angesehen, das auf europäischer Ebene sehr früh und weitgehend europäisiert worden ist und im Fall Polens den Bereich des ersten Kontaktes mit der europäischen Migrationspolitik darstellte.

3.2.3.1 Einreisepolitik

Die Politik der Einreise nach Polen wird von Experten oft für das wichtigste Element der seit 1989 konstruierten polnischen Migrationspolitik gehalten (Kicinger 2005). Gleichzeitig gehen jedoch die Meinungen bezüglich dessen auseinander, welche Faktoren den größten Einfluss auf ihre Entwicklung und ihr Endergebnis hatten: Während einige Autoren den Einfluss der EU und des Integrationsprozesses betonen (Weinar 2006), verweisen andere darauf, dass der diese Politik charakterisierende Sicherheitsgedanke sich im polnischen politischen Diskurs bereits Anfang der 1990er Jahre herauskristallisiert habe, d.h. noch bevor Polen in engere Berührung mit der EU-Politik gekommen ist (Kicinger 2005). Ohne diese Frage an dieser Stelle entscheiden zu wollen sei gesagt, dass beide Faktoren zweifelsohne die Entwicklung der polnischen Migrationspolitik bestimmt haben und zwar dahingehend, dass die Kontrolle der Einreise von Ausländern nach Polen zum Hauptpunkt des Interesses geworden ist (Szulecka 2010a: 79).

Nach 1989 hat sich Polen im außenpolitischen Bereich um Verbesserung seiner teilweise historisch sehr belasteten Beziehungen zu den östlichen Nachbarstaaten bemüht. Dieses Ziel sollte u.a. auch mithilfe der entsprechend ausgerichteten Visapolitik erreicht werden; ein Ausdruck dieser Politik war die Entscheidung mehrerer aufeinanderfolgender polnischer Regierungen, das visafreie Grenzregime, das es zwischen den Staaten des Ostblocks vor 1989 gab, zunächst aufrechtzuerhalten. Aus diesen Gründen schloss Polen in den 1990er Jahren eine Reihe von bilateralen Abkommen zur Regelung des Grenzverkehrs mit seinen östlichen Nachbarn[69]. Gleichzeitig nahm die Migration aus dem Osten in den frühen 1990er Jahren eine sowohl die polnische Seite als auch ihre westlichen Partner beunruhigende Form der irregulären Transitmigration an (Okólski 1991). Die Antwort auf diese Entwicklung waren verstärkte Kontrollen an den ostpolnischen Grenzübergängen bei gleichzeitiger Arbeit am Ausländergesetz, das schließlich 1997 verabschiedet wurde und hauptsächlich Fragen der Einreisekontrolle gewidmet war. Aufgrund seines stark restriktiven Charakters hat dieses Ausländergesetz die Möglichkeiten einer legalen Migration nach Polen entscheidend verringert (Szulecka 2010a: 81).

Trotz der allgemeinen Angst vor Migrationswellen aus dem Osten weigerten sich die polnischen Regierungen in den 1990er Jahren, auf das visafreie Grenzregime mit den östlichen Nachbarn zu verzichten. Die Situation verkomplizierte sich jedoch, nachdem das Land offiziell als Beitrittskandidat akzeptiert worden war. Mit dem Inkrafttreten des Amsterdamer Vertrages waren das

---

[69] Im Fall von Belarus und Russland sind die Versuche, ein solches Abkommen abzuschließen, gescheitert. Den Reiseverkehr mit der Ukraine regelte der polnisch-ukrainische bilaterale Vertrag vom 18. Mai 1992, hauptsächlich aber das „Abkommen über Visafreien Reiseverkehr", das am 18. August 1997 in Kraft getreten ist.

Schengener Abkommen und das SDÜ ein Teil des Acquis geworden, was für Polen u.a. bedeutete, dass es durch die nun notwendige Harmonisierung seiner Vorschriften mit den Vorgaben der EU sein bisheriges visafreies Regime mit den östlichen Nachbarn würde aufgeben müssen. Die polnische Seite wollte diesen Schritt hinauszögern; neben bereits erwähnten außenpolitischen Interessen spielte dabei die Angst um die potenziellen Folgen der Einführung der Visapflicht für die wirtschaftliche Entwicklung der östlichen Grenzgebiete eine große Rolle. In diesen strukturschwachen Regionen hatte sich in den Jahren der Systemtransformation die irreguläre Wirtschaft (v.a. der Grenzhandel) zum wichtigsten Zweig der regionalen Wirtschaft entwickelt und es war zu befürchten, dass die ‚Schließung' der Grenze die regionale Wirtschaft besonders hart treffen würde (Malynovska 2012; Müller 2013; Stryjakiewicz 1998).

Die EU drängte seit 1998 verstärkt darauf, dass Polen eine Visapflicht für diejenigen Staaten einführt, die auf der ‚schwarzen Liste' der EU stehen, darunter auch die Ukraine. Dieser Schritt wurde jedoch von der polnischen Seite immer wieder hinausgezögert und die entsprechenden Regierungsabkommen mit Russland, Belarus und der Ukraine erst im Sommer 2003 unterzeichnet (mit Inkrafttreten zum 1. Oktober 2003), d.h. quasi im letzten Moment vor dem EU-Beitritt Polens. Die erste unmittelbare Folge dieses Schritts war wie erwartet ein Rückgang der Grenzübertritte und damit einhergehend auch der Umsätze im Grenzhandel (Malynovska 2012). Rückblickend darf festgestellt werden, dass die Einführung der Visapflicht entgegen den Erwartungen langfristig doch nicht zu einer wirtschaftlichen Krise der betroffenen Regionen geführt hat. Bei der Umsetzung dieses Grenzregimes wurden sowohl das Antragsprozedere als auch die Kontrollen recht freizügig gehalten, so dass sich der Grenzverkehr und -handel von der Einführung der Visapflicht nach kurzer Zeit erholen konnten. Viel schwerwiegendere Folgen hatte der nächste Schritt in Richtung Umsetzung des EU-Grenzregimes, nämlich der polnische Schengen-Beitritt (*Abbildung 2*).

Abbildung 2: Personengrenzverkehr am östlichen Grenzabschnitt Polens - Anzahl der Einreisen von Ausländern an einzenen Grenzabschnitten (in Mio.)

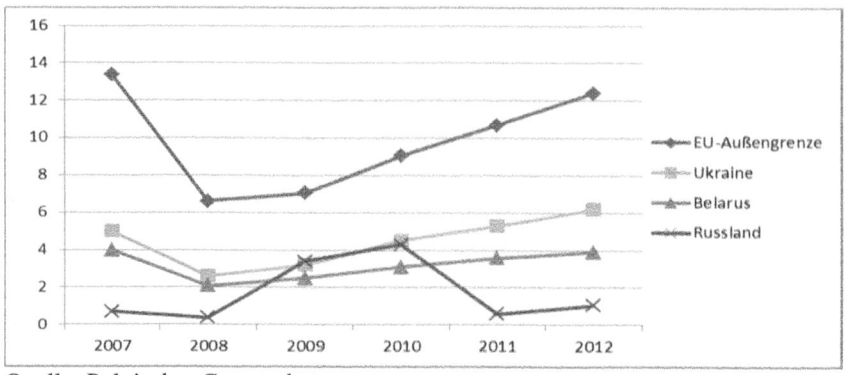

Quelle: Polnischer Grenzschutz

Die Implementierung der Schengen-Regulierungen am östlichen Grenzabschnitt war, verglichen mit der Visapflicht von 2003, verbunden mit „weitaus strengere[n] Regeln in Bezug auf Dokumente, Antragsfristen und Gebühren sowie Nachweisen ausreichender finanzieller Mittel" (Müller 2013: 115). Die darauffolgende Verschlechterung der wirtschaftlichen Lage in den betroffenen Regionen wie auch Verstärkung der Spannungen in den Beziehungen Polens zu den östlichen Nachbarstaaten waren Folgen, mit denen in Polen zwar gerechnet wurde, gegen welche die polnische Regierung aber nicht viel unternehmen konnte. Dieser Fall veranschaulicht jedoch gleichzeitig, wie das bereits erwähnte ‚Durchsickern' der Politik vor sich geht. Die auf der EU-Ebene formulierte Visapolitik (wie im Visakodex der Gemeinschaft) enthält „some very radical migrant admission principles, strongly emphasising the role of visa policy in the areas of security and international policy" (Lesińska et al. 2012: 17). Diese Regulierungen werden dann vom Mitgliedsstaat zwar übernommen und implementiert, gleichzeitig jedoch wird v.a. auf regionaler Ebene ganz bewusst versucht, alle möglichen Lücken des Systems bzw. die von ihm tolerierten Ausnahmen auszuschöpfen, um die möglichen Folgen der Umsetzung dieser Vorgaben für die Region abzumildern. Vor diesem Hintergrund ist auch die Vereinbarung über den „Kleinen Grenzverkehr"[70] zu betrachten, der auf die möglichst weitgehende Bewahrung der Durchlässigkeit der betroffenen Grenze abzielte.

Im Bereich der Einreisekontrollen war die polnische Migrationspolitik nach 1989 hauptsächlich auf Verstärkung des Systems der Kontrollen bedacht. Spätestens seit 1998 dürfen alle Entwicklungen in diesem Bereich im Zusammenhang mit dem polnischen EU-Beitrittsprozess gesehen werden[71]. Der Einfluss der EU war sehr groß und seine Ergebnisse sind insbesondere im Bereich der Visapolitik zu sehen, wo die in den 1990er Jahren entwickelte Logik des Funktionierens der östlichen Grenzen Polens durch ein neues (und den Interessen des polnischen Staates wie auch der östlichen Woiwodschaften entgegengesetztes) Paradigma abgelöst wurde.

3.2.3.2 Zugang zum polnischen Arbeitsmarkt

Die schwierige Situation auf dem polnischen Arbeitsmarkt der ersten Jahre der Systemtransformation fand ihre unmittelbare Widerspiegelung in der damals entwickelten Politik der Regulierung des Zugangs von Ausländern zum polnischen Arbeitsmarkt. Ein sehr restriktives Vergabesystem für Arbeitserlaubnisse zielte darauf ab, die polnischen Arbeitskräfte vor der ausländischen Konkurrenz zu schützen. In der Konsequenz blieb die Zahl der legal in Polen beschäftigten Ausländer auf einem sehr niedrigen Niveau – Schätzungen zufolge wurden in den Jahren 1990-2008 jährlich durchschnittlich 15.000 Arbeitserlaubnisse vergeben (Szczepański 2010: 89). Gleichzeitig jedoch stieg die Nachfrage nach ausländischen Arbeitskräften schnell, v.a. im Bauwesen, der Landwirtschaft und dem Obstanbau wurden Gastarbeiter aus den östlichen Nachbarstaaten beschäf-

---

[70] Kraft dieses 2008 abgeschlossenen (aber aufgrund der Vorbehalte seitens der Europäischen Kommission bezüglich der Breite der ‚Grenzzone' erst am 1. Juli 2009 in Kraft getretenen) Vertrages benötigen die im grenznahen Raum (bis zu 30 km Entfernung von der Grenze) wohnenden Ukrainer für den Grenzübertritt nach Polen kein Visum. Anstatt eines Visums müssen die dazu berechtigten Personen eine spezielle „Erlaubnis zum Überqueren der Grenze im Rahmen des Kleinen Grenzverkehrs" erwerben, die 20 EUR kostet und für zwei Jahre gültig bleibt – diese Tatsache, zusammen mit der Bürokratisierung des ganzen Verfahrens, geben Anlass zu Kritik, die v.a. in der Ukraine geäußert wird (Malynovska 2012).

[71] Als letzte wichtige Entwicklung in diesem Bereich ist die Novellierung des Ausländergesetzes von 2010 zu nennen, die die Visapolitik vereinheitlicht und an den Visakodex der Gemeinschaft angepasst hat. Demnach sollten in Polen zwei Visa-Arten gültig werden: Die sogenannten Schengen-Visa ermöglichen den Bürgern der Drittstaaten, für die Dauer von bis zu drei Monaten in den Schengen-Raum zu reisen, während die Landes-Visa ihnen ermöglichen, für die Dauer von bis zu einem Jahr nach Polen zu kommen.

tigt, dies geschah allerdings meistens illegal – somit darf festgestellt werden, dass die Präsenz der Ausländer auf dem polnischen Arbeitsmarkt seit den 1990er Jahren viel größer war, als von den offiziellen Statistiken erfasst (Kicinger 2005). Dieser Zustand wurde auch vom polnischen Staat schweigend toleriert, zumal es zur Verbesserung der Beziehungen Polens zu den Senderstaaten beitragen konnte.

Einen weiteren Impuls zur Entwicklung in diesem Bereich gab der polnische EU-Beitritt. Die dadurch verstärkte gute Konjunktur der polnischen Wirtschaft, die sich auf dem Weg des schnellen Wachstums befand[72], wie auch schnell sinkende Arbeitslosigkeitsraten[73], steigerten noch einmal den Arbeitskräftebedarf in den oben genannten Bereichen des Arbeitsmarktes. Diese Tatsache wurde auch in der politischen Debatte reflektiert und die Regierung begann – unterstützt von den Arbeitgeberverbänden – im Jahr 2006 Arbeiten an Maßnahmen zur Liberalisierung des Zugangs ausländischer Arbeitskräfte zum polnischen Arbeitsmarkt. Diese Entwicklung darf auch im Zusammenhang mit der polnischen Stellungnahme zum „Grünbuch über ein EU-Konzept zur Verwaltung der Wirtschaftsmigration"[74] betrachtet werden, in der die polnische Regierung sich für die völlige Autonomie der Mitgliedsstaaten bei der Gestaltung der Migrationspolitik entsprechend dem Bedarf der jeweiligen Arbeitsmärkte ausgesprochen hat[75]. Dieser Linie folgend hat Polen in der Zeitperiode 2006-2009 schrittweise neue Regulierungen für den Zugang von Ausländern zum polnischen Arbeitsmarkt eingeführt, von denen hauptsächlich die Staatsbürger der Ukraine, Belarus' und Russlands profitierten (Górny et al. 2010; Kicinger/Koryś 2011). Diese Regulierungen, die eine Antwort auf das von der Politik lange unterschätzte Problem darstellten, brachten eine deutliche Liberalisierung der polnischen Rechtsprechung, viel wichtiger aber scheinen sie ein Beweis für die offizielle Anerkennung der Arbeitsmigration nach Polen als ein dauerhaftes Phänomen zu sein (Górny et al. 2010: 95). Es muss jedoch an dieser Stelle angemerkt werden, dass alle oben erwähnten Maßnahmen vornehmlich der Unterstützung der Pendelmigration dienten, während gleichzeitig keine Schritte zur Erleichterung einer dauerhaften Zuwanderung unternommen wurden – dies zeugt von der Einstellung der polnischen Regierungen gegenüber dem Phänomen der Migration (Górny et al. 2010; Szczepański 2010). Nichtsdestotrotz werden auch

---

[72] Die Wachstumsrate des BIP für das erste Quartal des Jahres 2005 betrug ca. 5 Prozent.
[73] Zwischen Januar 2005 und Mai 2008 ist die Arbeitslosigkeitsrate von 18 Prozent auf 10 Prozent gesunken – eine Entwicklung, die auch auf die große Welle der Emigration polnischer Staatsbürger nach dem EU-Beitritt zurückzuführen ist (vgl. Górny et al. 2010: 91).
[74] COM (2004) 811 vom 11. Januar 2005
[75] „Stanowisko Rządu przyjęte przez Komitet Europejski Rady Ministrów" vom 15. April 2005

hier einige Veränderungen beobachtet – die bessere wirtschaftliche Konjunktur und insbesondere große Mobilität der polnischen Arbeitnehmer, die seit 2004 immer öfter ins Ausland gehen, resultierten darin, dass auch seitens polnischer Politiker die Tatsache anerkannt wurde, dass Polen in einigen Sektoren des Arbeitsmarktes aufgrund des Arbeitskräftemangels wohl auf ausländische Gastarbeiter zurückgreifen muss. Aus diesem Grund ist in der Zukunft eine weitere Öffnung für Arbeitsimmigranten zu erwarten (Szczepański 2010).

3.2.3.3 Asylpolitik

Der durch die Öffnung der Grenzen nach 1989 verursachte rapide Anstieg der Grenzüberschreitungen weckte bei den polnischen Verantwortlichen Sorgen über einen möglichen Anstieg unkontrollierter Flüchtlingsbewegungen über die neu eröffneten Grenzen (Anioł 1992; Kicinger 2009). Dies war auch der Hauptgrund dafür, dass Polen sich sehr früh dafür entschied, im asylpolitischen Bereich die Kooperation mit westlichen Partnern aufzunehmen. Im März 1991 erfolgte die Ratifizierung der Rückübernahmeabkommen mit den Schengen-Staaten. Durch diesen Schritt verpflichtete sich Polen dazu, alle seine Staatsbürger und Drittstaatenangehörige wieder aufzunehmen, die versuchen, über polnisches Territorium illegal in den Schengen-Raum zu gelangen. Dieses Abkommen war das erste in einer Reihe von ähnlichen Verträgen zwischen den anderen MOE-Staaten und den Schengen-Staaten und wurde später auch zum Modell für die Rückführungsabkommen zwischen den einzelnen Mitgliedsstaaten der Europäischen Gemeinschaft und den Drittstaaten (Kicinger 2005). Darüber hinaus ist diese Vereinbarung als Muster für die „Empfehlung des Rates" betreffs bilateraler Rückübernahmeabkommen zwischen Mitgliedsstaaten und Drittstaaten vom November 1994 benutzt worden[76]. Polen ließ diesem Vertrag bald danach auch weitere Abkommen mit beinahe allen seinen Nachbarn[77] folgen. Die Regelungen des Abkommens mit den Schengen-Staaten wurden in dem im Mai 1993 unterschriebenen deutsch-polnischen „Abkommen über die Zusammenarbeit hinsichtlich der Auswirkungen von Wanderungsbewegungen (Bilaterales Rückübernahmeabkommen)" modifiziert. Durch Unterzeichnung dieses Abkommens hat Polen als erster MOE-Staat bewusst die Rolle des sicheren Drittstaates akzeptiert

---

[76] OJ C 274 vom 19.09.1996

[77] Diese Verträge wurden alle zwischen Mai und August 1993 unterschrieben (mit der Tschechischen Republik am 10. Mai, mit der Ukraine am 24. Mai, mit der Slowakei am 2. Juni, mit Rumänien am 24. Juli und mit Bulgarien am 25. August); nur Russland und Belarus weigerten sich, ein solches Abkommen zu unterschreiben.

(Anioł 1996: 38 ff.; Kicinger 2005: 9). Gleichzeitig war es auch ein wichtiger Schritt auf dem Weg der Miteinbeziehung Polens in das westeuropäische Migrationsregime – Polen musste für einige Staaten Visapflicht einführen, mit denen es vorher ein visafreies Regime gepflegt hatte (Kicinger 2005: 10). Darüber hinaus wurde es mit der Aufgabe des Schutzes der westeuropäischen Staaten vor Asylbewerbern betraut und musste sich schnell mit der neuen Rolle eines Aufnahmestaates abfinden (Lavenex 1998: 282).

Abbildung 3: Entwicklung der Asylbewerberzahlen in Polen, 1995-2011 (in Tausend)

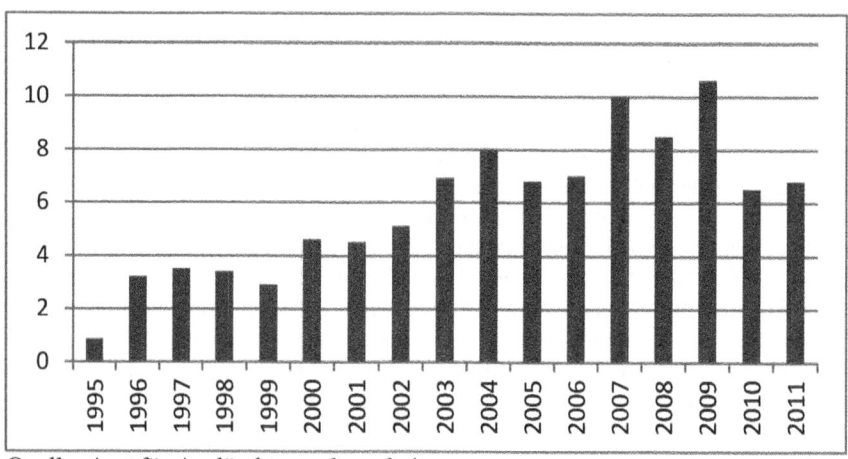

Quelle: Amt für Ausländerangelegenheiten

Auch wenn die befürchtete ‚Überflutung' Polens mit Flüchtlingen ausblieb und die Asylbewerberzahlen sich in der gesamten Periode nach 1989 auf einem vergleichsweise sehr niedrigen Niveau befanden (*Abbildung 3*), stellten die asylpolitischen Fragen dennoch das Hauptinteresse der Autoren der polnischen Migrationspolitik insbesondere in der ersten Hälfte der 1990er Jahre dar. So wurden bspw. im Ausländergesetz von 1997, das im Wesentlichen die Gestalt der polnischen Asylpolitik bestimmt hat, sehr ausführlich die Fragen des Flüchtlingsstatus behandelt und die Möglichkeiten der Ablehnung eines Antrags erwogen[78]. Von

---

[78] Dz.U. 1997, Nr. 114, poz.739

einem bereits zu jenem Zeitpunkt starken EU-Einfluss auf die polnische Seite zeugt die Tatsache, dass in diesem Gesetz die Regulierungen über das ‚befristete Aufenthaltsrecht' sowie die Konzepte des ‚sicheren Herkunftsstaates', des ‚sicheren Drittstaates' und des ‚offensichtlich unbegründeten Asylantrags' eingeführt wurden – allesamt Maßnahmen, die in den westeuropäischen Staaten bereits zur Behandlung der Asylproblematik benutzt worden waren.

Aufgrund der niedrigen Zahlen der Asylanträge in Polen darf die Zweckmäßigkeit der Einführung solch restriktiver Maßnahmen zumindest kritisch hinterfragt werden. Diese Schritte sind aber offenbar im Kontext der Entstehung der gesamten polnischen Migrationspolitik zu sehen, die durch die Angst der politischen Entscheidungsträger vor dem Phänomen der Massenimmigration nach Polen geprägt wird – daher auch die Konzentration auf die Einreisekontrollen und bspw. auch die Verweigerung der Entwicklung einer längerfristigen Integrationspolitik.

3.3 Zwischenfazit

Das Projekt der gemeinsamen europäischen Migrations- und Grenzpolitik hat im Verlauf der Jahrzehnte seiner Entwicklung mehrere Phasen durchlaufen; seine Endfassung ist eine Widerspiegelung der in Europa herrschenden Vorstellungen der kulturellen Identität, der Menschenrechte und der Form und Bedeutung des offenen und freien Marktes. Was seinen Ursprung im wirtschaftlichen Projekt hatte, ist schnell zum politischen Projekt geworden, das sehr eng mit den Prozessen der europäischen Integration verwoben ist. Diese Entwicklung verlief jedoch, wie u.a. von Jef Huysmans gezeigt hat (2000), nicht in einem Vakuum, sondern ist vielmehr als Ausdruck der soziokulturellen Prozesse zu betrachten, die gleichzeitig in Westeuropa stattfanden und zur Veränderung der Wahrnehmung des Phänomens der Migration durch die europäische Öffentlichkeit geführt haben. Das Resultat war eine starke Politisierung dieses Bereiches im Westeuropa der 1980er Jahre. Migration wurde seitdem auch zunehmend versicherheitlicht, d.h. sie ist zu einer Frage geworden, die in einem ganz bestimmten diskursiven und institutionellen Feld verarbeitet wird. Im diskursiven Bereich wird sie nun unter den Begriffen von Sicherheit, Bedrohung und Kriminalität diskutiert; sie gerät dadurch in den Wirkungsbereich von institutionellen Akteuren, die allesamt aus dem Bereich der Sicherheit kommen.

Aus der Perspektive der vorliegenden Arbeit ist es besonders wichtig zu sehen, dass es im Laufe des Prozesses der Versicherheitlichung von Migration in Westeuropa auch (relativ früh) zur Herausbildung einer spezifischen Definition des Begriffes vom (angestrebten) ‚sicheren Raum' gekommen ist, die diesen als sehr weit sah und seine Grenzen auch auf die Länder erstreckte, die sich außerhalb der Gemeinschaft befanden. Zur Umsetzung dieser Vision mussten diese Staaten in das westeuropäische System wenigstens als Pufferzonen integriert werden. Dieser Prozess hat bereits in den 1980er Jahren eingesetzt, als einige der mittel- und osteuropäischen Staaten die ersten Rückübernahmeabkommen mit den Staaten der Gemeinschaft abschlossen. Dieser Trend wurde zusätzlich durch die geopolitischen Umstrukturierungen beim Zerfall der Sowjetunion verstärkt, als nach der Öffnung der Grenzen die mittel- und osteuropäischen Staaten selbst mit dem Problem der internationalen Migration konfrontiert wurden. Auf der Suche nach einer Lösung haben sich viele von ihnen an die westeuropäischen Partner gewandt, in deren Interesse eine verstärkte Kontrolle der Grenzen lag. Der Einfluss der EU auf die entstehenden Migrationspolitiken der betroffenen MOE-Staaten nahm verschiedene Formen an; zunächst eher indirekt manifestiert, nahm er vor allem in der zweiten Hälfte der 1990er Jahre an Intensität zu, als die EU gegenüber den Beitrittskandidaten einen Hebel in Form des Acquis gewonnen hatte. Gleichzeitig muss jedoch betont werden, dass die Übernahme westlicher Lösungen in diesem Bereich das Resultat mehrerer Ursachen war; der „institutionelle Zwang" (Staniszkis 2001: 102) seitens der EU war keinesfalls die einzige davon. Sehr wichtig war in diesem Kontext die nach 1989 entstandene institutionelle Lücke, die besonders im Bereich der Migrationspolitik spürbar war, weil sich die meisten MOE-Staaten auf keine eigenen Erfahrungen in diesem Bereich stützen konnten. Die in dieser Situation gewählte Strategie der Nachahmung westlicher Lösungen schien besonders attraktiv zu sein, bot sie doch fertige Lösungen dar (Weinar 2006). Unabhängig jedoch davon, was in einzelnen Fällen die Gründe für die Anlehnung der jeweiligen Migrationspolitiken an die westeuropäischen Muster waren, hatten die Entscheidungen für diesen Weg weitgehende Implikationen für die betroffenen Staaten. Zuerst wurden damit Normen- und Wertesysteme internalisiert, die den eigenen oft fremd waren – das bezieht sich vor allem auf Fragen der Gemeinschaft und Zugehörigkeit. Darüber hinaus hat es zu mehreren Anspannungen in den außenpolitischen Beziehungen dieser Staaten mit ihren osteuropäischen Nachbarn geführt – die Problematik der geopolitischen Situation in der Region wurde von der EU-Politik nicht berücksichtigt.

Die Periode der Systemtransformation in Polen hat auch im Bereich der Migration deutliche Spuren hinterlassen – das Land ist einen langen Weg vom praktisch nicht existierenden, obsoleten Migrationsregime hin zur modernen, an die Bedingungen der EU- und Schengen-Mitgliedschaft Polens angepassten Migrationspolitik gegangen. Im Gegensatz zu den westeuropäischen Ländern wurde dieser Prozess jedoch nicht durch die für demokratische Systeme typischen Faktoren (wie Probleme des Arbeitsmarktes, das Parteiensystem, die Öffentlichkeit etc.) vorangetrieben. Wie u.a. Agnieszka Weinar gezeigt hat (2006), war dieser Prozess vielmehr mit Systemtransformation, Globalisierung und schließlich auch der europäischen Integration Polens eng verbunden. Dies hat zu einem *top-down*-Prozess des Politiktransfers geführt, der letztendlich auch in einer Angleichung an die westeuropäischen Muster resultierte. Aus der Perspektive der vorliegenden Arbeit verdient die Frage nach dem Grad der Beeinflussung der polnischen Migrationspolitik durch die westeuropäischen Muster eine besondere Aufmerksamkeit – inwieweit war diese Politik Resultat der eigenständigen Entscheidungen polnischer Politiker, entsprungen ihrem Verständnis von Interessen dieses Staates, und wie stark war hier der Druck seitens der westlichen Partner für bestimmte Entscheidungen verantwortlich? Es scheint, dass es nach wie vor schwierig ist, eine eindeutige Antwort auf diese Fragen zu geben. Die polnische Migrationspolitik wird manchmal als Beispiel einer totalen Beeinflussung durch die Prozesse der Integration mit der EU angeführt, als eine Politik, die „almost entirely as a result of the requirements of EU accession" entstanden ist (Geddes 2003: 173). Dieses Bild scheint jedoch der Komplexität der Materie nicht gerecht zu sein. Wie an mehreren Stellen dieses Kapitels ausgeführt, haben die Umbrüche des Jahres 1989 die geopolitische Situation Polens dahingehend verändert, dass die Sicherheitsfrage zu einer dominierenden Kategorie in der polnischen Außenpolitik jener Jahre geworden ist. Dies war auch im migrationspolitischen Bereich deutlich feststellbar – bereits in den ersten Jahren der Systemtransformation, d.h. lange bevor die Kooperation mit der EU eingegangen wurde, waren die polnischen Verantwortlichen darauf konzentriert, den (erwarteten) Migrationsströmen über das Territorium Polens wie auch dem Einfluss der Arbeitsmigranten vorzubeugen. Zurückblickend darf mit Anna Kicinger festgehalten werden, dass „the most important dimension of the development of the Polish migration policy in the beginning of the 90s, was the security dimension" (Kicinger 2005: 4). Aus diesem Grund scheint es, dass die These vom ‚Aufzwingen' bestimmter Lösungen durch die EU für Polen nicht haltbar ist – das Denken in den Kategorien der Sicherheit war in Polen ohnehin stark präsent und musste nicht aufgezwungen werden. So betrachtet kann festgestellt werden, dass der Prozess der Europäisierung polnischer Politik in diesem Bereich lange vor dem EU-Beitritt angefangen hat und von Anfang an stark vom Sicherheitsdenken geprägt war.

Im Ergebnis des Prozesses der Versicherheitlichung verfügt Polen im Jahr 2014 über eine Migrationspolitik, deren restriktiver Charakter von mehreren Forschern kritisiert wurde (Górny et al. 2010; Kicinger 2005; Weinar 2006). Es handelt sich dabei um eine Politik, die auch auf konzeptioneller Ebene große Schwächen aufweist – alle Entwicklungen nach 1989 erfolgten ohne jegliche ausformulierte und einheitliche Doktrin der langfristigen Entwicklung und aus diesem Grund darf diese Politik auch als „Politik der *ad-hoc*-Maßnahmen und *post factum*-Reaktionen" charakterisiert werden (Górny et al. 2010: 122). Erst im Jahr 2012 wurde von Regierungsseite ein Dokument verabschiedet, das eine Strategie der Entwicklung der polnischen Migrationspolitik enthält und damit diese Lücke schließt (ZdSM 2012).

Die polnische Migrationspolitik wurde ohne begleitendes Interesse der Öffentlichkeit ‚hinter verschlossenen Türen', im engen Kreis der Experten, entwickelt. Selbst die große Welle der Arbeitsmigration polnischer Staatsbürger nach 2004 hat bis jetzt in Polen keine ernsthafte landesweite öffentliche Debatte ausgelöst. Darüber hinaus darf festgestellt werden, dass es an inneren Faktoren mangelt, die die Entwicklung auf diesem Feld dynamisieren könnten – aus diesem Grund ist zu erwarten, dass die polnische Seite in diesem Bereich auch in Zukunft weiterhin dem europäischen Beispiel und damit dem Weg weiterer Versicherheitlichung folgen wird (vgl. Górny et al. 2010: 252 ff.).

4 Versicherheitlichung (in) der Region

Der Prozess der Europäisierung von Migrationspolitik hat – besonders aus der regionalen Perspektive betrachtet – einige weitreichende Implikationen, denen in der Literatur bis jetzt nicht genügend Platz gewidmet worden ist. Die Politik der Versicherheitlichung folgt insofern einer geographischen Logik, als sie in Praktiken ihrer Akteure und durch Diskurse ‚unsichere' Regionen und Orte konstruiert (Best 2005a). Wie im dritten Kapitel dargelegt, beziehen sich diese Bilder auf alle Länder Mittel- und Osteuropas, in denen die Vorkontrollen stattfinden; die Letzteren werden in diese Politik durch die Regelung über ‚sichere Drittstaaten' miteinbezogen (Collinson 1996; Williams et al. 2001). Unabhängig jedoch von der Rolle, die für die einzelnen Länder im europäischen Migrationsregime vorgesehen wurde, sind es in allen diesen Staaten die Grenzregionen, die durch diese Politik betroffen werden, da sie dort ihre volle Entfaltung erreicht – aufgrund des politischen und medialen Interesses an den Grenzregionen geraten sie in den Fokus der Sicherheitspolitik und werden zunehmender Militarisierung unterzogen.

Im Folgenden wird am Beispiel der Region Karpatenvorland veranschaulicht, wie die Umsetzung dieser Politik regional in den Handlungen der Akteure aus Politik und Verwaltung erfolgt. Dabei werden nicht nur die technischen Fragen der Rollenverteilung und Verantwortung einzelner Akteure für die Einführung von bestimmten Teilelementen dieser Politik untersucht, sondern vielmehr wird erörtert, wie diese Politik wahrgenommen wird und wie sich diese Akteure ihr gegenüber positionieren. Diesen Ausführungen liegen drei Thesen zugrunde: Erstens sind es (wie oben angedeutet) die Regionen, die die eigentliche Ebene der Implementierung der untersuchten Politik bilden. Insbesondere in den Regionen an den EU-Außengrenzen erreicht sie ihr volles Ausmaß. Die zweite These besagt, dass diese Implementierung in der Region in einem spezifischen ‚Sicherheitsfeld' verläuft – hier wird auf die Arbeiten Didier Bigos zurückgegriffen. Drittens schließlich, wie aus den konzeptionellen Ausführungen zum Charakter dieser Politik folgt (vgl. Kapitel 2), handelt es sich dabei um einen zweidimensionalen Prozess, der sowohl administrativ (in der alltäglichen Reproduktion durch die regionalen Akteure), als auch im symbolischen Bereich (durch die

Produktion von bestimmten Bildern der Region und der Grenze in politischen und medialen Diskursen) vorangeht. Aus diesem Grund geht auch die Untersuchung auf zweierlei Arten vor: Neben der Analyse der Umsetzung der Migrationspolitik auf der regionalen Ebene (deren Ergebnisse im vorliegenden Kapitel präsentiert werden), werden auch diskursive Konstruktionen dieser Region untersucht – Letzterem ist das fünfte Kapitel gewidmet.

4.1 Methodik der Untersuchung und Forschungsprozess

Von den oben angeführten Überlegungen zur Bedeutung der regionalen Ebene in Prozessen der Versicherheitlichung ausgehend, wurde eine Reihe von Forschungsfragen formuliert, die mit Hilfe von Experteninterviews mit den wichtigsten Akteuren aus der regionalen Politik und Verwaltung hinterfragt werden sollten[79]. Zum besseren Verständnis der Problematik und der Gewinnung von Hintergrundinformationen wurden als Sekundärquellen wissenschaftliche Publikationen, verschiedene offizielle Dokumente (Verträge, Gesetze, Entwicklungsstrategien der Woiwodschaft etc.) und Statistiken (v.a. betreffend die Arbeit einzelner Behörden, Entwicklung der Kriminalitätsraten etc.) herangezogen.

Die wichtigste Forschungsfrage betraf den Verlauf der Versicherheitlichung auf der regionalen Ebene – neben der Rekonstruktion von Sicherheitspraktiken sollte auch untersucht werden, wie die einzelnen Akteure in diesen Prozess mit einbezogen worden sind, wie sie selbst die Vorgaben dieser Politik interpretieren und umsetzen und sich ihr gegenüber positionieren. Die Antwort auf diese Fragen sollte dabei helfen, die Art der Umsetzung dieser Politik in den Regionen besser zu verstehen, sie könnte künftig auch einen Ansatzpunkt für ländervergleichende Studien dieses Phänomens liefern. Die Auswertung des empirischen Datenmaterials hat sich an den Vorschlägen zum Vorgehen der *Grounded Theory* orientiert (Mey/Mruck 2011; Strauss/Corbin 1996; Strübing 2008). In drei Analyseschritten wurden Daten kodiert und die Kategorien herausgearbeitet. Im ersten Schritt wurden nach wiederholter Erschließung der Interviewtranskripte die ersten Konzepte identifiziert. Diese sind danach im Prozess des axialen Kodierens in drei Kategorien gruppiert worden: Verlauf der Versicherheitlichung, Entwicklung der Region und Beziehungen mit dem ukrainischen Nachbarn. In einer weiteren Phase wurden diese Kategorien mit Hilfe

---

[79] Es sind insgesamt 14 leitfadengestützte Experteninterviews mit Akteuren aus der regionalen Politik, der Verwaltung und von Strafverfolgungsbehörden in der Woiwodschaftshauptstadt Rzeszów und den wichtigsten Grenzorten Przemyśl, Lubaczów und Medyka durchgeführt worden.

des paradigmatischen Modells weiter herausgearbeitet und schließlich unter die zentrale Kategorie der „Beziehung der regionalen Administration zur Versicherheitlichung" gruppiert. Diese Kategorie, die alle Ereignisse umfasst, die in den Geschichten der Interviewpartner beschrieben worden sind, ist anschließend in Bezug auf ihre Eigenschaften ausgearbeitet worden. Als solche wurden zwei Kategorien identifiziert: 1) die Stellung in der administrativen Hierarchie und 2) der Grad des beruflichen Verhältnisses eines jeweiligen Akteurs zu den Fragen der Sicherheit. Die Festlegung dieser Eigenschaften samt ihrer Dimensionen (entsprechend hoch-niedrig und eng-weit) führte zur weiteren Arbeit an der Verknüpfung der früher herausgearbeiteten Kategorien mit der Kernkategorie, was mit Hilfe des paradigmatischen Modells geschehen ist. Im nächsten Schritt wurden die Unterschiede im Kontext untersucht – um die Muster der Beziehungen zwischen Eigenschaften und Dimensionen wurde eine Vierfelder-Tafel erstellt, mit Hilfe derer verschiedene Kombinationen abgeleitet werden konnten. Daraus ergeben sich vier verschiedene Kontexte, in denen die einzelnen Akteure handeln: 1) niedrige Stellung im administrativen Gefüge, Kontext der geringen Involvierung in die Fragen der Sicherheit; 2) niedrige Stellung im administrativen Gefüge, Kontext der starken Involvierung in Fragen der Sicherheit; 3) hohe Stellung im administrativen Gefüge, Kontext der niedrigen Involvierung in die Fragen der Sicherheit; 4) hohe Stellung im administrativen Gefüge, Kontext der hohen Involvierung in die Fragen der Sicherheit. Die weitere Arbeit bestand darin zu untersuchen, wie die im jeweiligen Kontext handelnden Akteure sich gegenüber jeder der früher identifizierten Kategorien positionieren. Dabei wurden einige Arbeitshypothesen formuliert. Die erste von ihnen besagte, dass das Verhältnis der einzelnen Akteursgruppen zur Politik der Versicherheitlichung unterschiedlich sein würde: Als wichtigste Trennungslinie würde hier der Grad der Involvierung in die Sicherheitsfragen im beruflichen Alltag stehen. Zweitens war zu erwarten, dass die untersuchte Politik schwerwiegende (und negative) Folgen für die Möglichkeiten der grenzübergreifenden Zusammenarbeit mit der Ukraine haben würde.

4.2 Das regionale ‚Sicherheitsfeld'

Wie bereits ausgeführt, wird in der vorliegenden Arbeit versucht, den durch die Kopenhagener Schule entwickelten Ansatz der Versicherheitlichung um eine stärkere soziologische Komponente zu ergänzen, indem die Rolle der institutionellen Akteure aus dem Bereich der Sicherheit berücksichtigt wird. Diese Perspektive wurde zum ersten Mal in den Arbeiten des führenden Vertreters der sog.

Pariser Schule, des französischen Soziologen Didier Bigo, vertreten. Dieser plädiert für eine Analyse der Versicherheitlichung von Migration in Europa, die sich auf die Aktivitäten von europäischen „professionals of management of (in)security" (Bigo 2008: 128) konzentrieren würde. Diese formieren zusammen ein spezifisches Feld der sozialen Praxis, ein Sicherheitsfeld, verstanden im Sinne der Theorie sozialer Felder Pierre Bourdieus. In dessen Sozialtheorie werden mit diesem Terminus „inhaltlich definierte, nach ihrem jeweiligen Sinnzusammenhang differenzierte gesellschaftliche Bereiche" bezeichnet (Heidenreich et al. 2012: 16). Die sozialen Felder entwickeln nach Bourdieu eigene Regeln, die auch die gesellschaftlichen Interaktionen und Konstellationen der Akteure innerhalb des Feldes strukturieren. Bourdieu unterscheidet zwischen mehreren Feldern – so gibt es etwa das politische, das ökonomische oder das wissenschaftliche Feld, wie auch das Feld der Kunst, das literarische Feld etc. (Bourdieu 1988; 1999; 2000; 2001). Im Ansatz von Bigo wird unter Rückgriff auf Bourdieu das Feld der Sicherheit konzipiert; dieses entstehe auf der EU-Ebene und würde in der Interaktion verschiedener Behörden, Organisationen etc. aus dem Bereich der Sicherheit bezogen auf die Bereiche der Migrations- und Grenzpolitik der Gemeinschaft (re)produziert (Bigo/Tsoukala 2006; Bigo et al. 2007).

Ohne an dieser Stelle im Detail auf den Feld-Begriff Bourdieus einzugehen, sei auf die für die vorliegende Arbeit relevanten methodologischen Implikationen dessen verwiesen, wie bei Bourdieu (und nach ihm auch bei Bigo) die Grenzen eines Feldes festgelegt werden. Aus der Grundannahme, dass die gegenseitige Positionierung der Akteure, insbesondere aber die Interaktionen zwischen ihnen ein jedes soziales Feld formieren, folgt, dass die Position eines jeweiligen Akteurs in diesem Feld nicht alleine aus der formellen Zuschreibung abgeleitet werden kann. Vielmehr wird diese im unaufhörlichen Prozess der Aushandlung, des Ringens um Macht, Einfluss und Ressourcen mit anderen Akteuren, bestimmt. Auch kann nicht bspw. aufgrund des Namens einer Institution festgestellt werden, ob sie tatsächlich zum entsprechenden Feld gehört – diese Frage darf anhand der Analyse ihres Engagements, des Grads der Involvierung in die Entwicklungen in diesem konkreten Feld, beantwortet werden. Dieser Punkt ist von großer methodologischer Bedeutung; es folgt aus ihm, dass die Grenzen eines jeweiligen Feldes oft anders verlaufen als es die formelle Aufgabenzuschreibung nahelegen würde. Die Aufgabe des Forschers besteht darin, diese Grenzen zu rekonstruieren. Im Folgenden wird gezeigt, dass im untersuchten regionalen Sicherheitsfeld auch diejenigen Akteure aktiv sind, die keine Sicherheitsakteure *sensu stricto* sind. Darüber hinaus soll an dieser Stelle angemerkt werden, dass Bigo hauptsächlich die Entstehung und Entwicklung des Sicherheitsfelds auf der europäischen Ebene untersucht. In diesem Punkt weicht die vorliegende Arbeit insofern von seinen Studien ab, als sie ihr Augenmerk auf die regionalen Prozesse richtet.

4.3 Versicherheitlichung und die regionalen Akteure

Während die Europäisierung von Migrationspolitik auf der nationalen Ebene in Polen wie in anderen MOE-Staaten schnell verlaufen ist und in Form von Gesetzen kodifiziert wurde (vgl. Kapitel 3), traf sie in den einzelnen Regionen auf ein komplexes Bündel von regionalen Interessen und sich oft überschneidenden Zuständigkeitsbereichen, unterlag dort (verschiedenen) Interpretationen seitens der einzelnen regionalen Akteure und nahm im Resultat regional unterschiedliche Formen an (Ágh 2003; Best 2006a). Genau diese Abweichungen, d.h. Momente, in denen einzelne regionale Akteure durch eigene Interpretation die Prämissen dieser Politik in Frage stellen bzw. gegebenenfalls gar zu umgehen versuchen, galt es hier zu untersuchen. Dafür war es notwendig, zunächst die Rolle einzelner Akteure in der Politik der Versicherheitlichung zu analysieren, damit die Muster der jeweils gewählten unterschiedlichen Strategien der Selbstpositionierung von Vertretern einzelner Behörden gegenüber diesem Prozess identifiziert werden könnten. Diese Einstellungen variieren stark zwischen verschiedenen Akteuren, was mit mehreren Faktoren zu erklären ist: Erstens hängt die Haltung eines jeden einzelnen Akteurs zu dieser Politik von dessen Rolle im institutionellen Gefüge des polnischen Staates ab, d.h. davon, ob er ein Teil der zentralen Administration ist oder aber Element der regionalen Selbstverwaltung. Zweitens ist sie auch vom Zuständigkeitsbereich abhängig, konkreter vom Grad der Involvierung in die Sicherheitsaufgaben. Schließlich spielt auch die Stelle des jeweiligen Akteurs in der administrativen Hierarchie eine wichtige Rolle. Diese Faktoren mussten in der Untersuchung berücksichtigt werden, die eine Antwort auf die Frage nach den Mustern in den Handlungsstrategien von regionalen Akteuren gegenüber dem Prozess der Versicherheitlichung liefern sollte.

4.3.1 Strafverfolgungsbehörden in der Region und Versicherheitlichung

Die Hauptbelastung für die Durchführung der Politik der Versicherheitlichung in der Grenzregion liegt offenbar bei den Strafverfolgungsbehörden (wie Polizei oder Grenzschutz), die die Verantwortung für die Aufgaben übernehmen, welche mit dem Schutz des Grenzraumes verknüpft sind. Von besonderem Interesse aus der Perspektive der vorliegenden Untersuchung sind diesbezüglich die Fragen nach den Veränderungen der Vorschriften, die die Arbeit dieser Behörden regulieren, aber auch nach ihren Zielen und Techniken, zu denen es im Zuge des polnischen EU-Beitrittsprozesses gekommen ist. Es soll betont werden, dass die beiden untersuchten Behörden Teil der Zentralverwaltung sind (und nicht der regionalen Selbstverwaltung) und dem Innenministerium unterliegen. Alle Woiwodschaftskommandanturen sind vor den Hauptkommandanturen verantwortlich, diese wiederum unterstehen direkt dem Innenminister.

Im Folgenden wird am Beispiel der Polizei und des Grenzschutzes in der Woiwodschaft Karpatenvorland geschildert, wie diese Behörden in einem neuen EU-Mitgliedsstaat bereits während des Beitrittsprozesses auf ihre Rolle als Sicherheitsakteure vorbereitet worden sind, wie jene Periode ihre Strukturen und Aufgabenbereiche beeinträchtigt hat und schließlich auch, wie sie die europäische Politik in der Region umsetzen. Die Analyse wurde in zwei Teile gegliedert, in denen jeweils eine andere Behörde behandelt wird; dies dient einerseits einer größeren Klarheit der Ausführungen, soll aber auch die wichtigen Unterschiede in der Herangehensweise an die verschiedenen Aspekte der Versicherheitlichung zwischen den Funktionären dieser Behörden deutlicher hervorheben.

4.3.1.1 Die Polizei des Karpatenvorlandes als Akteur der Versicherheitlichung

Im Folgenden wird der Prozess der zunehmenden Beeinflussung der polnischen Polizei in der Region durch die europäische Politik in seinem historischen Verlauf rekonstruiert. Besonders viel Platz wird dabei den Schulungen gewidmet, die polnische Polizisten im Rahmen von *Twinning*-Programmen absolviert haben und die eine wichtige Rolle im Prozess der Internalisierung des westeuropäischen Diskurses über die Sicherheit durch diese Beamten gespielt haben. Daraufhin wird die Frage der Kooperation der polnischen Polizei im Karpatenvorland mit ihrem ukrainischen Pendant behandelt; schließlich wird ein Abschnitt der Erörterung der Frage gewidmet, inwieweit die Woiwodschaft tatsächlich durch Kriminalität bedroht ist und wie sich damit einhergehend die Polizisten der Region gegenüber der Politik der Versicherheitlichung positionieren.

Der Weg in den Schengen-Raum

Die polnische Polizei ist eine uniformierte und bewaffnete Formation zum Schutz der Sicherheit, die im Jahr 1990[80] ins Leben gerufen worden ist. Die ersten Jahre der Systemtransformation bedeuteten für diese, aus der Umgestaltung der kommunistischen *Milicja Obywatelska* entstandene Behörde die Notwendigkeit der Umstrukturierung bei gleichzeitiger Anpassung an neue Aufgabenbereiche. Für die Polizeiformationen an der östlichen Grenze waren die meisten dieser Aufgaben mit der Öffnung der Grenzübergänge verbunden, was sowohl die Dynamik als auch die Struktur der Kriminaldelikte in der Region entscheidend beeinträchtigt hat. Wie im dritten Kapitel erwähnt, war eine der wichtigsten Triebfedern für die Entwicklung der westeuropäischen Migrationspolitik zu Beginn der 1990er Jahre die weit verbreitete Angst vor dem lückenhaften Charakter der neu geöffneten Grenzen in Mittel- und Osteuropa, die aus diesem Grund zum Spielfeld des organisierten Verbrechens aus der ehemaligen Sowjetunion zu werden drohten. Eine Verifizierung des faktischen Grads der Bedrohung durch eine solche Entwicklung (zum damaligen Zeitpunkt) für die Grenzregionen Ostpolens bereitet aus heutiger Perspektive aufgrund fehlender Statistiken große Schwierigkeiten; insbesondere für die ersten Jahre nach der Wende ist sie kaum möglich. Aus diesem Grund sind die vorliegenden Ausführungen im Wesentlichen auf die Erinnerungen der Polizeifunktionäre an jene Zeitperiode angewiesen und stellen eine Rekonstruktion ihrer Betrachtung jener Situation dar. Aus den Berichten der Polizeifunktionäre und ihren Erinnerungen an die Zeit direkt nach der Wende entsteht das Bild einer durch den plötzlichen Anstieg der Kriminalitätsraten und das Auftreten von neuen, bis dahin unbekannten Delikten (wie Ausschreitungen auf Basaren, Überfälle auf Händler, Raubüberfälle und Erpressungen) überraschten Region. Gleichzeitig wird deutlich, dass sich bereits damals die Bewertung der Situation und die Wahrnehmung der Sicherheitslage durch die Polizisten aus den Grenzregionen stark von der Außenwahrnehmung (v.a. durch die EU-Politik) unterschieden. Es dürfen in diesem Zusammenhang insbesondere zwei Punkte hervorgehoben werden: Erstens, wie noch gezeigt wird (vgl. 4.2.2), befand sich der Anteil der Ausländer an der Gesamtzahl der Kriminellen in der Region bis auf einige kurze Perioden auf einem niedrigen Niveau und auch dem Phänomen der irregulären Migration über die Staatsgrenze wurde von den Vertretern der Strafverfolgungsbehörden vergleichsweise wenig Aufmerksamkeit gewidmet. Dasselbe trifft zweitens auf das organisierte Verbrechen zu, das von der Öffentlichkeit in Polen oft mit diesen

---

[80] Dz.U. 1990, Nr. 30, poz. 179

Regionen in Verbindung gebracht wird und somit einen Bestandteil des negativen Bildes des polnischen Ostens darstellt:

> Es ist nur schwierig von organisiertem Verbrechen zu sprechen, obwohl wir bereits mit kriminellen Gruppen zu tun gehabt haben, in denen sowohl Polen als auch Ukrainer zusammen tätig waren (...), aber es war dennoch ein zu niedriges Niveau, denn für eine organisierte Gruppe braucht man doch eine Hierarchie und wir hatten meistens mit kleinen Gruppen von drei bis fünf Leuten zu tun. [WE-2]

Aus der Perspektive der regionalen Polizei betrachtet, hat sich der durch die Öffnung der Grenze verursachte Anstieg der Kriminalitätsraten als kurzlebiges Phänomen erwiesen, das die Sicherheitslage im Grenzraum letztendlich nicht entscheidend beeinträchtigt hat. Zur gleichen Zeit ist auch die Zahl der (auch irregulären) Grenzüberschreitungen rapide angestiegen, was die Polizei in der Region wohl zum ersten Mal auf das Problem der Migration aufmerksam gemacht hat:

> (...) angefangen im Jahr 1990 hatten wir hier ein großes Problem, aber nicht mit den Ukrainern, sondern mit den Rumänen[81], von denen viele hierhergekommen sind. (...) sie sahen uns als Transitland an, um weiter in den Westen zu reisen (...). Und da haben wir einen ersten Kontakt mit dem Grenzschutz geknüpft, um diese Leute auszuweisen, weil wir alleine machtlos waren (...). [WE-2]

Es wurde jedoch in den Interviews betont, dass es sich um eine kurzlebige Entwicklung handelte, so dass die ‚Bedrohung' durch irreguläre Migration von den Sicherheitsakteuren nicht als das wichtigste Problem dieser Region betrachtet wurde. Die Aufwertung der Migration zum wichtigsten Sicherheitsproblem hat sich erst in späteren Jahren und unter starkem Einfluss der EU vollzogen (vgl. unten).

Die Aufnahme der Beitrittsverhandlungen durch Polen im Jahr 1997 bedeutete für die Polizei in der Region eine deutliche Intensivierung der Anstrengungen zur Vorbereitung dieser Behörde, um die mit dem Schutz der zukünftigen EU-Außengrenze verbundenen Aufgaben erfüllen zu können. Dieser Prozess war mit großen Investitionen sowohl in die Modernisierung der Infrastruktur, als auch in Schulungen der Funktionäre verbunden; bis zum EU-Beitritt Polens stellte das PHARE-Programm aus der Sicht der Polizei das wichtigste Instrument der EU dar, das ihr dabei half, ihre Infrastruktur auf die EU-Standards anzuhe-

---

[81] Wahrscheinlich sind hier Roma gemeint, die in Polen im Volksmund oft als „Rumänen" bezeichnet werden.

ben[82]. Gleichzeitig verlief der Austausch von Erfahrungen und *Know-how* im Rahmen der *Twinning*-Programme, die bereits 1998 einsetzten[83] und in den darauffolgenden Jahren mehrmals wiederholt wurden. Diese Projekte waren den Phänomenen der Geldwäsche, des organisierten Verbrechens und der Grenzkriminalität gewidmet. Im Karpatenvorland nahmen an diesen Schulungen, die jeweils vom anderen Partnerstaat organisiert und in verschiedenen Städten der Region abgehalten wurden, die von der Woiwodschaftskommandantur der Polizei delegierten Polizisten aus einzelnen Orten in der Region teil, die danach ihre Erfahrungen den Kollegen vor Ort weitergeben sollten:

> (…) wir haben über unsere Probleme geredet... ob wir irgendwelche Sorgen haben, wie die Lage aussieht, ob wir gut zurechtkommen usw. Und unter anderem haben wir hier ein paar Mal mit dem US-amerikanischen Konsul gesprochen und aus den Niederlanden kamen Gesandte und aus Deutschland einige Leute, natürlich Konsularmitarbeiter (...) meistens haben wir über die Probleme der Kriminalität geredet, über unsere Lage, ob wir zurechtkommen und ob dieses oder jenes ein Problem für uns darstellt... manchmal waren diese Fragen sehr detailliert, v.a. diejenigen, die die Probleme des Menschenhandels bzw. des Schmuggels über die Grenze betrafen, denn damals hatte man den Eindruck, dass diese Probleme gerade an Intensität zugenommen haben. [WE-2]

Die wichtigste Funktion dieser Tagungen lag im Wissenstransfer in einigen bestimmten Bereichen[84] und im Bekanntwerden mit den Arbeitsmethoden der Polizeiformationen der Gemeinschaft, gleichzeitig halfen sie aber auch beiden Seiten dabei, gegenseitige Vorurteile und Stereotype abzubauen. Es darf über den Charakter und die Bedeutung jener Treffen reflektiert werden – während die Vertreter der polnischen Seite in den Interviews mehrmals betont haben, diese wären auf Augenhöhe verlaufen und hätten den Charakter des Austausches von *Know-how* zwischen zwei gleichwertigen Partnern gehabt, so war jedoch offenbar der Organisator (die EU) nicht zuletzt aufgrund der Tatsache, dass er die Themenbereiche vorgab, die dominierende Seite. Auch wenn diese Treffen die Form von Konsultationen hatten (d.h. nicht im einseitigen Wissenstransfer bestanden) und

---

[82] Die polnische Polizei nahm an diesem Programm in den Jahren 1997-2006 teil und erhielt in dieser Zeit für 34 verschiedene Projekte ca. 92 Mio. EUR (die meistens dem Erwerb der notwendigen technischen Mittel dienten) – vgl. offizielle Statistiken der Polizei http://www.policja.pl/pol/kgp/biuro-finansow/fundusze-pomocowe/35832,Fundusz-Phare.html, letzter Zugriff: 13.10.2014).
[83] Das erste dieser Projekte wurde in Kooperation mit Großbritannien durchgeführt – ca. 250 Polizeifunktionäre wurden in Fragen der Organisation der DANN-Profil-Datenbanken, der inneren Kontrolle und der Öffentlichkeitsarbeit geschult (vgl. KGP 2003).
[84] Neben dem Thema der Grenzkriminalität hat man sich auch mit den Fragen der grenzübergreifenden polizeilichen Zusammenarbeit oder der Kontrolle von Massenveranstaltungen beschäftigt – das Letztere im Kontext der Fußball-Europameisterschaft 2012.

dort verschiedene Themen behandelt worden sind, so stellen sie für die EU doch eine ausgezeichnete Gelegenheit dar, den westeuropäischen Sicherheitsdiskurs samt seinem ‚Katalog' der Themen, Gefahren etc. der polnischen Seite näherzubringen – eine Gelegenheit, die auch genutzt wurde. Aus der Perspektive der Untersuchung von Versicherheitlichung ist es wichtig, über die Rolle, die diese Workshops bei der Vermittlung des europäischen Diskurses über Sicherheit an die Vertreter der polnischen Strafverfolgungsbehörden gespielt haben, zu reflektieren. Diese ist schwer zu unterschätzen, denn u.a. hat sich damals eine Aufwertung des durch die polnische Seite bis dahin als zweitrangig erachteten Phänomens der Migration hin zum wichtigsten Sicherheitsproblem dieses Grenzabschnittes vollzogen. In diesem Punkt wurde der westeuropäische Diskurs von den Vertretern der polnischen Strafverfolgungsbehörden vollkommen internalisiert.

Der EU-Beitritt Polens leitete eine neue Etappe der Versicherheitlichung der östlichen Grenze ein und für die Polizei bedeutete er weitere Investitionen in die Infrastruktur, von denen die meisten aus dem Außengrenzenfonds finanziert wurden und u.a. zum Ziel hatten, die Polizei auf die Aufnahme in die SIS und SIRENE vorzubereiten. Gleichzeitig wurde weiterhin am Ausbau des Kommunikationssystems und an der Fortsetzung der Zusammenarbeit der polnischen Polizei mit den entsprechenden Behörden aus den Nachbarstaaten gearbeitet. Alle diese Maßnahmen (wie u.a. die in Kooperation mit der Slowakei organisierten Projekte zur Bekämpfung des Terrorismus und der Vorbeugung und Bekämpfung der Kriminalität) dienten der Verbesserung der Grenzkontrollen und der Einbindung der Kooperationspartner in die aktive Mitarbeit an der ‚Sicherung' dieses Grenzabschnittes.

Die Aufnahme Polens in die Schengen-Zone bedeutete für die polnische Polizei, dass ab diesem Punkt auch für sie die Mechanismen, die in Titel III (Polizei und Sicherheit) und IV (Schengener Informationssystem) des „Übereinkommens zur Durchführung des Übereinkommens von Schengen" vorgesehen wurden, von entscheidender Bedeutung sein sollten. Darüber hinaus gibt es noch Rechtsunterlagen, die zwar keine bindende Kraft haben, aber zur Anwendung empfohlen werden, wie „EU Schengen Catalogue, Police Cooperation Recommendations and Best Practices". Unabhängig jedoch von den veränderten rechtlichen Rahmenbedingungen darf festgestellt werden, dass die Polizei eine Behörde ist, deren Vertreter den europäischen Sicherheitsdiskurs weitgehend internalisiert zu haben scheinen und sich auch deswegen bedingungslos für die Implementierung dieser Politik einsetzen.

Zusammenarbeit mit ukrainischen Partnern

Die Anfänge der Kooperation der polnischen Polizei aus der Region mit ihrem ukrainischen Pendant reichen in die frühen 1990er Jahre zurück, als die Kontaktaufnahme durch die veränderten Umstände an der neueröffneten Grenze, d.h. insbesondere das Aufkommen von einigen in diesen Woiwodschaften bis dahin nicht bekannten Problemen der Grenzkriminalität, quasi provoziert wurde:

> Dies [die Kooperation] wurde durch die veränderten Umstände erzwungen. Das waren total neue Phänomene für uns, diese ukrainische Kriminalität, die Überfälle auf den Landstraßen. (...) Delikte, die es früher bei uns nicht gegeben hat; wir hatten meistens nur mit einfachen Kriminaldelikten zu tun, aber nicht mit solchen Phänomenen wie z.b. Erpressungen für die Durchfahrt, Überfälle auf LKWs und auf Parkplätzen. (...) für uns hat damals die Kriminalität eine in Polen bis dahin unbekannte Dimension erreicht. [WE-9]

Aufgrund des rapiden Anstiegs der Zahl der Grenzdelikte, in die auch ukrainische Staatsbürger involviert waren, war die polnische Seite v.a. an der Kooperation in folgenden Bereichen interessiert:

> (…) es sind solche spezifischen Delikte – Prostitution, Erpressungen, Lösegeld, Drogenhandel – und alle Phänomene, die damit zusammenhängen. Die Hehlerei von Autos… diese Region ist ein Transitkanal für Autos aus dem Westen. (...) Und wir können ohne sie [die ukrainische Polizei – R.B.] nicht viel ausrichten. Sie haben uns sehr geholfen bspw. bei der Überprüfung von Fahrzeugunterlagen (...) bei den Pässen, bei solchen Sachen wie den kodierten Kennzeichen, den Reiseunterlagen. Das war alles neu. Bei dieser Anzahl von Menschen war das alles neu. [WE-9]

Die polnische Polizei war auf diese Entwicklungen nicht vorbereitet und konnte aufgrund der mangelnden Ausstattung ihre Kontrolle nicht auf die ganze Region ausdehnen, zumal die Lage an der Schnittstelle von zwei Landesgrenzen die Situation zusätzlich komplizierte:

> (...) dazu kommt noch, dass wir ein paar von diesen Grenzen hier haben, nicht wahr, Barwinek, die slowakische Richtung, hier war bereits [der Grenzübergang in] Medyka und später wurden die Grenzübergänge in Korczowa geöffnet (…). Das hat sich alles auf diesen Landstraßen konzentriert und dann kam noch der Grenzübergang für die Fußgänger dazu (...) es gab keine Visa, also wir hatten überhaupt keine Möglichkeit zu kontrollieren, wer hierher kommt – es gab eine solche Möglichkeit halt nicht. [WE-9]

Zu jener Zeit wurden die ersten Kontakte mit der ukrainischen Polizei geknüpft, die zunächst in Form von Treffen zwischen offiziellen Delegationen von beiden Seiten stattfanden. Jene Kontakte haben beim gegenseitigen Kennenlernen und der Festlegung möglicher Kooperationsbereiche geholfen. Es ist für die Zusammenarbeit in diesem Bereich bezeichnend, dass beide Seiten sich von Anfang an bemüht haben, diese unabhängig von den unterzeichneten zwischenstaatlichen Verträgen[85] auch auf weniger formeller Basis zu gestalten, was der Stärkung des gegenseitigen Vertrauens und dadurch auch leistungsfähigerem, schnellerem Reagieren dienen sollte. Zur Koordination der Zusammenarbeit zwischen den beiden Formationen wurde ein Beamter aus der Woiwodschaftskommandantur der Polizei des Karpatenvorlandes delegiert, der für alle damit verbundenen Probleme zuständig war. Dieser Charakter der Zusammenarbeit, die Tatsache, dass sie auch jenseits der formellen Vereinbarungen stattfand, wurde von den Involvierten mehrmals hervorgehoben und als Beweis für ihren modellhaften Charakter angeführt:

> Wir haben ein sehr gutes Verhältnis, die Zusammenarbeit hier ist sehr gut. Ich würde sagen, dass wir uns blendend verstehen. Wenn wir irgendein Problem haben, dann müssen wir nicht gleich die diplomatischen Kanäle benutzen, sondern telefonieren und sprechen uns ab. Es ist normal; und wenn man sich treffen muss, dann fahren unsere Verbindungsoffiziere an die Grenze und reden miteinander. [WE-2]

Diese Art der Verständigung hilft, Probleme sogar in solchen Fällen lösen zu können, in denen die Behörden sich aufgrund der ausbleibenden Regulierungen im rechtlichen Vakuum befinden. Die Zusammenarbeit bei der Bekämpfung der Grenzkriminalität wurde nach der Aufnahme der Beitrittsverhandlungen mit der EU durch Polen weiter fortgesetzt, auch wenn sich ihre Form verändern musste. Aufgrund der für die Ukraine im europäischen Migrationsregime vorgesehenen Rolle eines Landes, in dem die erweiterten Vorkontrollen stattfinden sollten, wurden die Vertreter der polnischen Polizei von den EU-Gesandten dazu ermutigt, die Ukraine in dieses europäische System der Kontrollen mit einzubeziehen. Es lässt sich an den Entwicklungen jener Jahre beobachten, wie sehr die westeuropäische Seite darum bemüht war, die polnische Polizei dazu zu bewegen, an dieser Grenze gegenüber dem ukrainischen Partner die Rolle eines Seniorpartners anzunehmen und damit quasi die Situation der deutsch-polnischen Grenze von Mitte der 1990er Jahre zu wiederholen. Diese Idee wurde den polnischen Polizisten in den Seminaren vermittelt, die im Rahmen der *Twinning*-Programme organisiert wurden. Im Resultat hat die polnische Polizei in der Region eine Reihe von Workshops organisiert, deren Teilnehmer (sowohl polnische als auch

---

[85] Polen hat eine Reihe von bilateralen Verträgen über die Kooperation zwischen den Polizeibehörden mit seinen Nachbarstaaten geschlossen, z.B. mit der Ukraine in den Jahren 1992, 1996, 2000 und 2003.

ukrainische Polizeibeamte) an den Formen der Zusammenarbeit in Fragen der typischen Probleme der Grenzkriminalität arbeiten sollten[86].
Es darf an dieser Stelle erwähnt werden, dass in diesem Zusammenhang von den interviewten Experten einige Zweifel an bestimmten Elementen der Politik der Versicherheitlichung geäußert wurden; wenngleich die Vertreter der Strafverfolgungsbehörden die Zweckmäßigkeit dieser Politik niemals angezweifelt haben, so wurden dennoch einige ihrer Elemente besonders aus der Perspektive der offiziell für sehr wichtig erachteten Kooperation mit der Ukraine als kontraproduktiv bewertet. Der polnische EU-Beitritt hat die Situation auch in diesem Bereich verkompliziert:

> (...) es war schwieriger, sie zu Treffen einzuladen, d.h. wir konnten es zwar tun, mussten uns aber danach in unserem Konsulat darum bemühen, dass man uns bestimmte Personen schickt, weil sie für uns aufgrund der Spezifik der Arbeit oder ihrer Kompetenzen besonders wichtig waren. (...) als wir letztens jemanden aus der Ukraine hierher holen wollten, mussten wir schriftlich das Konsulat darum bitten. [WE-2]

Gleichzeitig jedoch wurden hier für die Vertreter der ukrainischen staatlichen Verwaltung einige Vergünstigungen vorgesehen, um die Kontinuität der Zusammenarbeit nicht zu gefährden. Der Charakter der polizeilichen Zusammenarbeit zwischen der polnischen Behörde und ihrem ukrainischen Pendant unterlag in den zurückliegenden zwei Jahrzehnten mehreren Veränderungen, wobei in der rückblickenden Betrachtung insbesondere die Rolle der EU hervorgehoben werden kann, die ab einem gewissen Zeitpunkt entscheidend sowohl die Form als auch die Bereiche (Themen) dieser Kooperation beeinflusst und dadurch auch die ukrainische Seite in die aktive Mitarbeit an der Versicherheitlichung dieses Grenzabschnittes mit einbezogen hat.

4.3.1.2 Grenzschutz

Laut dem „Gesetz zum Schutz der Staatsgrenze", kraft dessen der Grenzschutz ins Leben gerufen wurde (1990), ruhen auf dieser bewaffneten und uniformierten Polizeiformation zwei grundsätzliche Aufgaben: die Kontrolle der Grenzübergänge und die Überwachung und der Schutz des Grenzraumes. Der volle Umfang der Aktivitäten dieser Behörde ist an den Grenzübergängen sichtbar, d.h. an den Punkten, an denen sich die Institutionen und Praktiken der Versicherheitli-

---

[86] So z.B. Workshops, die im Rahmen des „Nachbarschaftsprogramms Polen-Belarus-Ukraine INTERREG III/A TACIS CBC" im Jahr 2008 organisiert worden sind.

chung konzentrieren. Im Folgenden widmen sich die Ausführungen der Analyse der Entwicklung des Grenzschutzes im Karpatenvorland und den Formen seiner Arbeit. Den Fragen der Beeinflussung des Grenzraumes durch diese Praktiken und ihrer Wahrnehmung durch die betroffenen Subjekte wird das sechste Kapitel gewidmet sein.

Kontrolle der Grenze vor dem EU-Beitritt

Die Öffnung der Grenzen nach 1989 hatte die Notwendigkeit einer umfassenden Reform der für den Schutz des Grenzraumes verantwortlichen Behörden offengelegt. Zum Gegenstand einer besonderen Sorge wurde die östliche Grenze, die sowohl in Westeuropa als auch in Polen selbst als ‚löchrig' und in besonderem Maße durch Phänomene wie irreguläre Migration, Menschenhandel etc. gefährdet angesehen wurde. Aus heutiger Perspektive darf festgestellt werden, dass die damals unternommenen Schritte, die zunächst hauptsächlich das normale Funktionieren dieser nach fast 50 Jahren wiedereröffneten Grenze sicherstellen sollten (wie Einberufung entsprechender Behörden, Öffnung von Grenzübergängen, Unterschreiben von Verträgen über die Kooperation mit den entsprechenden Behörden der Nachbarstaaten etc.), relativ fließend in die nächste Phase, nämlich die der fortschreitenden Versicherheitlichung dieses Grenzabschnittes, übergegangen sind. Die Entwicklungen am östlichen Grenzabschnitt in den ersten Jahren nach 1989 resultierten im verstärkten Interesse an diesem Raum seitens der neuen, westlichen Partner Polens, die vor allem um den Zustand der Grenzkontrollen (die Möglichkeit einer unkontrollierbaren, irregulären Migrationsbewegung über diese Grenze Richtung Westen schien damals wahrscheinlich) besorgt waren. Schon bald wurden die ersten Kontakte geknüpft und die Zusammenarbeit im Bereich der Grenzkontrollen konnte entwickelt werden. In den frühen 1990er Jahren hat Polen auf diesem Gebiet v.a. mit den USA kooperiert:

> Das waren die ersten Besuche, die die Aufgabe hatten, sich mit dem Funktionieren der einzelnen Stationen bekannt zu machen. (...) Später fingen die Schulungen an; es kamen Vertreter der amerikanischen Seite hierher, die unsere Funktionäre schulten und wir sind auch auf solche Schulungen gefahren, wir bekamen sogar Unterstützung in Form von Spezialtechnik zur Kontrolle. Wobei man hier zugeben muss, dass die Amerikaner schon besonders an der Vorbeugung von Schmuggel von spaltbarem Material interessiert waren, dieser Problematik waren diese Schulungen gewidmet. [WE-7]

Diese Zusammenarbeit darf als Vorläufer der späteren Kontakte mit den Vertretern der EU betrachtet werden, die vor allem in ihren frühen Jahren eine ähnliche Form, nämlich Schulungen, Erfahrungsaustausch etc., angenommen hatten:

> Was die Kontakte mit den Vertretern der westlichen Staaten angeht, das war schon in den 1990ern... um 1995 haben sie angefangen. (...) und dann später, um 2000, wurden sie enger, es gab Fahrten zu Schulungen nach Frankreich, Holland, Deutschland und Österreich. [WE-7]

Gleichzeitig sei auf einen wesentlichen Unterschied hingewiesen – im Gegensatz zu den späteren Kontakten mit der EU spielte in dieser ersten Phase das Thema Migration bei diesen Treffen keine Rolle, und auch für die Vertreter der polnischen Seite war dies kein relevantes Problem. Vor diesem Hintergrund ist es besonders bemerkenswert zu sehen, wie schnell sich in den darauffolgenden Jahren der Prozess der Internalisierung des europäischen Diskurses über Migration durch die Vertreter des polnischen Grenzschutzes vollzogen hat. Ähnlich den bereits untersuchten Fällen der polnischen politischen Klasse auf Zentralebene bzw. Polizeifunktionären der Region haben auch im Fall des Grenzschutzes die persönlichen Kontakte mit den Vertretern der EU (bzw. den Experten auf dem Gebiet der Sicherheit aus den westeuropäischen Polizei- und Grenzschutzformationen) während der im Rahmen der *Twinning*-Programme organisierten Schulungen eine entscheidende Rolle gespielt. Zu den ersten Treffen war es zwar bereits in der ersten Hälfte der 1990er Jahre gekommen, damals fanden sie jedoch unregelmäßig statt und nahmen erst im Laufe der Zeit an Intensität und Häufigkeit zu:

> Diese Schulungen waren interessant, weil sie uns erlaubten, bestimmte Probleme anders als früher zu betrachten. Einige von diesen Problemen gab es bei uns nicht oder es hat sie schon gegeben, aber wir haben ihnen keine Aufmerksamkeit geschenkt, wie z.B. das Problem der Migration. Dieses Problem hat es bei uns vielleicht schon früher gegeben, aber es war uns nicht so wichtig, wie während dieser Schulungen und wie es jetzt behandelt wird. Heute steht das Problem der Migration praktisch an erster Stelle und zwar in allen Ländern, nicht nur dort im Westen, sondern auch bei uns. [WE-7]

Diese Schulungen waren nur ein Teil der Versicherheitlichung der polnischen Migrations- und Grenzpolitik, sie spielten aber eine wichtige Rolle bei der Bekanntmachung der Vertreter der polnischen Seite (in diesem Fall des Grenzschutzes) mit dem europäischen Diskurs der Sicherheit, der der Migration eine zentrale Rolle in seinem ‚Katalog' der Bedrohungen beigemessen hat. Ein wichtiges Ereignis aus der Perspektive des Grenzschutzes in jener Periode war die Verabschiedung eines Planes zur Vorbereitung der östlichen Grenze auf die

Übernahme der Funktion der Außengrenze der EU durch das Innenministerium im Jahr 2000. Die „Strategie des integrierten Verwaltens der Grenze"[87] umfasste sowohl den zeitlichen Rahmen als auch die Bedingungen, unter denen die Zusammenarbeit zwischen den einzelnen Behörden koordiniert werden sollte. In denjenigen Teilen der Strategie, die dem Grenzschutz gewidmet waren, wurde ausdrücklich die Notwendigkeit weiterer Veränderungen sowohl in den Vorschriften für diese Formation als auch in ihren Strukturen und ihrer Arbeitsweise betont. Das Hauptziel dieser Transformation bis zum Moment des EU-Beitritts war demnach das Erlangen eines „strikten polizeilichen Charakters" durch den Grenzschutz, was einem „neuen Modell des Schutzes der Grenze" entsprechen würde, einem Modell, dessen wichtigste Aufgabe in der „Vorbeugung und Bekämpfung der Grenzkriminalität und Kontrolle der Menschenströme ins Land und in die EU" bestand (O.V. 2000). Diese Aufgabe könne demnach nur durch eine „weitere Abdichtung der Grenze, v.a. ihres östlichen und südöstlichen Abschnittes" erreicht werden. Die rechtlichen Grundlagen für die Umsetzung der in die Strategie aufgenommenen Beschlüsse wurden durch die Verabschiedung eines neuen Gesetzes über den Grenzschutz[88] durch das polnische Parlament im Jahr 2001 geschaffen, das dessen Befugnisse deutlich ausweitete. Die in der Strategie als erstrebenswert erwähnte Abdichtung der östlichen Grenze wurde auf der einen Seite durch große finanzielle Investitionen in die Modernisierung der Ausstattung der Grenzschutzformationen und den Ausbau der Infrastruktur der Grenzübergänge vorangetrieben[89]. Auf der anderen Seite wurde in jener Zeitperiode durch den Eintritt des polnischen Grenzschutzes in SIS, SIRENE, CIREFI und EUROPOL eine Verbesserung der Kooperation mit den entsprechenden westeuropäischen Behörden erreicht.

Praktiken der Versicherheitlichung – aus der Perspektive des Grenzschutzes

Der EU-Beitritt Polens bedeutete für den polnischen Grenzschutz, dass das Schengener Abkommen und das Schengener Durchführungsübereinkommen die wichtigsten Grundlagen seiner Arbeit und späteren Entwicklungen darstellen

---

[87] *Strategia Zintegrowanego Zarządzania Granicą* vom 06. Juni 2000
[88] Dz.U. 2001, Nr. 45, poz. 498
[89] Durch das PHARE-Programm wurde der Grenzübergang in Krościenko für 4,74 Mio. EUR modernisiert, aus dem Außengrenzenfonds konnten Mittel für den Kauf von Transportmitteln gewonnen werden. Im Jahr 2013 wurde die Modernisierung des Grenzübergangs in Medyka beendet (siehe unten) und im Dezember 2013 wurde ein neuer Grenzübergang in Budomierz eröffnet (Gesamtkosten: 34 Mio. EUR).

sollten. Damit verbunden waren auch weitere Investitionen in die Ausstattung dieser Behörde, die auf die Erweiterung des Schengener Abkommens vorbereitet werden sollte. Der darauf folgende Ausbau und die Modernisierung der Infrastruktur ermöglichen dem Grenzschutz eine umfassendere Kontrolle des Grenzverkehrs im gesamten Grenzraum:

> Es herrscht Ordnung an dieser Grenze, man sieht diese Grenzschutzfunktionäre – sie stehen nicht nur am Grenzübergang herum, sondern im ganzen Grenzraum, auf den Seitenstraßen lassen sie sich auch blicken in ihren Autos; das kann einen schon beeindrucken, sie zeigen, dass es hier sicher ist (...). [WE-10]

Es handelt sich dabei um ein wichtiges Teilelement der Versicherheitlichung, das deren Wirksamkeit in den betroffenen (im Fokus dieser Politik stehenden) Regionen verstärkt: Durch die Militarisierung des Grenzraums, die durch allgegenwärtige Kontrollen wie auch eine bestimmte räumliche Anordnung (Ausbau der Kontrollpunkte, Wachtürme etc.) vollzogen wird, verändert sich die gesamte Region. Aus dieser Perspektive stellt der Grenzübergang in Medyka, der größte im gesamten östlichen Grenzabschnitt, ein interessantes Untersuchungsobjekt dar, an welchem sowohl die Techniken der Versicherheitlichung in der alltäglichen Praxis wie auch ihre Auswirkungen auf die betroffenen Subjekte verfolgt werden können (vgl. 6.4). Im Juni 2010 wurde das neue, für ca. drei Mio. EUR sanierte und modernisierte Terminal übergeben, das aufgrund der räumlichen Anordnung und auch der Art und Weise, wie die Kontrollen der Reisenden durchgeführt werden, in gewissem Sinne symbolisch für die gesamte Politik des polnischen Staates gegenüber dieser Außengrenze ist.

Interessanterweise sprechen die in Medyka beschäftigten Funktionäre des Grenzschutzes oft von diesem Grenzübergang, er sei exemplarisch für die enttäuschten Hoffnungen auf ‚Zivilisierung' dieses Grenzabschnittes:

> (...) es muss erwähnt werden, dass diese Fußgängerzone hier auf Probe geöffnet wurde; sollte es gut funktionieren, hatte man vor, sie auch an anderen Grenzübergängen zu öffnen, aber so (...). Die Idee des Grenzübergangs für Fußgänger war eine andere – nachbarschaftliche Kontakte, wirtschaftliche Zusammenarbeit und wissenschaftlicher Austausch, aber das alles ist hier gestorben. (...) Wahrscheinlich sind 95 Prozent dessen, was hier abläuft, mit dem Grenzhandel verbunden. [WE-14]

Dass dieser Grenzabschnitt auf der lokalen Ebene keine verbindende Funktion erfüllt, d.h. zur Anknüpfung von Kontakten zwischen Vertretern der beiden Grenzgemeinden geführt hat, wird auch von den betroffenen Grenzbewohnern bestätigt (vgl. 6.6), dies erscheint jedoch als eine logische Konsequenz der Versicherheitlichung der polnischen Migrationspolitik, welche gerade in dieser Region sehr deutlich zu sehen ist. Der Grenzübergang in Medyka ist, wie erwähnt, ein ideales Symbol für diese Politik. Er befindet sich direkt an der sogenannten roten Linie, die Polen von der Ukraine trennt. Bereits die räumliche Anordnung an diesem Grenzübergang verrät, dass er vor allem die Funktionen von Überwachung und Kontrolle der Reisenden erfüllen sollte. Die Punkte der Passkontrolle auf den beiden Seiten der Grenze werden durch einen Korridor verbunden, den die Grenzgänger passieren müssen; dieser Bereich ist von beiden Seiten mit einem hohen Metallzaun abgetrennt, das ganze Gelände wird von den Funktionären des Grenzschutzes direkt und mit Kameras überwacht. Darüber hinaus wurden am Punkt der Passkontrolle speziell zur Absicherung gegen eine „Gewalteinwirkung der Reisenden" [W-14] eine Drehtür und Sperren installiert. Eine andere Dimension der Versicherheitlichung stellen die Praktiken der Grenzschutzfunktionäre dar, insbesondere bei den Kontrollen der Reisenden. Auch wenn ihre Bewertung durch die Letzteren als erniedrigend offenbar stark subjektiv gefärbt ist, kann nicht bestritten werden, dass das gegenseitige Verhältnis sehr angespannt und von Misstrauen geprägt bleibt (und regelmäßig in Ausschreitungen gipfelt). Dies offenbart sich auch in Aussagen der Grenzschutzfunktionäre, wenn diese ihr Verhältnis zum Grenzverkehr mit den Worten „weniger Menschen, weniger Probleme, weniger unangenehme Situationen" [W-14] zusammenfassen.

Nach dem polnischen EU-Beitritt wurden die Bemühungen um Versicherheitlichung der östlichen Grenze nicht abgemildert. Im Gegenteil, es wurde weiterhin intern an der Verbesserung der Vorbereitung des Grenzschutzes zur Umsetzung der Vorgaben dieser Politik gearbeitet, diesmal mit dem Ziel des Schengen-Beitritts. Die Schulungen für die Grenzschutzfunktionäre wurden fortgesetzt, sie nahmen sogar – so die Einschätzung der Beteiligten – an Intensität zu:

> (…) in dieser Periode direkt vor dem Schengen-Beitritt gab es hier sehr viele Treffen, deutlich mehr als vor dem EU-Beitritt, auch weil es eine lange Etappe unserer Vorbereitungen war, die zwei Jahre dauerte oder gar mehr und wir hatten hier viele Besucher, die den Stand unserer Vorbereitung prüften, v.a. aus der Perspektive der Aneignung der Vorschriften (…) wir hatten auch Fernsehteams, meistens aus Deutschland, denen wir unsere technische Ausstattung zeigten… also in jener Periode hatten wir viel mehr an unterschiedlichsten Inspektionen. [WE-14]

Die Arbeit an der Verbesserung der Kontrollmechanismen scheint ein unaufhörlicher Prozess zu sein, der auch nach dem Schengen-Beitritt fortgesetzt wird (wie am Beispiel der bis dahin letzten Modernisierung des Terminals in Medyka zu sehen ist).

Ein weiterer wichtiger Aspekt der Entwicklungen in der ganzen Periode nach 1989 betrifft die Formen, die die Zusammenarbeit des polnischen Grenzschutzes mit ihrem ukrainischen Pendant annahm und die Veränderungen, denen sie unterlag, insbesondere aber nachdem Polen in die EU aufgenommen worden war. Die Verwaltung dieses Grenzabschnitts durch die Strafverfolgungsbehörden beider Staaten wird durch eine Reihe bilateraler Verträge reguliert, von denen der erste bereits 1992 unterschrieben wurde. Die Anfänge dieser Kooperation werden durch die Beteiligten als schwierig und durch großes gegenseitiges Misstrauen belastet bezeichnet. Folglich galt es in jener Periode zuerst diese Vorurteile abzubauen:

> In der ersten Phase waren unsere ukrainischen Pendants sogar sehr negativ eingestellt, die ukrainische Seite hat damals alle unsere Aktivitäten, wie bspw. den Bau der zusätzlichen Wachtürme, sehr kritisch betrachtet. [WE-7]

Die Entwicklung der Situation in der Region (das Aufkommen der bereits erwähnten Phänomene der Grenzkriminalität, des Anstiegs der Grenzüberschreitungen etc.) hat die Annäherung der beiden Seiten gewissermaßen erzwungen. Die ab Mitte der 1990er Jahre langsam voranschreitende Zusammenarbeit wurde in bestimmten Bereichen, wie bereits am Beispiel der Polizei gezeigt wurde, durch den polnischen EU-Beitritt zusätzlich kompliziert. Auf der einen Seite entspricht zwar die Entwicklung dieser Zusammenarbeit den Interessen der EU (und wird von ihr entsprechend unterstützt), auf der anderen Seite jedoch bleibt die Ukraine außerhalb der Strukturen der EU und des Schengen-Raumes und wird aus diesem Grund aus vielen ihrer Mechanismen ausgeschlossen. Die Ukraine kann am SIS nicht teilnehmen, was den Austausch von Informationen erschwert. Auch der Einsatz von Mitteln wie grenzüberschreitende Observation, grenzübergreifende Verfolgung oder Wachposten mit gemischter polnisch-ukrainischer Besetzung ist an diesem Grenzabschnitt nicht möglich. In dieser Situation entsteht die Frage nach den Formen, die die Kooperation zwischen den beiden Seiten hier annehmen kann, den oben genannten Beschränkungen zum Trotz. Wie am Beispiel der polizeilichen Zusammenarbeit sichtbar geworden ist, besteht eine wichtige Möglichkeit für den Umgang mit dieser Situation in der informellen Zusammenarbeit. Diese erfordert jedoch gegenseitiges Vertrauen, das im untersuchten Fall nicht vorhanden zu sein scheint; im Gegensatz zur Polizei ist die Kooperation daher nicht über die Ebene der strikt formalen Beziehungen hinausgegangen. Die Abläufe werden von einem Beamten aus Medyka folgendermaßen geschildert:

Diese Zusammenarbeit ist nicht die schlechteste, aber auch nicht die beste. Selbstverständlich kommt es hier auf der Ebene der Kommandanten bzw. Schichtleiter ständig zu Treffen, zum Austausch von Informationen über den Grenzverkehr... das gehört quasi zum Programm, dass die Chefs miteinander im ständigen telefonischen Kontakt sind. Und natürlich alles, was unseren Grenzübergang betrifft und was an der grünen Grenze passiert, da sind sie ständig im Kontakt und hier ist diese Zusammenarbeit andauernd. Ich kann nicht sagen, dass es optimal ist, aber auch nicht so, dass wir überhaupt nicht miteinander reden. [WE-14]

Die Veränderungen im Grenzraum, die sich dort im Zuge des polnischen Integrationsprozesses mit der EU vollzogen haben, sollten wie erwähnt dem Ziel dienen, die östliche Grenze zu einer ‚sicheren Außengrenze' der Gemeinschaft umzugestalten. Da der Prozess der Schließung dieser Grenze im Wesentlichen abgeschlossen zu sein scheint, dürfen nun die Fragen nach seinem Endergebnis gestellt werden, d.h. nach der Gestaltung des nun entstandenen neuen Grenzraumes und den Formen, die die Versicherheitlichung in der alltäglichen Arbeit der Sicherheitsakteure, in ihrem Verhalten gegenüber den Reisenden, annimmt.

4.3.2 Eine (un)sichere Region? – Ein Blick auf die Statistiken

Die in Westeuropa insbesondere am Anfang der 1990er Jahre weit verbreiteten Ängste vor den Phänomenen des organisierten Verbrechens aus dem Osten und der irregulären Migration über die plötzlich offenen und durchlässigen Grenzen in Mittel- und Osteuropa basierten auf der Annahme, dass die mit der Systemtransformation einhergehenden soziokulturellen Veränderungen (Demokratisierung, Öffnung der Grenzen) in den postsozialistischen Staaten einen Anstieg der Kriminalität bewirken müssten. Bilder der von Kriminalität (insbesondere dem organisierten Verbrechen aus den ehemaligen Sowjetrepubliken) besonders stark betroffenen Grenzregionen, die auch im Polen der 1990er Jahre sehr verbreitet waren, dienten in politischen und öffentlichen Debatten oft als Rechtfertigung der Einführung bestimmter versicherheitlichender Maßnahmen. Im Folgenden wird auf diese Grenzregion ein Blick durch das Objektiv der Statistiken des Statistischen Amtes, der Polizei, des Grenzschutzes und des Zollamtes geworfen; das Ziel dieses Unterfangens ist die Verifizierung des weit verbreiteten Bildes einer „unsicheren Grenzregion" anhand der Daten, die das tatsächliche Ausmaß der Bedrohung durch verschiedene Formen von Kriminalität zeigen.

Die Entwicklung der Kriminalitätsraten in Polen zur Zeit der Systemtransformation scheint diejenigen zu bestätigen, die am Anfang der 1990er Jahre einen rapiden Anstieg der Delikte in den wichtigsten Kategorien, d.h. bei den sogenannten Straftaten gegen das Leben (Totschlag, Körperverletzung) als auch den Vermögensdelikten (Diebstahl), als typisches Phänomen einer solchen Übergangsperiode prognostiziert haben (Siemaszko 2008; Siemaszko et al. 2009): Alle Regionen Polens haben einen deutlichen Anstieg der Anzahl der Fälle in den genannten Kategorien notiert. Diese Entwicklung wurde auch in den ostpolnischen Woiwodschaften verzeichnet, allerdings unterscheiden sie sich durch ein Spezifikum vom Rest des Landes: Nicht nur gehörten diese Woiwodschaften im Jahr 1989 zu denjenigen mit den deutlich niedrigsten Raten in Polen, auch in den darauffolgenden Jahren behielten sie dieses Alleinstellungsmerkmal. Sie folgten zwar meistens dem für Polen allgemein feststellbaren Trend, blieben dabei aber weit unter dem Landesdurchschnitt. Fast 25 Jahre seit dem Beginn der Systemtransformation zeigen die Polizeistatistiken aus dem Jahr 2013, dass im Karpatenvorland die Kriminalitätsrate[90] (im Allgemeinen) mit 1.676 Straftaten auf 100.000 Einwohner am niedrigsten im ganzen Land ist und unter dem Landesdurchschnitt von 2.761 liegt. Diese Zahlen sind auch in allen anderen Kategorien im Vergleich am geringsten, mit Ausnahme der Kategorie „Androhung von Mord", in der das Karpatenvorland im Jahr 2012 einen Anstieg der Fälle notiert hat und den achten Platz in Polen belegt (vgl. MSW 2014).

Die Betrachtung der Kriminalitätsraten einzelner polnischer Regionen in verschiedenen Kategorien von Delikten führt zur Schlussfolgerung, dass das negative Bild der östlichen Regionen (und hier insbesondere des Karpatenvorlandes) angesichts der statistischen Daten nicht aufrechterhalten werden kann. Offen bleibt aber noch die Frage nach der Entwicklung einer spezifischen Art von Kriminalität, die für Grenzregionen typisch ist, nämlich der sogenannten Grenzkriminalität. Die Untersuchung dieses Phänomens bereitet einige Schwierigkeiten, denn es herrscht Uneinigkeit in der Forschung und Politik bezüglich der Definition dieses Terminus (vgl. Hornung 2013; Wrage 1998); die Kriminologie etwa benutzt die Kriminalitätskategorie ‚Grenzkriminalität' überhaupt nicht (Wolf/Wojdalska 2004: 254). Unter mehreren Möglichkeiten, diesen Begriff zu definieren, wurde für den Zweck dieser Untersuchung diejenige gewählt, die diese als „all jene Kriminalität, die erst durch die Existenz der Grenze entsteht" definiert (Hornung 2013: 8). Die Struktur der mit der Grenzlage verknüpften Kriminalität im Karpatenvorland ist charakterisiert durch einen niedrigen Organisationsgrad und einen hohen Anteil an Steuervergehen; diese Delikte dominieren insbesondere im Grenzraum, wo eine ganze soziale Gruppe von sogenannten ‚Ameisen' entstanden ist, die mit Kleinhandel bzw. Schmuggel von verbrauchsteuerpflichtigen Waren ihren Unterhalt verdienen (Kowaliw-Szymańska 2009:

---

[90] Darunter wird die Zahl der Straftaten verstanden, die in einem Jahr für 100.000 Einwohner bekanntgeworden sind.

59). Nach seinem EU-Beitritt im Jahr 2004 ist Polen ein Teil der Zollunion der Gemeinschaft geworden. Da diese Ein- und Ausfuhrzölle innerhalb des Binnenmarktes untersagt, hat sich ab diesem Punkt die Aufmerksamkeit der entsprechenden Behörden auf die Kontrolle der neuen EU-Außengrenze verlagert. Die zurzeit geltenden Vorschriften regeln die Mengen der Einfuhrwaren, die von den Reisenden aus den Drittstaaten nach Polen eingeführt werden können, wobei diese Normen für die Einwohner der Grenzregion noch einmal niedriger aufgestellt worden sind. Eine andere Art der Kontrolle stellt die Verbrauchssteuer dar, mit der manche Verbrauchswaren belegt werden. Innerhalb der EU wurden die Energiesteuer, Tabaksteuer und die Alkoholsteuer harmonisiert, d.h. sie werden in allen Mitgliedsstaaten erhoben. Die Verbrauchsteuer stellt für jeden Staat eine wichtige Einkommensquelle dar, und aus diesem Grund wird der Schmuggel dieser Waren besonders stark bekämpft.

Im Zuge der ‚Sicherung' seiner östlichen Grenze hat Polen eine Reihe von Vorschriften eingeführt, die der Verschärfung der Grenzkontrollen und Bekämpfung der oben genannten Formen der Grenzkriminalität dienen sollten. Den ersten Schritt stellte die Einführung der Visapflicht im Jahr 2003 dar, die den ukrainischen Staatsbürgern das Recht genommen hat, die Grenze frei zu überqueren. Dies hat einen plötzlichen Rückgang der Zahl der Grenzüberschreitungen verursacht; sehr deutlich sind auch die Mengen der über diese Grenze geschmuggelten verbrauchsteuerpflichtigen Waren zurückgegangen (Kowaliw-Szymańska 2009). Allerdings hat die Visapflicht das Prozedere des Schmuggels über diese Grenze nicht endgültig beendet; ganz im Gegenteil, wie von einigen Forschern angemerkt, hat sie lediglich den Charakter der Kriminalität verändert und zwar dahingehend, dass anstelle der bis dahin schmuggelnden ‚Ameisen' nun verstärkt organisierte Gruppen auftreten, die nicht nur im Grenzraum tätig sind, sondern in ganz Polen agieren und alle Merkmale von organisiertem Verbrechen tragen (ebd.: 68).

Eine der mit dem Begriff ‚Grenzkriminalität' oft in Verbindung gebrachten Gefahren war die der Schlepperbanden, die Illegale über die Grenze schleusen würden. Wie die seit einigen Jahren geführten Statistiken des polnischen Grenzschutzes belegen (*Abbildung 4*), scheint das Phänomen des organisierten Menschenschmuggels im Karpatenvorland kein großes Problem darzustellen – die Zahlen bewegen sich auf einem vergleichsweise niedrigen Niveau.

Abbildung 4: Organisierte illegale Grenzüberschreitungen im Karpatenvorland, 2007-2012

	2007	2008	2009	2010	2011	2012
notierte Fälle	117	104	151	105	122	95
beteiligte Personen	282	235	168	144	171	93

Quelle: BiOSG (eigene Abbildung)

Es handelt sich dabei um ‚offizielle' Zahlen; gleichzeitig darf jedoch vermutet werden, dass das wahre Ausmaß des Phänomens durch sie nicht erfasst wird und sich anders gestaltet. Eine zusätzliche Schwierigkeit ist mit der Art und Weise verbunden, auf die die meisten Menschen zu ‚Illegalen' werden. Dies geschieht nämlich nicht in Folge eines illegalen Grenzübertritts, sondern durch den Verbleib in der EU nach der Ablauffrist des Visums (sog. *visa overstayers*). Die neueste Entwicklung auf diesem Gebiet stellt die Grenzüberschreitung mit gefälschten Unterlagen dar, die von darauf spezialisierten kriminellen Gruppen organisiert wird und insbesondere in den letzten Jahren deutlich an Ausmaß gewonnen hat (KGP 2014: 112).

Sehr gering fällt die Beteiligung von Ausländern an der Gesamtzahl der in der Region ausgeübten Delikte aus. Zwar hat die Öffnung der Grenze nach 1989 insbesondere in den ersten Jahren zum rapiden Anstieg von Kriminaldelikten unter Beteiligung von Ausländern (im polnischen Osten offenbar hauptsächlich Staatsbürger der ehemaligen Sowjetrepubliken) geführt. Gleichzeitig aber weisen selbst die Polizisten aus der Region darauf hin, dass es sich dabei um eine vorübergehende Erscheinung handelte – die Quoten sind allmählich gesunken und bewegen sich seit mehreren Jahren auf einem niedrigen Niveau, so dass diesem Phänomen von den Polizeifunktionären selbst keine große Aufmerksamkeit beigemessen wird:

> (...) heutzutage haben wir keine Probleme mit den Ausländern, es gibt sehr wenige Delikte (...) jährlich vielleicht 40.000 insgesamt, d.h. Kriminelle, Verkehrsunfälle, wirtschaftliche... also dieses Ausmaß... das sind ungefähr 0,5 Prozent der Gesamtzahl (...). Also das ist sehr wenig und hoffentlich wird es so bleiben, das ist hier kein Problem, wir müssen keine Angst haben oder zusätzliche Kräfte mobilisieren. [WE-2]

Ein Funktionär aus Lubaczów sagte dazu:

> Diese Gefahren werden eher so aufgeblasen durch Leute, die sich mit der Lage hier nicht auskennen. Solche Gefahren stellt man hier nicht fest, wir sind eine ruhige Stadt und es ist

auch sehr einfach hier einen Fremden zu identifizieren, in großen Städten ist das ganz anders, aber hier wissen sofort alle alles. (...) Es kursierten solche Erzählungen vom organisierten Verbrechen aus dem Osten, aber, wie gesagt, hier ist das unrealistisch (...). [WE-L-4]

Die offiziellen Statistiken scheinen diese Bewertung zu belegen, was wiederum ein Bild der Bedrohung der Region durch Kriminalität aus dem Osten, insbesondere durch organisiertes Verbrechen, aufkommen lässt.

Im Rückblick auf die Entwicklung der Kriminalität in Polen nach 1989, insbesondere aber in den 1990er Jahren, darf gesagt werden, dass v.a. die ersten Jahre der Transformation mit einem deutlichen Anstieg der Kriminalitätsraten verbunden waren, diese jedoch in der zweiten Hälfte der 1990er viel von ihrer Dynamik eingebüßt haben. In der neu entstehenden Geographie der polnischen Kriminalität belegt das Karpatenvorland in allen Kategorien eine der letzten Stellen unter den polnischen Woiwodschaften und ist auch die Region mit der niedrigsten Verbrechensrate in ganz Polen (Siemaszko et al. 2009: 246). In vielerlei Hinsicht ist es die sicherste Woiwodschaft Polens:

> Wir wundern uns selbst, woher das kommt, denn wir sind doch keine Enklave in Polen oder Europa (...) bei uns ist die Gesellschaft sehr einheitlich, noch, weil es ändert sich auch ein wenig, aber sehr lange waren sogar Eheschließungen zwischen Menschen aus verschiedenen Dörfern nur selten (...) es gibt diese soziale Kontrolle, dass einer dem anderen auf die Finger schaut, wenn ein Fremder im Dorf auftaucht, sind alle sofort alarmiert. (...) Man könnte sagen, dass Przemyśl eine bedrohte Stadt sein müsste, weil sie 20 Kilometer von der Grenze entfernt liegt, wo es verschiedene Interessen gibt, aber dem ist nicht so... es gibt keine besondere Bedrohung. Es gibt Zwischenfälle, diese muss es geben (...) diese Ruhe verdanken wir wohl dieser inneren sozialen Kontrolle. [WE-2]

Die hier angesprochene Frage der Sozialstruktur der Woiwodschaft wird (neben dem niedrigen Urbanisierungsgrad und der Wohlstandsrate) auch in der wissenschaftlichen Literatur als Erklärung für die niedrigen Kriminalitätsraten im Osten angeführt (Siemaszko 2008).

Die Grenzkriminalität ist ein historisch bedingtes Phänomen, das aufgrund der ständigen Veränderungen der geopolitischen und ökonomischen Faktoren als auch des sich verändernden Charakters der Grenze selbst Veränderungen unterliegt. Im Fall der polnisch-ukrainischen Grenze dürfen Unterschiede in der wirtschaftlichen Entwicklung beider Regionen als wichtigste Ursache der Entwicklung dieses Phänomens angegeben werden. In dieser Situation darf angenommen werden, dass solange diese Unterschiede bestehen werden, auch die Politik der Versicherheitlichung, die sich auf das Errichten der administrativen Barrieren beschränkt, keinen Erfolg haben wird.

4.3.3 Die Rolle der regionalen Politik und Verwaltung

Die Form der Implementierung der von der Zentralregierung angeordneten Politik der Versicherheitlichung in den Grenzregionen hängt offenbar in entscheidendem Maße vom Grad der Zentralisierung und Organisation der regionalen Selbstverwaltung eines jeweiligen Staates ab. Im Fall der postsozialistischen Staaten Mittel- und Osteuropas ist die Rolle von subnationalen Akteuren oft durch ein gewisses Spannungsverhältnis zwischen ihrer Funktion als Exekutive der Zentralregierungen und der Dezentralisierung gekennzeichnet. Die Stärkung der regionalen und lokalen Ebene, zu der es im Zuge der Transformation unter starkem Einfluss der EU gekommen ist (Brusis 2002; Garsztecki 2003, 2010, 2011), hat diesen subnationalen Akteuren neue Spielräume eröffnet – unter veränderten Umständen verfügen sie über deutlich mehr Möglichkeiten, eine eigene Politik zu führen bzw. die für ihre Regionen von der Zentralregierung vorgesehenen Projekte mit zu beeinflussen. Vor diesem Hintergrund soll untersucht werden, wie sie sich gegenüber der hier behandelten Politik positionieren, inwieweit sie sich an die EU-Vorgaben gebunden sehen und wie sie gegebenenfalls ihre Möglichkeiten nutzen, diese zu umgehen. Im Folgenden soll gezeigt werden, in welchen Situationen diese Akteure, die in keiner direkten Verbindung zu den Sicherheitsfragen stehen, trotzdem in die Versicherheitlichung eingebunden werden. Besondere Aufmerksamkeit wird dabei der Einstellung der Vertreter der Regionalverwaltung auf verschiedenen Stufen der Administration gegenüber dieser Politik gewidmet; darüber hinaus sollen auch die Möglichkeiten und Formen des Widerstandes gegen dieselbe untersucht werden.

4.3.3.1 Die Versicherheitlichung der Region aus der Perspektive der regionalen Verwaltung

Es ist bezeichnend für die Versicherheitlichung, die in verschiedenen Bereichen gleichzeitig arbeitet, dass sie dadurch auch diejenigen Akteure für ihre Ziele nutzt, die normalerweise nicht für Sicherheitsaufgaben zuständig sind. So betrachtet stellt diese Politik keine exklusive Domäne der Strafverfolgungsbehörden dar; vielmehr werden viele ihrer Elemente auch von anderen Teilen des staatlichen administrativen Apparates realisiert. Einzelne Akteure auf verschiedenen Ebenen der Verwaltung werden gewissermaßen in ihre Implementierung hineingezogen und dadurch zu Sicherheitsakteuren umfunktioniert.

Im trotz der administrativen Reform von 1999 nach wie vor stark zentralisierten polnischen Staat bleibt die Kontrolle der Zentralregierung über die Umsetzung all derjeniger Aufgaben stark, die aus der Sicht der Interessen des Staates für besonders wichtig erachtet werden; auch wenn diese auf subnationaler Ebene umgesetzt werden, so versucht Warschau auf verschiedenen Wegen, die Kontrolle aufrechtzuerhalten. Dies ist auch im migrationspolitischen Bereich der Fall: Die Implementierung dieser Politik in Grenzwoiwodschaften wird von den jeweiligen Woiwoden (d.h. den vom Ministerpräsidenten ernannten Repräsentanten der Interessen der Zentralregierung) überwacht. Andere Organe der territorialen Verwaltung haben kaum einen Einfluss auf die Mitgestaltung und Umsetzung dieser Politik; sie kommen nur in bestimmten Fällen näher mit ihr in Kontakt – sowohl diese Formen der Berührung als auch die wichtigsten Muster der Selbstpositionierung werden im Folgenden näher untersucht.

Den wohl wichtigsten praktischen Aspekt seiner Rolle als Akteur der Versicherheitlichung stellt für einen Woiwoden die Aufgabe der Kontrolle und Verwaltung der Grenzübergänge[91] dar. Letztere unterliegen laut dem „Gesetz über den Schutz der Staatsgrenze" vom Jahr 2007[92] der direkten Kontrolle des Woiwoden, der dafür sorgen muss, dass die „Grenzübergänge [...] in der Woiwodschaft in einem Zustand [aufrechterhalten werden], der die Durchführung der leistungsfähigen und effektiven Sicherheitskontrolle [...] gewährleistet". In der Praxis bedeutet das, dass der Woiwode diesbezüglich verschiedene Aufgaben realisiert:

> (...) damit ist direkt eine vom Woiwoden berufene Einheit beschäftigt, die dafür sorgt, dass den dort aktiven Behörden entsprechende Arbeitsbedingungen geschaffen werden, damit die Infrastruktur sichergestellt wird (...) es ist auch die Aufgabe des Woiwoden, dort nötige Investitionen durchzuführen, d.h. alle nötigen Sanierungen, oder Anpassung bzw. Modernisierung der Kommunikationsnetzes (...). [WE-11]

Neben dieser Aufgabe ist das Woiwodschaftsamt auch für viele Fragen bezüglich der Einreise von Ausländern nach Polen zuständig. Das 2003 verabschiedete Ausländergesetz[93] besagt zwar, dass die Entscheidung über die Erteilung von Visa in den Konsulaten (nach Überprüfung der Antragsteller) getroffen wird, es ist aber der entsprechende Woiwode, der über die Verlängerung der Visa entscheidet (Art. 44.1), die Entscheidung über die Vergabe der Aufenthaltserlaubnis trifft und auch über die Vergabe einer Genehmigung für Langzeitresidenten entscheidet. Es steht schließlich dem Woiwoden zu, die Anträge der entspre-

---

[91] Zur Umsetzung der Versicherheitlichung und Praktiken der Strafverfolgungsbehörden an Grenzübergängen siehe 4.2.2.2, zur Wahrnehmung dieser Praktiken (und der Grenzübergänge selbst) durch die Betroffenen vgl. 6.4.
[92] *Ustawa o ochronie granicy państwowej*, Dz.U. 2007, Nr. 12, poz. 67
[93] Dz.U. 2003, Nr 128, poz.1175

chenden Behörden auf Ausweisung eines Ausländers zu untersuchen. Dabei kann er jedoch keine eigenständige Politik führen; vielmehr ist er in allen diesen Aufgaben an seine Rolle als Repräsentant der Zentralregierung in der jeweiligen Woiwodschaft gebunden: Seine Aufgaben bestehen im Wesentlichen darin, die Umsetzung der staatlichen Politik in der Region zu kontrollieren. Dies kann potenziell zu Situationen führen, in denen der Woiwode in bestimmten Fragen quasi in Opposition zu anderen regionalen Akteuren steht, z.B. in solchen Fällen, in denen er als Repräsentant und Vollstrecker einer Politik betrachtet wird, die von anderen Akteuren als schädlich bzw. zumindest fragwürdig betrachtet wird. Die Interviews mit Vertretern der regionalen Verwaltung zeigen, dass sich eine solche Entwicklung auch tatsächlich im untersuchten Fall feststellen lässt: Die Frage der Umsetzung der Politik der Versicherheitlichung spaltet regionale Akteure ganz deutlich – während sich das Woiwodschaftsamt bedingungslos hinter diese Politik stellt, wird diese (aber auch die Haltung des Woiwoden) von den anderen Akteuren oft sehr kritisch hinterfragt (vgl. unten).

Der angesprochene Unterschied im Verhältnis zur Versicherheitlichung der Region wird besonders gut durch den Vergleich der Position des Woiwodschaftsamtes mit der Situation der Vertreter der regionalen Selbstverwaltung veranschaulicht. Hier scheint sich die These zu bestätigen, dass sich das Verhältnis zu dieser Politik größtenteils aus der Position im polnischen administrativen System erklärt. Im Fall der Gemeinden[94] bspw. muss dabei beachtet werden, dass sie insoweit von der Zentraladministration unabhängig sind, so sie nicht ihren Vertretern in der Region unterliegen, d.h. auch das Woiwodschaftsamt hat keine Obhut über sie und kann ihr keine Aufgaben aufzwingen. Die Gemeinden erfüllen zwei Arten von Aufgaben: 1) die Eigenaufgaben, wie Raumentwicklung, Verwaltung von Immobilien, Transport, Sozialhilfe etc. und 2) die in Auftrag gegebenen Aufgaben, wenn sie Aufgaben aus dem Zuständigkeitsbereich der Zentralverwaltung übernehmen müssen. In keinem dieser beiden Bereiche befinden sich jedoch Aufgaben, die mit den (breit verstandenen) Sicherheitsfragen zusammenhängen. Im Kontext der hier untersuchten Problematik bedeutet dies erstens, dass die Gemeinden kraft der ihre Arbeit regulierenden Gesetzesvorschriften keine Aufgaben aus dem Zuständigkeitsbereich der Sicherheitsakteure übernehmen, dazu auch nicht die nötigen Befugnisse und finanziellen Mittel hätten, und zweitens, dass die Zentralregierung (bzw. deren Vertreter in der Region) die Gemeinden nicht dazu bewegen kann, die mit verschiedenen Elementen der Sicherheitspolitik verbundenen Aufgaben zu erfüllen, wenn diese nicht

---

[94] Diese Akteure stellen ein Element der dreiteiligen territorialen Selbstverwaltung dar, die in Polen neben der zentralen Staatsverwaltung existiert.

ohnehin dem Aufgabenbereich der Gemeinden angehören, die durch das Gesetz geregelt werden. Es bedeutet, dass die Akteure auf der Gemeindeebene nicht als versicherheitlichende Akteure benutzt werden können. Gleichzeitig aber muss betont werden, dass auch sie natürlich mit dieser Politik und ihren Folgen ständig konfrontiert werden und dadurch auch dazu ‚gezwungen' werden, Stellung dazu zu beziehen. Für die Zwecke dieser Untersuchung wurde die Lage von zwei Grenzgemeinden analysiert, Lubaczów und Medyka, um an ihrem Beispiel die typischen Berührungspunkte von Politik und Verwaltung auf der Gemeindeebene mit der EU- und Versicherheitlichungspolitik als auch deren Reaktion auf diese Probleme aufzuzeigen. Anhand dieser Untersuchungen konnte ein sich wiederholendes Muster festgestellt werden, nach dem die polnischen Grenzgemeinden mit der Politik der Versicherheitlichung in Berührung kommen. Aufgrund ihrer rechtlichen Situation und der Stellung im polnischen administrativen System haben die Gemeinden keine Möglichkeiten, die sie betreffenden Entscheidungen aus dem hier untersuchten Bereich mit zu beeinflussen. Auch wenn die Entscheidungen über die Einführung eines neuen Visa-Regimes bzw. den Ausbau und die Veränderung der Handlungsabläufe an den Grenzübergängen schwerwiegende Folgen für die betroffenen Gemeinden haben, so werden sie als Elemente der Politik der Versicherheitlichung der Grenze auf anderen Ebenen getroffen, und den Vertretern der Gemeinden stehen keine Mittel zur Verfügung, dagegen vorzugehen. Aus diesem Grund nehmen die Gemeinden in diesem Verhältnis die Rolle eines passiven Beobachters dieser Politik ein (sie selbst sehen sich oft als Opfer dieser Situation) – das Gefühl, bei den wichtigsten Entscheidungen übergangen zu werden ist nicht nur unter den Grenzbewohnern stark präsent, sondern auch unter den Vertretern der Verwaltung auf der Gemeindeebene weit verbreitet. Oft distanzieren sich Beamte dieser Ebene vom offiziellen politischen Diskurs der Versicherheitlichung; in Gesprächen wird die in Polen seit der Zeit des Sozialismus gängige Machtlosigkeit gegenüber der Staatsmacht aufgegriffen, oft ausgedrückt durch „uns" als der breiten Masse des Volkes und „sie" als den Regierenden, die mit solchen Problemen nicht konfrontiert werden wollen:

> Natürlich habe ich versucht, es den Menschen auf unseren Treffen zu erklären – es ist eine Verordnung sozusagen höheren Grades, na was können wir hier machen? Was kann ich bspw. mit einem Minister über diese Normen reden, nicht wahr (...). [WE-13]

Es wird deutlich, dass sich diese Beamten eindeutig als Vertreter der Interessen der lokalen Gemeinde verstehen und diese den Interessen des Staates, der hier als ‚weit entfernt' erscheint und keine klare Form annimmt, vorziehen. In kontroversen Fällen, die die Existenzgrundlage ihrer Gemeinde zu erschüttern drohen, stellen sich die Beamten auf die Seite der Grenzbewohner, die sie repräsentieren:

> Die Menschen haben mich verstanden, weil ich doch von hier bin, ich bin hundertprozentig bei ihnen, auch aus diesem Grund, weil das alles, alle diese mit der Schließung der Grenze verbundenen Probleme, vor allem diese materieller Natur, letztendlich bei mir landen und deswegen verstehen die Menschen, dass ich es ehrlich meine. [WE-13]

Ein ähnlich ambivalentes Verhältnis zur Politik der Versicherheitlichung demonstrieren auch die Vertreter der Stadtverwaltungen aus der Region. Typisch in diesem Zusammenhang ist der Fall der Stadt Przemyśl, in der viele Menschen mit Grenzhandel ihren Unterhalt verdienen:

> (...) die Anzahl der Industrieanlagen, die Anzahl der Händler haben sich verringert (...). Wir haben Analysen durchgeführt, die zeigen, wie die Arbeitslosigkeit in den letzten Jahren gewachsen ist. (...) Das spüren besonders die Leute, die vorher dort gearbeitet haben, die über die Grenze gegangen sind, die die in der Wechselstube und den Kneipen gearbeitet haben. Wenn man jetzt, vor einigen Tagen, über die Grenze nach Lviv fährt, sieht man auf beiden Seiten der Grenze leere Lokale, die vorher Schnellrestaurants waren. Für die es jetzt keine Kundschaft mehr gibt. Es gibt keinen Verkehr, der Verkehr ist gestorben. Diejenigen, die davon getroffen wurden, die kommen zu uns (...). [WE-P-1]

Aus dieser Erfahrung resultiert auch eine Haltung, die als bedingte Akzeptanz der Politik der Versicherheitlichung der Grenze charakterisiert werden kann – es wird verstanden, dass diese einen Teil eines größeren Ganzen darstellt, gleichzeitig aber, mit Hinblick auf die durch sie verursachten negativen Entwicklungen in der Grenzregion, werden von der Zentralregierung rekompensierende Maßnahmen erwartet:

> Administrativ, so scheint es, müsste der Staat die Folgen ein bisschen zu mildern versuchen (...) auch wenn die EU-Grenze das vielleicht erzwingt, dass unsere Regierung solche Entscheidungen trifft (...). [WE-RZ-1]

Damit werden meist Geldtransfers für die Sozialprogramme, berufliche Weiterbildung etc. gemeint, aber nicht nur – in der Region wird oft die starke Konzentration auf die Sicherheitsfunktion der neuen Grenze beklagt, bei der ihre potenziell verbindende Funktion untergeht:

> (...) die Undurchlässigkeit der Grenze und Einführung von zusätzlichen Vorschriften, wo gleichzeitig keine ausgleichenden Mechanismen eingeführt wurden... Das heißt, auf der einen Seite machen wir die Grenze dicht, aber wir werden die Grenzübergänge nicht ausbauen, wir bauen keine neuen Terminals (...). Wenn wir heute von der Abdichtung der Grenze reden, dann dürfen wir nicht vergessen, dass diese ganze Politik sich ganz unter-

schiedlich auf, sagen wir mal, westpolnische Regionen ausgewirkt hat und ganz anders auf uns. Hier war die Grenze, v.a. in den Grenzstädten, in denen es sonst nichts gibt, keine Arbeitsplätze, schon immer ein Sicherheitsventil gewesen... und hier sollten irgendwelche Ausgleichsmechanismen geschaffen werden. Ich rede nicht von irgendwelchen besonderen Mechanismen, aber von solchen, die den Woiwodschaften an der östlichen Mauer oder solchen Städten wie Przemyśl eine Chance geben würden (...). [WE-P-1]

Die Einführung der Regelung über den Kleinen Grenzverkehr zwischen Polen und der Ukraine (2009) darf in diesem Zusammenhang als Antwort der polnischen Zentralregierung auf die aus der Region kommenden Signale über die Verschlechterung der wirtschaftlichen Lage im Grenzraum betrachtet werden.

Die oben beschriebene ambivalente Haltung mancher regionaler Akteure zur Politik der Versicherheitlichung wirft die Frage nach ihrerseits unternommenen Versuchen auf, dieser vorzubeugen bzw. ihre Folgen abzuschwächen und Gegendiskurse zu entwickeln. Hier darf festgestellt werden, dass sich aufgrund ihrer Verankerung im polnischen administrativen Gefüge die Spielräume, über die diese Akteure verfügen, dürftig darstellen:

> Ich habe getan was ich konnte, ich habe ein, zwei Schreiben verfasst an die Sejm-Abgeordneten, an den Premierminister, der Gemeinderat hat eine Resolution verabschiedet (...). Ich habe auch zwei Sejm-Abgeordnete hierher eingeladen, sie haben sich mit den Bewohnern getroffen, aber auch sie sagen: Wir versuchen es zwar, aber auch wir sind hier machtlos. [W 13,12]

Die Möglichkeiten der regionalen Akteure erschöpfen sich eigentlich im Appellieren an die Entscheidungsträger aus Warschau (bzw. ihre regionalen Vertreter, wie den Woiwoden). Auch dies resultiert in einem Spannungsverhältnis mit den Repräsentanten der staatlichen Administration, die diesbezüglich (wie bereits gezeigt) eine ganz andere Position vertreten:

> (...) all diese Vertreter der Selbstverwaltungen in der Nähe der Grenze, die „gute Onkel" spielen wollten, haben irgendwie, auch wenn vielleicht nicht direkt, den Verstoß gegen das Gesetz akzeptiert. Das ist für mich eine Tatsache, die belegt, dass diese Menschen bei uns oft nicht verstehen können, dass Regionalpolitik und Regierungspolitik zwei unterschiedliche Sachen sind. (...) Was ist das für eine Erklärung, dass jemand an die Grenze geht, weil er dadurch seinen Unterhalt verdient? Wir können in unserem Staat aus der Sicht der Administration Gesetzesverstöße nicht tolerieren. [WE-11]

Die Position der regionalen Akteure wird zusätzlich dadurch geschwächt, dass sie oft keine gemeinsame Sprache finden können. Sie sind auch zu schwach, um ihre Position einer breiteren Öffentlichkeit zu präsentieren – die wohl einzige, wenn auch bemerkenswerte Ausnahme, stellen Werbestrategien der östlichen

Woiwodschaften dar, mit denen sie seit einigen Jahren versuchen, neue Bilder ihrer Regionen zu etablieren (vgl. 5.2).

Die Analyse der Umsetzung der polnischen Migrationspolitik in den Grenzregionen lässt darauf schließen, dass diesbezüglich die Positionen der polnischen Staatsorgane bei weitem nicht so eindeutig sind, wie es die offiziellen Dokumente nahelegen würden. Es wird gerade auf regionaler Ebene deutlich, wie sehr die Akteure dort versuchen, eine Balance zwischen der Umsetzung der EU-Vorgaben einerseits und der Gewährleistung der regionalen Interessen andererseits zu bewahren. Gleichzeitig wird sichtbar, dass diejenigen Akteure, die nicht selbst an ihrer Umsetzung beteiligt sind (weil sie die territoriale Selbstverwaltung repräsentieren), sondern vielmehr oft direkt ihre Folgen erfahren, auch deutlich öfter ihre Zweckmäßigkeit (aus der Sicht der vertretenen Regionen bzw. Gemeinden) anzweifeln, dabei aber zu schwach sind, um einen besser hörbaren Gegendiskurs zu entwickeln.

4.3.3.2 Grenzüberschreitende Zusammenarbeit

Angesichts der fortgeschrittenen Versicherheitlichung des östlichen Grenzabschnitts scheinen sich die Umstände für die Entwicklung der grenzüberschreitenden Zusammenarbeit mit den ukrainischen Nachbarregionen sehr ungünstig zu gestalten. Genau diese wird jedoch in der „Entwicklungsstrategie der Woiwodschaft Karpatenvorland für die Jahre 2007-2020" (dem aus der Perspektive der Entwicklungspläne der Region wichtigsten Dokument) als zentraler Entwicklungsfaktor und wichtigste Zielsetzung genannt.

Die Implementierung der Politik der Versicherheitlichung hat v.a. diejenigen Branchen der regionalen Wirtschaft getroffen, die von der Grenze als Ressource abhängig sind, wie Tourismus und Handel. Die Zahlen der aus der östlichen Richtung ins Karpatenvorland kommenden Touristen sind tatsächlich in Folge des Schengen-Beitritts zurückgegangen:

> (…) in den früheren Jahren, als es keine Visa gab, machten die Ukrainer im Bieszczady-Gebirge im Winter praktisch 70 Prozent der Touristen aus. In diesen Hotels gab es fast nur Ukrainer. Jetzt, mit den Visa, war alles leer. (…) Also, das hat auf der einen Seite bestimmt die Interessen der EU hier gesichert, aber auf der anderen Seite hat es eine Art Mauer zwischen uns und den Ukrainern errichtet. [WE-10]

Allerdings hat auch hier die Einführung des Kleinen Grenzverkehrs dazu beigetragen, dass sich die Lage schnell erholt hat und die Zahlen der Touristen in der

Region, auch der Anteil der Ukrainer, seit einigen Jahren kontinuierlich ansteigen (*Abbildung 5*).

Abbildung 5: Ausländische Touristen im Karpatenvorland

	2005	2006	2007	2008	2009	2010	2011	2012	2013
insgesamt	62.1	64.1	66.2	62.8	62.9	68.0	69.9	76.5	95.3
davon Ukrainer*	37,8	35,8	k.A.	31,7	27,3	26,2	24	29	36

*-in Prozent
Quelle: Główny Urząd Statystyczny (eigene Abbildung)

Die Entwicklung der grenzübergreifenden Kooperation mit der Ukraine stellt wie erwähnt eine der Prioritäten der regionalen Akteure auf allen Verwaltungsebenen dar, was in den Interviews öfters betont wird:

> Die Ukraine ist generell gesehen der strategische Partner der Woiwodschaft Karpatenvorland. (…) Wir wissen, dass sie als unser direkter Partner absolut unabdingbar notwendig ist und sich die Verwaltungen, angefangen von der Ebene der Gemeinden, alle kontaktieren. [WE-10]

Die Woiwodschaftsbehörden versuchen seit Jahren konsequent und unabhängig, sowohl von den Bemühungen auf der Regierungsebene als auch jenseits der Politik der Versicherheitlichung, eine Politik der Annäherung an den östlichen Nachbarn zu führen. Diese wird willkommen aufgenommen, was darauf schließen lässt, dass auf beiden Seiten der Grenze das Verständnis dafür überwiegt, dass sowohl „Polen als auch die Ukraine einfach aufeinander angewiesen sind" [WE-10]. Allerdings wird die Lage durch die unklare politische Situation in der Ukraine verkompliziert – die innenpolitische Struktur des ukrainischen Staates mit ihrer unklaren Machtverteilung und schwacher Position der regionalen Ebene stellt einen Faktor dar, der von den polnischen Akteuren seit Jahren beanstandet wird:

> Also die Ukraine hat vor allem Probleme mit sich selbst. Und es ist ein Problem für uns mit wem und wie wir jetzt reden sollten, was bspw. den Bau der neuen Bahnstrecken angeht. Das Präsidentenlager, das Regierungslager, die Stahlindustrie, die Regionsverwaltung... Also, es bedarf mühsamer Gespräche. [WE-11]

Die Tatsache, dass im ukrainischen politischen System den Regionen wenig Kompetenzen zugewiesen werden und sie mit geringen finanziellen Mitteln ausgestattet sind, führt zu Komplikationen vor allem bei der Zusammenarbeit der Gemeinden und Städte:

> Ihre Verwaltungen haben eine sehr geringe finanzielle Eigenständigkeit, sie können dort eigentlich nicht selbst über das Geld entscheiden, alle Mittel werden ihnen zugewiesen. Unsere Verwaltungen haben ca. 50 Prozent an Eigeneinnahmen und sie – null. Da gibt es eine ganz andere Hierarchie, dort ist die Regionalverwaltung hinter der Regierungsadministration. [WE-4]

Diese Situation bedingt eine deutliche Einengung der Möglichkeiten zur Aufnahme der Kooperation, wie auch ihrer Formen; da den ukrainischen Gemeinden finanzielle Mittel fehlen, können viele gemeinsame Projekte nicht realisiert werden. Die Vertreter der Regionalverwaltung beklagen die Tatsache, dass in dieser Situation oft nur die sog. weichen Projekte umgesetzt werden, was im starken Kontrast zu den Erfahrungen von der deutsch-polnischen Grenze und des dort entwickelten (und im Karpatenvorland erwünschten) Modells der grenzübergreifenden Kooperation steht:

> Während dort [an der Grenze zu Deutschland] die Verwaltungen kooperierten, die Unternehmer zusammenarbeiteten und dieses gemeinsame Errichten der kulturellen Kontakte möglich war (…) und verschiedene Projekte erfolgreich realisiert werden konnten, beschränkt sich das hier immer noch auf die Kontakte dieser Art, dass entweder was gesungen oder Fußball gespielt wird […]. [WE-8]

Es ist deutlich schwieriger den Einfluss zu bestimmen, den der Prozess der Versicherheitlichung auf die Entwicklung der grenzüberschreitenden Kooperation zwischen den polnischen und ukrainischen Regionen ausgeübt hat. Diese Zusammenarbeit nimmt wie gezeigt verschiedene Formen an und wird auf mehreren Ebenen realisiert, so dass es schwierig ist, ein eindeutiges Urteil zu fällen. Dieser Prozess hat die Zusammenarbeit in verschiedenen Bereichen sicher erschwert, wie die Betroffenen selbst erklären:

> Vor den Visa war es einfacher, vor dem polnischen EU-Beitritt, vor Schengen war es viel einfacher. In diesem Moment beschweren sich die Unternehmer, dass sie Schlange stehen, die Banker, Beamten beschweren sich, auch die Hochschullehrer, die in der Ukraine unterrichten oder die Studenten – diese Visa und die Schlangen sind ein Problem. (…) Das ist daher dieser Moment, dass die Visa die individuellen Beziehungen zwischen den Unternehmern verschlechtert haben, die jetzt ab und zu bei mir anrufen und sich beklagen, dass sie schon wieder in dieser Schlange stehen müssen und dadurch ihre Glaubwürdigkeit verlieren. [WE-10]

Gleichzeitig sei an dieser Stelle angemerkt, dass das in der obigen Aussage beschriebene Problem, das durchaus als eine der Konsequenzen von Versicherheitlichung der östlichen Grenze betrachtet werden kann, die Lage der regionalen Akteure zwar kompliziert, die Zusammenarbeit aber nicht verhindert. Deutlich gefährlicher erscheinen in diesem Zusammenhang, so sehen es die regionalen Akteure selbst, die bereits erwähnten Probleme finanzieller oder politischer Natur, die jedoch wenig mit der Durchlässigkeit der Grenze zu tun haben.

Aus der Perspektive regionaler Akteure betrachtet stellt die Grenzlage der Region eine Chance für die wirtschaftliche Entwicklung dar, deren Nutzung sich jedoch aufgrund der Ballung einiger ungünstiger Faktoren als schwierig gestaltet. Zwar hat die EU-Mitgliedschaft Polens weitgehend die wirtschaftliche Situation der Region geändert und ihr zum schnellen Wachstum verholfen, doch dies trifft auf den potenziellen Partner bei der grenzüberschreitenden Zusammenarbeit, die ukrainischen Regionen, nicht mehr zu. Die sich hier in den letzten Jahren abzeichnende Asymmetrie verkompliziert die Situation ungemein; viele der von den polnischen regionalen Unternehmern erwünschten Projekte können nicht umgesetzt werden, weil die ukrainische Seite nicht den notwendigen Eigenanteil aufbringen kann. Ein anderes Problem betrifft die Auswirkungen der Versicherheitlichung der Grenze auf die regionale Wirtschaft, hier sind aber hauptsächlich die Kleinunternehmer gemeint, die im Grenzhandel tätig sind.

4.4 Zwischenfazit

Die in diesem Kapitel präsentierten Untersuchungen hatten zur Aufgabe, die Muster der Umsetzung der Politik der Versicherheitlichung auf regionaler Ebene in den Praktiken der Akteure aus Politik und Verwaltung zu analysieren. Darüber hinaus sollten auch die Perspektiven dieser Akteure auf diese Politik aufgezeigt und die Frage nach den Folgen der Implementierung dieser Politik auf das Funktionieren der regionalen Wirtschaft und insbesondere der grenzübergreifenden Zusammenarbeit mit den ukrainischen Regionen erörtert werden. Bereits die ersten Analysen haben die Arbeitshypothese von großen Unterschieden im Verhältnis einzelner Akteure zu den Zielen und gar der Zweckmäßigkeit dieser Politik bestätigt. Die Untersuchungen bestätigen, dass für die Reaktion eines jeweiligen Akteurs auf diese Politik die von ihm im administrativen Gefüge belegte Position ausschlaggebend ist, d.h. die Fragen 1) ob die Sicherheitsfragen zu seinem Aufgabenbereich gehören und 2) ob er einen Teil der zentralen Verwaltung darstellt oder aber der regionalen Selbstverwaltung angehört. Während bei den Sicherheitsakteuren aus Polizei und Grenzschutz eine trotz einiger kritischer

Bemerkungen nahezu bedingungslose Unterstützung dieser Politik festgestellt werden konnte (die sich mit dem Charakter dieser Behörden erklären lässt), gestaltet sich die Situation der Akteure aus Verwaltung und Politik viel komplexer. Hier ist die Unterstützung für diese Politik unter den Vertretern der zentralen Administration in der Region am größten. Diese Beamten betrachten sich selbst meistens nicht als Repräsentanten der Region, sondern berufen sich auf die Interessen des Staates, die es zu vertreten gelte. Für sie stellen demnach die Direktiven aus Warschau den wichtigsten Bezugspunkt dar, und in dem stark hierarchischen staatlichen Apparat gibt es keinen Platz für Interpretationen und Verhandlungen über die Ziele, Aufgaben etc. Darüber hinaus konnte festgestellt werden, dass diese Akteure den zentralen Sicherheitsdiskurs weitgehend internalisiert haben, im Gegensatz zu den Vertretern der regionalen Selbstverwaltung. Letztere stellen eine Gruppe dar, die mit dem Verlauf und den Folgen der Versicherheitlichung am wenigsten einverstanden ist. Diese Akteure sollen in mehreren Bereichen die Vorgaben dieser Politik umsetzen und an ihrer Entstehung aktiv teilnehmen, wodurch sie selbst zu Sicherheitsakteuren werden. Gleichzeitig jedoch haben sie kaum Möglichkeiten, die Gestalt und Richtung dieser Politik mit zu beeinflussen, was dazu führt, dass sie quasi auf die Rolle eines Werkzeugs degradiert werden und, wie zahlreiche Interviews belegen, sich selbst eher als Objekte denn Subjekte dieser Politik begreifen. Diese Situation könnte theoretisch in Versuchen eines Widerstands gipfeln, die Möglichkeiten dafür sind jedoch, wie angemerkt, stark begrenzt. In den meisten Fällen beschränken sie sich auf Petitionen an die Zentralregierung bzw. Treffen mit deren Vertretern (wie dem Woiwoden), in denen die Probleme der Region präsentiert werden.

5 Diskursive Konstruktionen des polnischen Ostens

Die im vierten Kapitel präsentierten Ausführungen zur Veränderung der untersuchten Grenzregion durch die Migrationspolitik konzentrierten sich auf nur eine Dimension dieses Prozesses. Den Hauptpunkt des Interesses bildeten die Verlagerung der Rollen der regionalen Akteure und die Herausbildung neuer Handlungsabläufe und Leitbilder. Doch diese Prozesse werden auch durch die Herstellung der Sicherheit auf diskursiver Ebene begleitet – in politischen, wissenschaftlichen und medialen Diskursen. Dieser Dimension der Versicherheitlichung der Region Karpatenvorland widmet sich das folgende Kapitel, in dem insbesondere den Fragen nachgegangen wird, welche Bilder von der Region (und allgemeiner auch von Ostpolen) und der Grenze in polnischen öffentlichen und akademischen Diskursen bestehen und wie das Karpatenvorland, die polnisch-ukrainische Grenze und Migration in nationalen und regionalen Medien konstruiert werden. Es soll auch untersucht werden, inwieweit der Sicherheitsdiskurs zum Bestandteil dieser Narration geworden ist.

Im Folgenden widmen sich die Ausführungen zunächst den im akademischen Diskurs dominierenden Bildern von Ostpolen (5.2). Diese werden als ein Teil eines breiteren polnischen Diskurses über den Osten verstanden; es wird allerding auch gezeigt, dass sie mit dem in Polen dominierenden Modernisierungsparadigma sehr stark verzahnt sind. Der Abschnitt 5.2 untersucht die medialen Konstruktionen Ostpolens, insbesondere der Untersuchungsregion.

5.1 Methodische Anlage der Untersuchung und Forschungsprozess

Die Forschungsfrage, die das Erkenntnisinteresse dieser Untersuchungen organisiert hat, betraf insbesondere die mediale Prägung der mit der Grenze verbundenen Phänomene. Es sollte untersucht werden, welches Bild von der Region in den polnischen Medien konstruiert wird und welche Leitbilder dabei bestehen. Von den Vorarbeiten zur Geschichte der untersuchten Woiwodschaft Karpatenvorland ausgehend, wurden zwei Arbeitshypothesen bezüglich ihrer Darstellung in den polnischen Medien formuliert. Die erste von ihnen besagte, dass das Karpatenvorland in Polen hauptsächlich unter dem Gesichtspunkt seiner inzwischen schon sprichwörtlichen Armut betrachtet wird und das Bild vom armen Osten auch im medialen Diskurs reproduziert wird. Die zweite Hypothese betraf die mediale Darstellung der potenziellen Folgen des Versicherheitlichungsprozesses. Da sich das Karpatenvorland seit mehreren Jahren unter dem Einfluss der Versicherheitlichung befindet, die hier einen besonders großen Umfang angenommen hat und sich manchmal direkt auf mehrere Bereiche des Funktionierens der Region auswirkt, wurde angenommen, dass auch die mediale Berichterstattung über diese Region diese neuen Entwicklungen widerspiegeln müsste und zunehmend von Sicherheitsfragen geprägt wäre.

Die im vorliegenden Kapitel präsentierten Untersuchungen zum medialen Diskurs haben sich an dem von Reiner Keller entwickelten Ansatz der wissenssoziologischen Diskursanalyse orientiert (vgl. Keller 1998, 2004, 2006, 2008). Als Kontextinformationen wurden zusätzlich wissenschaftliche Arbeiten zur polnischen Regional- und Migrationspolitik, zur Geschichte und zu soziokulturellen Prozessen in der Region Karpatenvorland und zur Europäisierung der polnischen Politik herangezogen. Die empirische Grundlage der Untersuchung bildeten Zeitungs- und Zeitschriftentexte aus der Zeitperiode 1990-2014. Da eine Feinanalyse aller Aussageereignisse aus der untersuchten Periode zu aufwendig gewesen wäre, wurde das Datenkorpus eingeschränkt. Das wichtigste Kriterium der Auswahl der Titel zur Analyse war die Auflagenhöhe[95], es wurde aber versucht, durch die Wahl der Titel die Deckung eines möglichst breiten Spektrums des politischen Diskurses (von rechts-konservativen bis zu links bzw. liberal orientierten Zeitungen) zu gewährleisten. Es wurden nur solche Zeitungen ausgewählt, die auch als Qualitätszeitungen (eng. *quality papers*) bezeichnet und von der polnischen Mittelschicht gelesen werden[96]. Die Entscheidung fiel auf vier Titel – „Gazeta Wyborcza" und „Rzeczpospolita" sind die auflagenstärksten und wichtigsten Tageszeitungen Polens, die auch über tägliche Lokalausgaben („Gazeta Wyborcza") und mehrere thematische Beilagen verfügen („Rzeczpospolita"). „Dziennik" war in der gesamten Periode seines Erscheinens die füh-

---

[95] Laut den Ergebnissen eines Berichts, der von *Izba Wydawców Prasy* für *World Press Trends* im Jahr 2005 vorbereitet worden ist, war „Gazeta Wyborcza" mit einer Auflage von 585.708 die zweitgrößte Tageszeitung Polens (hinter dem Boulevardblatt „Fakt") und „Rzeczpospolita" die fünftgrößte (244.598). Unter den Wochenzeitungen war „Polityka" die auflagenstärkste mit einem Verkauf von ca. 147.000 Exemplaren pro Ausgabe (Daten nach der polnischen Auflagenkontrolle vom Januar 2009).

[96] Aus diesem Grund wurden die Boulevardzeitungen „Fakt" (die mit ihren 500.000 verkauften Exemplaren pro Ausgabe die auflagenstärkste Tageszeitung in Polen ist) und „Super Express" (200.000) in vorliegender Analyse nicht berücksichtigt.

rende Tageszeitung in Polen; „Polityka" schließlich gilt als die wichtigste meinungsbildende Wochenzeitung.

In das Datenkorpus wurden alle Artikel aus den oben genannten Zeitungen aufgenommen, die zwischen 1990 und 2014 erschienen sind und in: 1) *Headline*, 2) *Subline*, 3) Dachzeile, 4) *Lead* oder im 5) Text einen Bezug auf *Karpatenvorland* bzw. die *Grenze* beinhalteten. Als Analyseeinheit wurden nur solche Beiträge behandelt, die redaktioneller Natur waren; auf die optischen Merkmale wurde dabei nicht geachtet, da hauptsächlich mit Internet-Archiven gearbeitet wurde, in denen die Artikel meistens ohne Bilder gespeichert werden. Die Artikelselektion erfolgte unabhängig von der Rubrik in der ein Artikel erschienen ist, wobei Anzeigen, Horoskope, Leserbriefe und Ähnliches nicht berücksichtigt wurden. Nach der Materialerhebung wurde das Material innerhalb der angelegten Samples systematisch untersucht, wobei sich in diesem Prozess die Vorschläge aus dem Forschungsprogramm der *Grounded Theory* (Strauss/Corbin 1996) als hilfreich erwiesen. Der nächste Arbeitsschritt bestand in der Anfertigung von Kurzbeschreibungen zum Inhalt eines jeweiligen Artikels als auch einer Matrix, die die dort benutzten symbolisch-rhetorischen Mittel charakterisieren würde. In einem nächsten Schritt des Kodierens wurden allgemeinere Kategorien gebildet – aus den Ergebnissen dieses Prozesses konnten die Bestandteile des Interpretationsrepertoires gewonnen werden. Den Vorschlägen von Keller folgend (Keller 1998), wurde nach den konkreten rhetorischen Figuren, den Akteuren und den Plots der jeweiligen Geschichte gesucht, um die Wertestruktur der Narration mit Inhalten und Wertungen zu füllen. Schließlich im nächsten Schritt konnten Hauptkategorien gebildet werden, denen danach die jeweiligen Diskurse zugeordnet worden sind.

Im Folgenden werden die Ergebnisse dieser Analyse präsentiert. An einigen Stellen stützt sich der Text auch auf die wissenschaftliche Literatur, die – wie erwähnt – zur Vertiefung bzw. Lieferung von Hintergrundinformationen diente.

5.2 Der polnische Osten in akademischen und politischen Narrationen

Eine Analyse der polnischen öffentlichen und wissenschaftlichen Diskurse zu Ostpolen offenbart das ihnen zugrundeliegende Denken in den Kategorien einer Dichotomie von Ost und West. Dabei wird insbesondere die vermeintliche ‚Andersartigkeit' der östlichen Teile Polens hervorgehoben; ihre Rückständigkeit im Vergleich zum Rest des Landes wird zum alles bestimmenden Motiv dieser Diskurse, sie wird als gegeben betrachtet und untersucht (Kolasa-Nowak 2013).

Diese Konstruktion stellt keinesfalls ein exklusives Charakteristikum der innerpolnischen Diskurse über den (wie auch immer imaginierten) ‚Osten' dar. Vielmehr ist sie auf eine paradigmatische Wende im Verhältnis zu Osteuropa zurückzuführen, die sich im westlichen Teil des Kontinents im späten 18. Jahrhundert vollzogen hat. Zu jenem Zeitpunkt begannen die westeuropäischen Intellektuellen unter dem Einfluss des aufklärerischen Gedankens, den europäischen Osten als „quasi Schatten des aufklärerischen Europas, den halb-barbarischen Raum" (Babkou 2013: 11) zu imaginieren. In den Schriften der Geographen, Reisenden, Schriftsteller etc. vollzog sich ein Prozess „einer imaginierten Grenzziehung zwischen einem östlichen, das heißt rückständig peripheren, wenn nicht barbarischen Teil Europas und einem fortschrittlichen, modernen und zivilisierten westlichen Teil" (François et al. 2007: 9; vgl. auch Melegh 2006; Wolff 1994). Diese Konstruktion wurde auch in Polen übernommen, obgleich man sich dort verständlicherweise immer geweigert hat, zum „Osten" gerechnet zu werden. Dementsprechend spielte in den polnischen politischen, akademischen und öffentlichen Diskursen der letzten zwei Jahrhunderte die Vorstellung von Polen als einem Land zwischen Ost und West, einem Vermittler zwischen diesen zivilisatorischen Kreisen, eine bedeutende Rolle. In dieser Konstruktion kommt dem „Osten" die Rolle eines negativen Bezugspunktes zu, von dem es sich zu distanzieren gilt.

Die Dauerhaftigkeit dieser Konstruktionen ist besonders gut am Beispiel der Entwicklung der wissenschaftlichen Debatten über den polnischen Osten festzustellen, zu der es in der Zeit nach 1989 gekommen ist. Eines der Themen, die diese Diskussionen bestimmten, betraf die Folgen der Systemtransformation für die polnische Gesellschaft. In diesem Zusammenhang hat sich in den polnischen politikwissenschaftlichen und soziologischen Analysen der Topos des „zweigeteilten Polens" etabliert (Kolasa-Nowak 2013: 98 ff.): Dieser Diagnose zufolge resultierte die Transformation in den 1990er Jahren in der Herausbildung einer Trennlinie, welche die polnische Gesellschaft entlang der ökonomischen Achse in die Gewinner und die Verlierer dieses Prozesses teilte (Marody 1996). Das Endergebnis dieser Entwicklung wird von der Soziologin Anna Giza-Poleszczuk folgendermaßen zusammengefasst:

> „(...) es hat sich ein modernes, kosmopolitisches, gut verdienendes und die Welt bereisendes Polen herausgebildet. Auf der anderen Seite tritt immer stärker ein anderes Polen zum Vorschein – ein Polen, das zurückgeblieben ist: traditionell, landwirtschaftlich, marginalisiert. Eine Reise zwischen Warschau und einem Dorf aus dem Nordosten Polens gleicht einer Zeitreise." (Giza-Poleszczuk 2004: 265)

Ohne an dieser Stelle mit einer Diskussion auf diese Diagnose einzugehen, sei darauf hingewiesen, dass dieser Diskurs über die Folgen der Systemtransformation (für den das obige Zitat sehr repräsentativ ist) sich durch ein stark normatives Verhältnis zu diesem Prozess charakterisiert. Die Transformation der neunziger Jahre wird hauptsächlich als eine Art nachgeholte Modernisierung betrachtet. Die Übernahme westlicher Muster wird dafür als einzig richtiger Weg betrachtet (Bondyra 2002). Bezogen auf die polnische Gesellschaft wurde eine Erwartung formuliert, sie müsse sich bestimmte zivilisatorische Kompetenzen aneignen, wodurch sie auch in dieser Hinsicht den westlichen Gesellschaften näherkommen würde (Sztompka 1997). Jegliche Abweichungen von dieser Linie werden als Ausdruck mangelnden Verständnisses für die modernen Entwicklungstrends und als Beweis des Versagens kritisiert. Die im oben angeführten Zitat exemplifizierte Neigung zur Einteilung verschiedener gesellschaftlicher Gruppen in die Gewinner der Transformation (d.h. diejenigen, die den Übergang in die Moderne geschafft haben) und den ‚ganzen Rest', überschneidet sich in diesem Diskurs sehr oft mit der bereits erwähnten räumlichen Aufteilung Polens entlang einer Nord-Süd-Achse. In diesem Zusammenhang hat Tomasz Zarycki in seiner Kritik diesem Diskurs einen starken „Kulturalismus" attestiert (Zarycki 2013b: 188): Den Einwohnern der östlichen Regionen Polens werden bestimmte (sie vermeintlich charakterisierende) kulturelle und psychologische Eigenschaften zugeschrieben, die sie für den notwendigen Modernisierungsprozess ungeeignet machen. Diese dienen aber auch als Erklärung bspw. niedriger wirtschaftlicher Effektivität der betroffenen Regionen. Es ist bezeichnend, dass Elemente dieses Diskurses sowohl in medialen Narrationen (vgl. 5.3) als auch in den Aussagen der Experten und Politiker zu finden sind. Beispielhaft dafür ist insbesondere der in den polnischen regionalwissenschaftlichen Studien vorherrschende Diskurs. Die Regionen Ostpolens werden dort aufgrund ihrer infrastrukturellen Probleme, ihres niedrigeren Urbanisierungsgrads bzw. des hohen Anteils der landwirtschaftlichen Produktion als im Vergleich zum Rest des Landes ‚rückständig' betrachtet. Vergleichende Analysen der wirtschaftlichen Entwicklung der östlichen und westlichen Regionen des Landes betonen Vorteile der Letzteren, erklären diese aber nicht etwa mit ihrer besser entwickelten Infrastruktur, günstigeren Lage etc., sondern führen diese, wie erwähnt, auf vermeintliche Unterschiede in der sozialen Identität der Bewohner beider Teile des Landes zurück (vgl. Machaj 2005). Den Einwohnern Ostpolens werden Eigenschaften attestiert, die in das Bild des ‚rückständigen Ostens' hineinpassen – Traditionalismus, konservative Weltanschauung, Ablehnung moderner Entwicklungstrends etc. (Gorzelak/Jałowiecki 2010: 521). Dabei wird jedoch nicht beachtet – darauf hat Agnieszka Kolasa-Nowak hingewiesen (2013: 102 f.) – dass diese Bewertungen auf Kriterien basieren, die aus einem anderen, städtischen Kontext übernommen wurden; dies zeigt sich insbesondere an der sehr kritischen Bewertung der Formen sozialer Aktivität der Bewohner Ostpolens. Diese wird üblicherweise durch die Mitgliedschaft in formellen Organisationen gemessen, was jedoch völlig außer Acht lässt, dass in diesen Regionen v.a. traditionelle, nicht immer institutionalisierte Versammlungsformen verbreitet sind (ebd.: 102).

Die im akademischen Diskurs anzutreffenden Konstruktionen der ostpolnischen Regionen wiederholen zum großen Teil die Denkmuster, die – wie bereits angesprochen – auch in Polen eine historisch lange Tradition haben und in denen dem Osten die Rolle des ‚Anderen', des negativen Bezugspunktes zugeschrieben wird[97]. Dieses Paradigma erfreut sich großer Wirksamkeit, weshalb es wenig überraschend vorkommt, dass seine Elemente auch im politischen Diskurs sehr verbreitet sind und die Politiken gegenüber diesen Regionen weitgehend prägen. Ein Beispiel dafür sind die Entwicklungsstrategien, die für einzelne Regionen auf zentraler Ebene entworfen werden. Als erstes (und in vielerlei Hinsicht richtungsweisendes) Dokument dieser Art ist das „Operationelle Programm ‚Entwicklung Ostpolen' (für die Jahre 2007-2013)" zu nennen, das von der Europäischen Kommission im Jahr 2007 akzeptiert und dessen Umsetzung aus dem Europäischen Fonds für Regionale Entwicklung (EFRE) finanziert wurde. Diese Strategie wurde von der polnischen Regierung in Kooperation mit akademischen Kreisen und regionaler Selbstverwaltung vorbereitet. Sie identifizierte Ostpolen „aufgrund der Spezifik der sozioökonomischen Situation (…) als Bereich des besonderen Interesses der Regionalpolitik, der nach zusätzlichen Maßnahmen verlangt, die das Aufholen der Verzögerungen und Dynamisierung der Entwicklung ermöglichen" (O.V.: 5). Zwar wurde in diesem Dokument nicht präzisiert, nach welchen Kriterien die „Makroregion Ostpolen" eingegrenzt wurde, doch die Einteilung in einen „besseren" und einen „schlechteren" Teil des Landes wurde hier nicht nur nicht in Frage gestellt, sondern als gegeben betrachtet und zum Ausgangspunkt zu Überlegungen über weitere Maßnahmen genommen. Es wurde die Andersartigkeit dieses Teils des Landes betont; dabei wurde historisch argumentiert, indem sich die Autoren auf die „historischen Faktoren der Differenzierung polnischer Regionen, die einen außerordentlich dauerhaften Charakter haben" beriefen (ebd.: 4). Dem Karpatenvorland wurde das „Operationelle Programm Karpatenvorland 2007-2013" gewidmet, in dem die Rückständigkeit der Region betont wurde – als wichtigste Problembereiche wurden

---

[97] Erst seit wenigen Jahren werden diese Bilder zunehmend in Frage gestellt und in den Sozialwissenschaften unter dem Begriff des „Orientalismus" (im Sinne Edward Saids – 1981) diskutiert, vgl. Kolasa-Nowak 2013; Zarycki 2009; 2011; 2013a.

die infrastrukturelle Schwäche, geringer Urbanisierungsgrad und hoher Anteil der Landwirtschaft an der wirtschaftlichen Struktur der Region genannt (ebd.: 6). Das Ziel der Strategie war eine „Beschleunigung der Entwicklung" (ebd.: 17), die mit Hilfe der EU-Fonds erreicht werden sollte. Ganz im Sinne des angenommenen Modernisierungsparadigmas wurden hier die Akzente auf die Notwendigkeit der ‚Beschleunigung' und des ‚Nachholens' gesetzt. Diese Perspektive wird auch in späteren Dokumenten beibehalten, die alle von einer Notwendigkeit des ‚Aufholens' sprechen[98]. Sowohl im politischen Diskurs als auch in Expertenanalysen wird das Bild der rückständigen Regionen als gegeben angenommen und dient als Ausgangspunkt für die Suche nach Wegen aus diesem Zustand der Rückständigkeit und der Randlage[99]. Interessanterweise zeichnet sich diese Strategie auch durch ein ambivalentes Verhältnis zur geographischen Grenzlage der Region aus. Diese wird nicht etwa als potenziell zusätzliche Ressource der wirtschaftlichen Entwicklung gesehen, sondern – und hier ganz im Sinne des erwähnten Diskurses über den ‚Osten' – eher als Brandmal. So wird zwar Tourismus als einer der wichtigsten Entwicklungsmechanismen der Region bewertet, gleichzeitig jedoch versuchen die Autoren im gesamten Text den Begriff ‚Osten' nicht zu benutzen, ja sogar jegliche Verweise darauf zu vermeiden.

Diese Narration wurde lange Zeit auch von den Vertretern der betroffenen Regionen ohne weiteres akzeptiert. Allerdings hat die durch den EU-Beitritt ausgelöste Dynamisierung der sozioökonomischen Entwicklung der ostpolnischen Regionen auch die regionalen Akteure selbstbewusster auftreten lassen. Diese versuchen zunehmend, das bis vor Kurzem dominierende Bild des polnischen Ostens kritisch zu hinterfragen. Eine der dazu benutzten Maßnahmen stellen die Entwicklungs- und Promotionsstrategien einzelner Woiwodschaften dar, die aus Sicht der vorliegenden Arbeit ein interessantes Untersuchungsmaterial darstellen, weil sie das Verhältnis der jeweiligen Regionen zum ‚Osten' (bzw. ihrer ‚Östlichkeit') und zur ‚Grenze' zeigen. Interessanterweise wählen alle Woiwodschaften diesbezüglich unterschiedliche Positionen. Podlachien und Lublin akzeptieren (allerdings erst seit Kurzem – vgl. Zarycki 2013b: 198 f.) ihre Zuschreibung als „östliche Regionen" trotz der ihr anhaftenden negativen Assoziationen. An diesem Punkt setzen auch ihre Versuche an, Gegendiskurse zu entwickeln, wobei beide diesbezüglich unterschiedlich vorgehen. Während bspw. in der „Strategie" von Podlachien die östliche Randlage der Region ein-

---

[98] Vgl. etwa „Strategie der sozioökonomischen Entwicklung Ostpolens bis 2020", die vom Ministerium für Regionalentwicklung im Jahr 2008 erarbeitet worden ist und die Richtlinien der gegenwärtigen Entwicklung dieser Regionen bestimmt.
[99] Als repräsentativ für diesen Standpunkt dürfen u.a. die Arbeiten von Kotarski 2009, Tuziak 2009 und Wodecki 2007 genannt werden.

deutig als etwas Negatives aufgefasst wird und die Autoren der Strategie durch verschiedene diskursive Strategien versuchen, diese Region wenigstens symbolisch vom ‚Osten' abzutrennen, versucht die Woiwodschaft Lublin ihre geographische Lage gar als potenziellen Vorteil darzustellen – hier wird der Diskurs einer ‚neuen' Grenzregion entwickelt, mit starker Betonung auf ihren historisch multikulturellen Charakter; bspw. wird die Woiwodschaftshauptstadt Lublin als „Tor zum Osten" präsentiert (ebd.: 201). Das Karpatenvorland wählt hier einen ganz anderen Weg. In seiner Strategie spielt das negative Bild des polnischen Ostens keine Rolle, dies liegt aber wohl nur daran, dass dieser Begriff dort an keiner Stelle vorkommt. Auch die Teile, die der Nachbarschaft zur Ukraine gewidmet sind, wurden so geschrieben, dass der stigmatisierende Charakter der Grenzlage geschwächt wird: Bspw. wird hier nur von einer „Region, die drei Länder verbindet" gesprochen. Diese Region wählt ganz bewusst die Strategie des Ignorierens der vorherrschenden Narrative über den polnischen Osten. Die von ihr selbst entwickelte Narration konzentriert sich auf die wirtschaftliche Entwicklung der letzten Jahre; bspw. wird Rzeszów dabei als „Hauptstadt der Innovation" bezeichnet.

Die in politischen und wissenschaftlichen Diskursen in Polen gängigen Bilder der ostpolnischen Regionen haben eine sehr lange Geschichte und erfreuen sich großer Dauerhaftigkeit. Ähnlich den westeuropäischen Konstruktionen des Ostens ist auch hier ein mit negativen Stereotypen beladenes Bild entstanden, das v.a. die Funktion eines negativen Bezugspunktes für die eigene Identitätsbestimmung erfüllt. Es darf argumentiert werden, dass auch die Dominanz des neoliberalen Paradigmas der Systemtransformation in Polen nach 1989 zur Verstärkung dieses Diskurses in den öffentlichen Debatten beigetragen hat: Gemessen lediglich an wirtschaftlichen Faktoren schnitten die östlichen Regionen schlecht ab und bestätigten somit die Thesen von ihrer vermeintlichen Rückständigkeit.

5.3 Medialer Diskurs über Karpatenvorland zwischen ‚Polen B' und einer ‚dynamischen Region'

Im Gegensatz zu den im vorangegangenen Abschnitt beschriebenen Narrativen, deren Merkmal ihre große Beständigkeit ist, darf im Fall des medialen Diskurses erwartet werden, dass dieser sich durch viel größere Flexibilität charakterisieren wird und zwar dahingehend, dass er auf die in der Region voranschreitenden sozioökonomischen Prozesse viel schneller reagieren kann.

Im Folgenden soll im Wesentlichen zwei Fragen nachgegangen werden, die aus der Perspektive der vorliegenden Arbeit von besonderer Bedeutung zu sein scheinen: Erstens wird untersucht, auf welche Art und mit welchen rhetorischen Mitteln der polnische Osten im medialen Diskurs der letzten 25 Jahre konstruiert wurde, welche Rolle dabei den gängigen Bildern von ‚Polen B'[100] zukam und schließlich auch inwieweit dieser Diskurs die v.a. seit dem polnischen EU-Beitritt voranschreitenden Veränderungen widerspiegelt. Zweitens soll in diesem Zusammenhang die Frage der medialen Konstruktionen der Ostgrenze erwogen werden – hier ist es besonders wichtig zu verfolgen, wie die Prozesse der Schließung dieser Grenze dargestellt, kommentiert und legitimiert werden.

5.3.1 ‚Die Klagemauer' – Elemente des Diskurses

Die Analyse der medialen Konstruktionen Ostpolens und des Karpatenvorlandes zeigt, dass dieser Diskurs in den zurückliegenden 25 Jahren starke Veränderungen erlebt hat. Wurde er über die gesamte Dekade der 1990er Jahre durchgehend durch traditionelle, überwiegend negative Topoi dominiert, so kann seit dem polnischen EU-Beitritt im Jahr 2004 eine starke Dynamisierung der medialen Narration festgestellt und zwar dahingehend, dass insbesondere die bis dahin dominierende Narration von Polen B seitdem nach und nach durch neue Bilder herausgefordert wird – diese Veränderung wird in Abschnitt 5.3.2 beschrieben.

Es wurde in Abschnitt 5.2. darauf hingewiesen, dass dem polnischen Osten in den akademischen und politischen Diskursen die Rolle des negativen Bezugspunktes zugewiesen wurde, verglichen mit welchem die Fortschritte bei der Modernisierung anderer Teile des Landes in umso hellerem Licht erscheinen konnten. Ähnlich verhält es sich mit dem medialen Diskurs, der insbesondere in der gesamten Dekade der 1990er Jahre am Beispiel der ostpolnischen Woiwodschaften die Schattenseiten der Systemtransformation darlegte. Charakteristisch für diese Narration war die Konstruktion einer vermeintlich einheitlichen Region, des rückständigen und armen Ostens:

> Die ‚östliche Wand' ist und bleibt die polnische ‚Klagemauer'. Die niedrigste Produktivität (die letzten fünf Woiwodschaften belegen die letzten fünf Plätze in der Höhe des Pro-Kopf-Einkommens), die niedrigste Produktion (die fünf letzten Ränge) und Umfang der Dienstleistungen pro Kopf, niedriger Urbanisierungsgrad und eine wenig leistungsfähige, zerstü-

---

[100] Mit diesem Begriff, der einen eindeutig stigmatisierenden Charakter trägt, wird im Volksmund der östliche Teil des Landes bezeichnet; im Gegensatz zu ‚Polen A'.

ckelte Landwirtschaft, zeugen von der großen Distanz, die diese Region vom Rest des Staates trennt[101].

Als größtes Problem dieser Regionen wurde ihre Wirtschaftsstruktur identifiziert, die starke Abhängigkeit von den postsozialistischen staatlichen Industriebetrieben (vgl. unten) und der Landwirtschaft[102] – allesamt Faktoren, die auch in akademischen Analysen betont wurden (vgl. 5.2). Auch hier wurden alle sozioökonomischen Unterschiede zwischen den einzelnen Woiwodschaften Ostpolens beinahe vollkommen ausgeblendet; anstatt dessen wurde immer wieder der Topos der peripheren Ostwand bemüht:

> Die wesentlichen Unterscheidungsmerkmale der Ostwand sind die schlechter als in anderen Regionen entwickelte Infrastruktur, der geringere Urbanisierungsgrad, einschließlich der langsamen Entwicklung der größten Städte (...), weniger Wirtschaftseinheiten, weniger Gemeinden, die den Status einer Stadt genießen und weniger Betriebe (...).[103]

Das Zurückgreifen auf solche, dem Volksmund entstammenden Begriffe, wie ‚Ostwand', ‚Polen' bzw. ‚Klagemauer' durch diesen Diskurs erfüllt offenbar die Funktion, den Leser automatisch auf das traditionelle Bild des Ostens, samt seiner thematischen Struktur, Topoi und Interpretationsmuster, zu verweisen. Eines dieser Motive ist das der schwachen wirtschaftlichen Entwicklung, die auch in diesem medialen Diskurs zum alles beherrschenden Thema geworden ist; insbesondere in den ersten Jahren der Systemtransformation haben die polnischen Medien bezogen auf Ostpolen hauptsächlich von den auf die wirtschaftliche Struktur der Region zurückzuführenden Problemen berichtet. Sehr ausführlich wurde dabei das Thema einer starken Abhängigkeit der östlichen Woiwodschaften von den wenigen industriellen Monokulturen, die dort in Folge der sozialistischen Industrialisierung entstanden sind, behandelt. Viele dieser Betriebe haben den schwierigen Übergang in die freie Marktwirtschaft, den sie ohne die staatlichen Subventionen leisten mussten, nicht überlebt; die Welle der Konkursmeldungen, zu der es in der ersten Hälfte der 1990er Jahre gekommen ist, war überall mit verheerenden Folgen für die betroffenen Regionen und Städte verbunden, was in den Medien sehr ausführlich behandelt worden ist[104]. Ein anderes wichtiges Thema jener Jahre, das in den Medien diskutiert wurde und wohl zur Verfestigung des negativen Bildes Ostpolens beigetragen hat, war der Prozess der Auflösung der sogenannten Landwirtschaftlichen Produktionsgenossenschaften (pol.

---

[101] Balicka, Mariola: *16 kart*, „Polityka", 21.11.1998
[102] Wilczak, Jagienka: *Głową we wschodnia ścianę*, „Polityka", 01.07.2006
[103] Szot, Edmund: *Wyrwać region z marazmu*, „Rzeczpospolita", 11.06.1999
[104] Matusz, Józef: *Odbicie od dna*, „Rzeczpospolita", 25.06.2001

Państwowe Gospodarstwo Rolne – im Weiteren PGR) in den Jahren 1993-95. Diese Entwicklung hatte in solchen ländlich geprägten Regionen, wie der späteren Woiwodschaft Karpatenvorland, in der mehrere dieser Betriebe situiert waren, zur Entstehung einer großen Gruppe von Arbeitslosen geführt – ein soziales Problem, das von der Politik lange Zeit ignoriert wurde, so dass sich viele dieser oft als „Post-PGR-Landschaft" bezeichneten Regionen inzwischen zu Orten sozialer Ausgrenzung[105] entwickelt haben. Die Behandlung dieses Themas im medialen Diskurs zeichnet sich insbesondere in den 1990er Jahren durch die angewandten rhetorischen Strategien aus – in recht düsteren Tönen wurden die Schicksale der ehemaligen Arbeiter dieser Betriebe gezeichnet. Bezeichnend ist dabei der diesen Diskurs an mehreren Stellen bezeichnende Ton einer gewissen Abneigung gegenüber dieser Gruppe von Menschen – ganz im Sinne des bereits erwähnten Modernisierungsparadigmas wird ihre Situation als selbstverschuldet dargestellt, als Ausdruck ihrer Unfähigkeit zur Anpassung an die veränderte Situation. Hier tritt auch der bereits angesprochene Kulturalismus wieder zutage: Die Probleme der Region werden mit der spezifischen psychologischen Konstruktion ihrer Bewohner, die die neue Zeit nicht begriffen haben, erklärt:

> (...) Über die östliche Region legt sich die zivilisatorische und wirtschaftliche Rückständigkeit aus den Zeiten unter russischer Vorherrschaft. Dieser Rückstand ist wie ein Brandmal: Östlich der Weichsel war alles anders, die Landschaft, die Landwirtschaft und die Industrie. Vor allem aber die Mentalität der Menschen.[106]

In dieser Narration wurden all die oben beschriebenen wirtschaftlichen und sozialen Probleme der östlichen Woiwodschaften Polens als Belege für die grundlegende zivilisatorische Kluft zwischen ihnen und dem Rest des Landes interpretiert.

Die Darstellung der östlichen Teile Polens im medialen Diskurs des ersten Jahrzehnts der Systemtransformation war stark durch die traditionell negativen, stereotypen Bilder des Ostens geprägt. Die Narration zeichnete sich durch ihre sprachlich-rhetorische Struktur aus, die oft nach starken rhetorischen Mitteln griff, um ein sehr negatives Bild der armen, rückständigen Regionen zu zeichnen, die keine Entwicklungsperspektiven vor sich haben. Dieser Diskurs war in allen hier untersuchten Medien, unabhängig von ihrer politischen Ausrichtung,

---

[105] Hier, verstanden nach Kronauer (2002; 2010), beinhaltet der Begriff der sozialen Ausgrenzung im Wesentlichen drei Aspekte: den Ausschluss vom Arbeitsmarkt, der mit der Auflösung sozialer Bindungen (bzw. ihrer Einschränkung auf Kontakte zu Menschen in der gleichen benachteiligten Situation) und mit dem Verlust der sozialen Teilhabemöglichkeiten einhergeht (zur Frage der Ausgrenzung in Polen vgl. auch Bozacka 2008; Domański 2002, 2004).
[106] Wilczak, Jagienka: *Głową we wschodnia ścianę*, „Polityka", 01.07.2006

vertreten. Bezüglich seiner Entwicklung darf eine gewisse Stagnation festgestellt werden – dieselben wenigen Elemente wurden immer wieder bemüht. Aus dieser Perspektive darf der EU-Beitritt Polens als derjenige Faktor betrachtet werden, der der medialen Berichterstattung über Ostpolen neue Impulse verliehen hat.

5.3.2 Eine ‚dynamische Region'? – Zur Entwicklung des Diskurses

Nach dem EU-Beitritt Polens wurden für die ostpolnischen Woiwodschaften für die Jahre 2007-2013 im Rahmen des Operationellen Programms „Entwicklung Ostpolens" EFRE-Mittel in Höhe von 2,2 Mrd. Euro bereitgestellt, wodurch sich diesen Regionen ganz neue Möglichkeiten einer nachholenden Entwicklung eröffneten. Die dadurch ausgelöste Ankurbelung regionaler Wirtschaft wurde in den darauffolgenden Jahren zum wichtigsten Thema der medialen Berichterstattung und hat eine starke Veränderung in ihrem Charakter verursacht. Dabei waren die Vorzeichen eigentlich schlecht bzw. der mit der Beitrittsperspektive verknüpfte Optimismus hielt sich in Grenzen – noch unmittelbar davor blieben auch die im medialen Diskurs präsentierten Einschätzungen zu den damit verknüpften Entwicklungsperspektiven ostpolnischer Regionen eher verhalten[107]. Inzwischen hat sich aber angesichts der Entwicklungen der zurückliegenden zehn Jahre die Stimmung gänzlich verändert. Insbesondere die regionalen Medien übertreffen sich in Aufzählungen der Erfolge, welche darin resultieren, dass „obwohl am Karpatenvorland das Etikett von Polen B klebt, die Region intensiv ihren Rückstand aufholt"[108]. Die Folgen langjähriger Vernachlässigungen seien – so der Tenor des medialen Diskurses – nach wie vor sichtbar und das Karpatenvorland könne immer noch nicht mit anderen Teilen Polens konkurrieren, denn trotz der EU-Gelder „muss noch viel nachgeholt werden und trotz der investierten Millionen besteht die Distanz immer noch"[109]. Nichtdestotrotz überwiegen optimistische Töne: Das Nachholen der Distanz zum Rest des Landes wird eher als Frage der Zeit dargestellt. Es erfolgt (vor allem in den regionalen Ausgaben der Polen umfassenden Zeitungen) die Suche nach neuen Metaphern, die diesmal jedoch zunehmend positiv beladen sind. Als ein wichtiger Bestandteil dieses Diskurses darf der Topos des Karpatenvorlandes als Standort innovativer Technologien

---

[107] Niklewicz, Konrad: *Ostatni będą trzecimi*, „Gazeta Wyborcza", 16.05.2003
[108] Matusz, Józef: *Brama na Wschód potrzebuje autostrad*, „Rzeczpospolita", 04.12.2006
[109] Bujara, Małgorzata: *Polska Wschodnia vs. Polska powiatowa*, „Gazeta Wyborcza", 11.10.2013. Als wohl größtes Problem der Region wird in der medialen Berichterstattung der nach wie vor schlechte Zustand der Transportinfrastruktur betont – dieses Problem sollte der Bau der Via Carpathia lösen, dieser blieb aber bis Ende 2014 aus.

betrachtet werden – hier insbesondere das seit 2003 entwickelte Industriecluster, Zentrum der Luftfahrtindustrie, das sogenannte *Aviation Valley* (pol. *Dolina Lotnicza*), dessen enge Kooperation mit den universitären Einrichtungen der Region als Beispiel einer erfolgreichen Umsetzung eines zukunftsgewandten Konzeptes dargestellt wird[110]. Die Entwicklung der Region wird hauptsächlich durch Ausnutzung der EU-Fonds vorangetrieben und entsprechend große Bedeutung kommt ihnen auch im medialen Diskurs zu. Die regionalen Medien informieren über die Finanzpläne der Region, die Investitionen und ggf. auch über (durch die Trägheit der Beamten verursachte) nicht genutzte Möglichkeiten[111]. Bei der Beschreibung der Veränderung im medialen Diskurs über die ostpolnischen Regionen darf die Tatsache nicht unerwähnt bleiben, dass dieser Diskurs im Wesentlichen nach wie vor einem Paradigma verhaftet bleibt, dem zufolge die wirtschaftliche Effizienz von höchster Priorität ist. Insbesondere am Beispiel des durch die regionalen Medien entwickelten Diskurses wird sichtbar, dass die Betonung der Erfolge des letzten Jahrzehnts mit dem Ignorieren anderer Elemente einhergeht, die in dieses positive Bild nicht hineinpassen. Wie am Beispiel der Darstellung der Grenzphänomene gezeigt wird (5.3.3), werden diese Elemente aus dieser Perspektive gewissermaßen als Überbleibsel eines ‚alten' Karpatenvorlandes wahrgenommen, als etwas peinliche Erinnerung an die Vergangenheit, die es zu verdrängen gilt.

„Ein guter Ort zum Leben"?

Ein Spezifikum des regionalen medialen Diskurses über das Karpatenvorland im letzten Jahrzehnt stellt die Thematisierung der Präsenz von Ausländern in der Region dar, die eindeutig ein neues Element dieses Diskurses darstellt und damit auch repräsentativ für seine neueste Entwicklung steht. Die Tatsache, dass sich im Karpatenvorland Ausländer niederlassen, wurde von der Presse relativ spät wahrgenommen und thematisiert. Trotz der Grenzlage wurde das Karpatenvorland in Polen lange Zeit nicht als Region betrachtet, die Menschen aus dem Ausland zum Niederlassen locken könnte. Die Gründe lagen auf der Hand: die periphere Lage, allgemein als niedrig empfundene Attraktivität und lange Tradition

---

[110] Vgl. Bujara, Małgorzata: *Podkarpacia nie stać na przeciętność*, „Gazeta Wyborcza", 30.01.2009; Mach, Magdalena: *Skazani na innowację*, „Gazeta Wyborcza", 20.05.2014
[111] Dies wird meistens bereits in den Titeln der Artikel signalisiert: „Wir haben bereits 15,5 Mrd. PLN aus der Union ausgesaugt!" (GW 01.10.2012), „Die Regionen wollen mehr Euro" (GW 21.02.2013), „Man will uns EU-Fonds vorenthalten" (GW 02.03.2013), „Der Osten mit Milliarden von Euro" (GW 25.09.2013) etc.

der Emigration aus der Region. Nichtsdestotrotz wird diese Region seit einigen Jahren zunehmend zum Ziel von Einwanderern, was auch (v.a. in den regionalen) Medien thematisiert wird. Dieser Diskurs, der die Bewohner des Karpatenvorlandes für die Präsenz von Ausländern bzw. Nachbarn mit Migrationshintergrund zu sensibilisieren versucht, darf als Beweis für die These von Aleksandra Grzymała-Kazłowska (2007: 31) gelten, der zufolge in Polen nach 1989 das Bewusstsein dafür gestiegen ist, dass dieses Land im Begriff ist, einen Übergang von einer sowohl in ethnischer als auch kultureller Hinsicht homogenen Gesellschaft hin zum Zustand einer „kulturell-ethnischen Verschiedenheit" zu vollziehen. Diese Entwicklung wird zunehmend zum Gegenstand öffentlicher Diskussionen und deutet wahrscheinlich die Anfänge der Dynamisierung eines bis dahin eher maroden öffentlichen Diskurses über die Rolle der Immigranten in der polnischen Gesellschaft an (Górny et al 2010; Grzymała-Kazłowska 2007; Weinar 2006). Gleichzeitig ist es interessant festzustellen, dass in diesem Diskurs der regionalen Medien das Phänomen der Immigration als etwas Positives gewertet wird, als Beweis für die allgemein angestiegene Attraktivität der Woiwodschaft. So darf diesem Diskurs natürlich auch instrumenteller Charakter zum Vorwurf gemacht werden, die Tatsache, dass er die Migration zum Vorwand nimmt, um das positive Bild der Region und ihrer Einwohner zu stärken – so wird hier u.a. auf das in Polen gern kultivierte positive Autostereotyp der „typisch polnischen Gastfreundlichkeit" zurückgegriffen[112]. Die Immigration an sich scheint für diesen Diskurs nicht von zentraler Bedeutung zu sein, sie „[bildet] das zweitrangige Element der Konstruktion der medialen Darstellung" (Mrozowski 1997: 36). Die Immigranten dienen vielmehr als Bestätigung bzw. Rechtfertigung für die neue Narration über die Region. Nichtsdestotrotz ist dieser Diskurs schon alleine aus diesem Grund bemerkenswert, weil er keine Elemente des Denkens in den Kategorien von Sicherheit und Bedrohung enthält. Allerdings muss auch festgestellt werden, dass sich dieser Diskurs in einer frühen Phase der Entwicklung befindet, so dass es wohl etwas verfrüht wäre, daraus zu weitgreifende Schlüsse zu ziehen.

Die oben beschriebene Narration benutzt das Thema der Ausländer in der Region zur Herstellung des Bildes einer weltoffenen und attraktiven Region. Dies betrifft jedoch hauptsächlich die ‚neuen' Ausländer, die sich erst seit einigen Jahren im Karpatenvorland ansiedeln. Dabei hat die Region aber historisch gewachsene, enge Bande zur Ukraine, deren Staatsbürger seit mehreren Jahren sehr zahlreich ins Karpatenvorland kommen. Das mediale Bild dieser Gruppe reproduziert das in Polen gängige Bild der Ukrainer, das sie als Kleinhändler bzw. Gastarbeiter darstellt (Grzymała-Kazłowska 2007: 185 ff.). Trotz der star-

---

[112] Śmigiel, Sylwia: *Podkarpacie jak magnes?*, „Gazeta Wyborcza", 19./20.11.2005

ken Stereotypisierung des Bildes der Ukraine und der Ukrainer in Polen, werden sie im medialen Diskurs über das Karpatenvorland durchgehend positiv porträtiert[113]. Agnieszka Grzymała-Kazłowska erklärt dies in ihrer Arbeit zu den Ukraine-Bildern in Polen mit Verweis auf die kulturelle Nähe beider Gesellschaften: Der in den öffentlichen Debatten sonst so wirksame Topos der „Überschwemmung durch fremde Kultur" wird damit von vornherein ausgeschlossen (ebd.). Darüber hinaus stellen die Ukrainer keine Herausforderung für die einheimische Bevölkerung auf dem Arbeitsmarkt dar, weil sie in Polen meistens Berufe ausüben, an denen diese nicht interessiert sind. Bezogen auf das Karpatenvorland darf noch hinzugefügt werden, dass die Einwohner der Region von der Anwesenheit der ukrainischen Händler profitieren, indem sie von ihnen viele Waren deutlich preisgünstiger erwerben können.

Die mediale Narration der letzten Jahre, die sehr stark mit dem in den 1990er Jahren dominierenden Tenor der Berichterstattung über die östlichen Woiwodschaften kontrastiert, hebt Elemente dieser Veränderung wie die schnell steigende Lebensqualität und die Entwicklung der Region zum Forschungs- und Bildungsstandort hervor[114]. Sowohl in den regionalen als auch zunehmend in den überregionalen Medien wird ein positives Bild der Region skizziert und dabei insbesondere die Woiwodschaftshauptstadt Rzeszów zum Symbol des ‚neuen' Karpatenvorlandes stilisiert[115]. Diese Entwicklung bedeutet allerdings nicht, dass die alten Bilder vollkommen ersetzt worden sind. Sie sind nach wie vor wirksam und weit verbreitet, gleichzeitig aber werden sie zunehmend von einem Diskurs abgelöst, der die Aktivität der lokalen Akteure betont und das Bild einer Region zeichnet, die zu den dynamischsten im ganzen Land gehört.

5.3.3 Der Grenzraum im medialen Diskurs

Die aufeinanderfolgenden Etappen der Implementierung der EU-Grenzpolitik in der Region, welche in bedeutenden Veränderungen der Funktion der polnisch-

---

[113] Es sei darauf hingewiesen, dass sich diese Ausführungen auf die Analyse des Diskurses der polnischen *quality papers* beschränken. Der Diskurs der rechtskonservativen Medien ist diesbezüglich deutlich kritischer, insbesondere was seine Haltung gegenüber der Perspektive eines Versöhnungsprozesses angeht (vgl. Grzymała-Kazłowska 2007).
[114] Dies bezieht sich auf den medialen Diskurs über die Woiwodschaft Karpatenvorland.
[115] Die vom regionalen medialen, aber auch politischen Diskurs bewusst unternommenen Versuche, Rzeszów als quasi Aushängeschild der Region zu präsentieren, wurden bereits in der Forschung thematisiert – vgl. u.a. Malikowski/Paluch 2008; Malikowski 2012; Palak 2008b; Szpunar 2008.

ukrainischen Grenze resultierten, wurden in der medialen Berichterstattung mehrmals thematisiert.

Der mediale Diskurs über diese Grenze behält, insbesondere in den nationalen Medien, einen ruhigen Ton. Dies, insbesondere aber die Tatsache, dass die Notwendigkeit der Einführung einzelner Regulierungen von keiner Seite hinterfragt wurde, darf auf den ersten Blick wohl etwas überraschend vorkommen, insbesondere im Hinblick auf die Folgen einzelner Schritte dieses Prozesses für die Situation der Region. Allerdings muss an dieser Stelle auf den allgemeinen Charakter der Modernisierungs- und Europäisierungsdebatten in Polen nach 1989 verwiesen werden. Die proeuropäische Richtung der polnischen Politik wurde von allen zum Mainstream dieser Debatten zählenden Akteuren akzeptiert. Diese Übereinstimmung mit der allgemeinen Richtung hatte zur Folge, dass einige mit dem Europäisierungsprozess verknüpfte Phänomene gar nicht näher thematisiert bzw. kritisch hinterfragt wurden. Die Entwicklung der Migrationspolitik gehörte dazu; wie im dritten Kapitel gezeigt, erfolgte ihre Entstehung und gleichzeitige Versicherheitlichung ohne Widerstand seitens der medialen Öffentlichkeit, ja bei fast vollkommenem Ausschluss derselben. Der diesen Prozess kritisch begleitende wissenschaftliche Diskurs fand ebenfalls kein Gehör.

Dies zeigt sich auch am Beispiel der Berichterstattung über solche wichtigen Etappen in der Implementierung der europäischen Migrations- und Grenzpolitik in der Region, wie der Einführung der Visapflicht im Jahr 2003 bzw. dem Schengen-Beitritt. Wie an mehreren Stellen der vorliegenden Arbeit ausgeführt, hatten diese Ereignisse weitreichende Folgen für die innere Dynamik der Wirtschaft der Region. Dennoch wurden sie insbesondere in den regionalen Medien überraschend ruhig wahrgenommen. Zwar wurde ihnen viel Aufmerksamkeit geschenkt, und v.a. die Perspektive der durch diese Politik betroffenen Geschäftsleute, Unternehmer und Kleinhändler auf beiden Seiten der Grenze ausführlich präsentiert[116], gleichzeitig wurden aber jegliche Zweifel an der Zweckmäßigkeit der Einführung einzelner Regulierungen mit einem Argument abgewiesen, das auch die Politiker zur Legitimierung dieser Politik benutzten, nämlich dem Verweis auf die „historische Notwendigkeit" und die Anforderungen seitens der EU[117].

Ein interessantes Anschauungsobjekt zur Behandlung der östlichen Grenze im polnischen medialen Diskurs stellt der Schengen-Beitritt dar. Hier zeigen sich auch wichtige Unterschiede zwischen dem auf nationaler Ebene geführten

---

[116] PK: *Długa kolejka w Medyce*, „Rzeczpospolita", 01.10.2003
[117] Sadłowska: *Czy po wprowadzeniu wiz dla sąsiadów ze Wschodu pojawią się miejsca pracy dla Polaków?*, „Rzeczpospolita", 24.09.2003

Diskurs über die Veränderungen der Funktion der polnischen östlichen Grenze einerseits und der regionalen Perspektive auf diese Prozesse andererseits. In den nationalen Medien wurde vor allem die historische Bedeutung des Schengen-Beitritts für Polen betont, dieser Schritt wurde in enthusiastischen und pathetischen Tönen gar als „Rückkehr Polens in die europäische Familie" gedeutet[118]. Die kritischen Stimmen gingen in dieser Atmosphäre eines großen Festes etwas unter, mithin hat es sie aber gegeben, was vielleicht darauf hinweist, dass der polnische öffentliche Diskurs zur Außen- und Grenzpolitik etwas zerrissen war. Die Kritiker des Schengen-Beitritts hoben insbesondere dessen potenzielle Folgen für die weitere Entwicklung der polnischen Ostpolitik hervor – hier wurde der polnischen Regierung vorgeworfen, sie kehre der Ukraine den Rücken und grenze sich von ihr ab[119]. Darüber hinaus wurden am Rande des Schengen-Beitritts auch die Fragen der Sicherheit diskutiert. Hier erfüllten die Medien eine aufklärende und zugleich beruhigende Funktion. Dies schien angebracht angesichts der in der polnischen Gesellschaft verbreiteten Ängste, dass der Schengen-Beitritt und die Öffnung der Grenzen auch zum Anstieg der Grenzkriminalität führen könnten[120]. Im medialen Diskurs wurde Schengen als bester Schutz vor eben diesen Gefahren dargestellt[121]. Zur gleichen Zeit wurde im regional geführten medialen Diskurs eine andere Perspektive auf den Schengen-Beitritt präsentiert; hier kam v.a. die Unsicherheit bezüglich dessen potenziellen Folgen für die von der Durchlässigkeit der Grenze stark abhängigen Region zum Vorschein. Als wichtigstes Problem wurde dabei offenbar die weitere Entwicklung der polnisch-ukrainischen Beziehungen bzw. der Möglichkeiten weiterer grenzüberschreitender Kooperation gesehen. Die angespannte Situation an der Grenze werde, so der Tenor der regionalen Medien, zusätzlich dadurch verschlechtert, dass zu jener Zeit der Vertrag über den *Kleinen Grenzverkehr* noch nicht unter-

---

[118] Magierowski, Marek: *Schengen, czyli odrobina radosnego patosu*, „Rzeczpospolita", 20.12.2007
[119] Vgl. Osadczuk, Bohdan: *Schengen rozdzieliło Ukrainę i Polskę*, „Rzeczpospolita", 24.01.2008. Repräsentativ für diese Position auch bspw. der Artikel von Piotr Kościński und Tatiana Serwetnyk: *Mur berliński na Bugu* („Rzeczpospolita", 24.01.2008), in dem die Stimmungslage in der Ukraine folgendermaßen charakterisiert wird: „Als strategischer Partner, Vertreter der Interessen der Ukraine in Europa – so wurden wir in der Ukraine wahrgenommen. Jetzt werden in Lemberg die Stimmen laut, die sagen, dass wir eine neue Berliner Mauer errichten."
[120] Diese Stimmungslage kommt in den Meinungsumfragen aus der Zeit kurz vor dem Schengen-Beitritt zu Tage. Demzufolge befürchteten 59% eine steigende Einfuhr von Drogen und illegalen Waren nach Polen, 51 Prozent verwiesen auf die Bedrohung durch den Terrorismus und 47 PRozent nannten den Zufluss der Migranten, die über Polen in den Westen gelangen möchten, als große Gefahr (vgl. TNS OBOP 2007).
[121] Zieliński: *Wejście do Schengen to wielki sukces Polski*, „Rzeczpospolita", 21.12.2007 (Gespräch mit dem ehemaligen Innenminister)

schrieben worden war – die Schuld dafür wurde sowohl in den ukrainischen als auch in den polnischen Medien eindeutig der polnischen Regierung zugeschrieben:

> Ich verstehe nicht, warum es Ungarn und der Slowakei gelungen ist, diese Angelegenheit zu regeln, während Polen am Ende zu sein scheint. Die vorige Regierung hat sich verspätet, die neue ist wiederum zu langsam. Die Angelegenheit interessiert vor allem die Westukraine, ist aber im ganzen Land bekannt und verschlechtert dadurch natürlich unser Ansehen.[122]

Die oben beschriebenen Probleme wirkten sich direkt auf das Nebeneinander von Polen und Ukrainern in den Grenzregionen aus, vor allem für denjenigen, die mit Grenzhandel ihren Unterhalt verdienten. Es war allgemein klar, dass der polnische Schengen-Beitritt für diese Form der wirtschaftlichen Aktivität verheerende Folgen haben würde, daher nahmen die Betroffenen direkt danach Protestaktionen auf, die in den Medien verfolgt wurden.

Mit der Einführung neuer Zollvorschriften im Dezember 2008 veränderte sich die Situation im Grenzraum weiter; sie riefen eine Reaktion der betroffenen Grenzbewohner hervor, die auf ein breites mediales Echo stieß. Die dreitägigen Proteste am Grenzübergang lenkten für kurze Zeit die Aufmerksamkeit der nationalen Medien auf das Karpatenvorland. Direkt nachdem die neuen Vorschriften in Kraft getreten waren, kam es am Grenzübergang in Medyka zu einer Demonstration gegen diese Regelung. Die Protestierenden, deren Zahl auf einige Hundert geschätzt wurde, besetzten den Grenzübergang für Fußgänger (in die ukrainische Richtung), so dass es unmöglich war, diesen zu betreten. Am zweiten Tag wurde die Form des Protests verschärft, indem die Protestierenden versuchten, auch den Grenzübergang für PKW zu blockieren. Dies rief eine Reaktion der Polizei hervor; am Abend desselben Tages kam es am Grenzübergang zu Ausschreitungen und zu einer Konfrontation der Protestierenden (denen sich inzwischen Gruppen von Hooligans aus Przemyśl angeschlossen hatten) mit Polizei und Grenzschutz. Die Proteste kamen schließlich nach weiteren Ausschreitungen am dritten Tag zum Erliegen; es wurden 19 Personen verhaftet. Über diese Proteste wurde ausführlich berichtet, dabei rückten einige Elemente dieser Berichterstattung (wie bspw. die Bezeichnung der Ereignisse als „Schlacht"[123]) sie eher in die Nähe eines für die Boulevardpresse typischen Diskurses. Darüber hinaus weisen zahlreiche Elemente darauf hin, dass der Großteil der Schuld an der Eskalation der Ereignisse den Protestierenden zugeschoben

---

[122] Kościński, Piotr und Serwetnyk, Tatiana: *Mur berliński na Bugu*, „Rzeczpospolita", 24.01.2008
[123] AG: *Mrówki przegrały bitwę z policją*, „Dziennik", 02.12.2008; Walczak, Daniel: *Nowa bitwa na granicy*, „Dziennik", 02.12.2008

wurde – es wurde auf ein aggressives Verhalten seitens der Protestierenden hingewiesen. An der Berichterstattung über diese Ereignisse darf die Veränderung festgemacht werden, die in der medialen Darstellung der Grenze und v.a. der Grenzbewohner in den letzten Jahren erfolgt ist. Wo z.B. noch zur Zeit der Einführung der Visapflicht viel Mitgefühl und Verständnis für die dadurch verursachte schwierige Lage der Kleinhändler gezeigt wurde, dominiert jetzt eine starke Distanzierung; in herablassendem Ton werden diese Menschen als „Halb-Händler, Halb-Schmuggler"[124] bezeichnet.

5.3.4 Die Ukraine-Krise in der Berichterstattung über das Karpatenvorland

Die Ukraine-Thematik befindet sich seit Anfang der letzten Krise, d.h. seit der Protestwelle, die Ende 2013 zur Absetzung des Präsidenten Janukowitsch (Februar 2014) geführt hat, im Mittelpunkt des Interesses der polnischen medialen Öffentlichkeit. Aus der Perspektive der vorliegenden Arbeit verdient in diesem Zusammenhang die Frage nach dem Einfluss dieser Ereignisse auf die Situation in den der Grenzregionen (mit besonderer Berücksichtigung der Sicherheit der Staatsgrenze) und dessen medialem Echo eine besondere Aufmerksamkeit. Der mediale Diskurs überrascht in diesem Kontext durch eine sehr ruhige Haltung. Insbesondere in den regionalen Medien lässt sich keine Beunruhigung durch die Entwicklungen im Nachbarstaat feststellen. Dies darf wohl auf die Tatsache zurückgeführt werden, dass sowohl die Demonstrationen am Jahreswechsel 2013-2014, als auch die späteren Kriegshandlungen in der Ostukraine weit entfernt von der ukrainisch-polnischen Grenze stattgefunden haben. Ins Karpatenvorland gelangte lediglich ein abgeschwächtes Echo dieser Ereignisse, wie bspw. die von den ukrainischen Bewohnern der Grenzorte aus Solidarität mit Protestierenden auf dem Kiewer Maidan organisierten Blockaden einiger Grenzübergänge – worüber in Polen auch überregionale Medien berichteten[125]. Das Karpatenvorland hat sich bei der Hilfe für die Opfer engagiert – die Vorbereitungen und Formen dieser Unterstützung, wie auch die Schicksale einiger Opfer wurden in der regionalen Presse ausführlich beschrieben[126]. Angesichts der Eskalation der Krise nach der Annexion der Krim durch Russland im März 2014 wurde im Karpatenvorland mit einer Flüchtlingswelle aus den Krisengebieten gerechnet.

---

[124] Cichy, Sławomir: *Wschodnia granica to dla nich Eldorado*, „Dziennik", 02.12.2008
[125] Gorczyca, Anna: *Granica Polski przejezdna*, „Gazeta Wyborcza", 21.02.2014
[126] Gernand, Artur: *Ukraina, pieniądze dla muzeum w Sanoku i certyfikacja*, „Gazeta Wyborcza" 25.02.2014; Gorczyca, Anna: *Bomba była w paczce z lekarstwami*, „Gazeta Wyborcza", 25.02.2014

Die Medien berichteten über die Vorbereitungen darauf, wie den Besuch des Innenministers im Karpatenvorland zwecks Überprüfung der Vorbereitung der ihm unterliegenden Sicherheitsbehörden auf den Schutz der Grenze[127] oder der Vorbereitung der zur Aufnahme der Flüchtlinge nötigen Infrastruktur[128], aber der Ton dieser Berichterstattung blieb ruhig und sachlich – wohl aufgrund der in der polnischen Gesellschaft überwiegenden Unterstützung für die Ukraine wurde das nicht als Gefahr betrachtet. Die Berichterstattung aus der Grenzregion zeigt, dass die Krise einen geringen und indirekten Einfluss auf die Situation der Grenzbewohner hatte – so hat bspw. der Grenzhandel nach kurzer Unterbrechung sehr schnell sein altes Niveau wieder erreicht[129]. Eine der wenigen Auswirkungen der Ukraine-Krise, die auch in der Grenzregion spürbar sind, ist das bereits einleitend angesprochene (und v.a. durch die regionale Presse ausführlich beschriebene) Engagement der „Ameisen" für die Ukrainehilfe durch den Transport von Helmen und Sicherheitswesten über die Grenze:

> Der Grenzübergang in Medyka unweit von Przemyśl wurde von ‚Ameisen' erobert. Diesmal tragen sie aber keinen Wodka oder Zigaretten, sondern eben Helme und Sicherheitswesten. Das polnische Recht erlaubt die Ausfuhr von jeweils einem Stück. Ein den UNO-Anforderungen entsprechendes Set kostet 1.600 Dollar. Es wird in Bussen an den Grenzübergang transportiert. Von der Ukraine kommen organisierte Gruppen, täglich tragen sie mehrere hundert Sets davon. Der Kauf wird aus Spendensammlungen oder durch Sponsoren finanziert.[130]

Diese Aktion scheint auf großes Verständnis in der Region getroffen zu sein: So berichteten die Medien auch über das Ermittlungsverfahren der Staatsanwaltschaft und begrüßten die Entscheidung des Gerichtes, die Anklage gegenüber den Organisatoren fallen zu lassen, mit großer Zufriedenheit.

Gleichzeitig, wie von der Presse im Herbst 2014 berichtet, hat die Ukraine-Krise den regionalen Grenzschutz zur Intensivierung der Maßnahmen zur Grenzsicherung bewegt – neben neuen Wachtürmen sollen demnächst auch Drohnen diesen Grenzabschnitt überwachen; die Investitionen belaufen sich auf 92 Mio. Euro[131].

Die Ereignisse in der Ukraine nach der Absetzung des Präsidenten Janukowitsch und der russischen Inkorporation der Krim entwickeln sich dynamisch und es ist offenbar in dieser Situation unmöglich, weitgehende Schlüsse zu zie-

---

[127] Gorczyca, Anna: *Minister Sienkiewicz sprawdza granicę*, „Gazeta Wyborcza", 08.03.2014
[128] Gorczyca, Anna: *Obóz dla uchodźców na poligonie?*, „Gazeta Wyborcza", 07.03.2014
[129] AG: *Gdzie Krym a gdzie ...Medyka?*, „Gazeta Wyborcza", 11.03.2014
[130] Adamaszek, Karol: *Nielegalne hełmy i kamizelki dla Ukraińców*, „Gazeta Wyborcza" 23.07.2014
[131] Lentowicz, Zbigniew: *Drony i nowe mundury*, „Rzeczpospolita" 10.11.2014

hen. Allerdings darf bezogen auf die Thematik der vorliegenden Studie festgehalten werden, dass die regionalen Medien im Karpatenvorland zwar über die Ukraine-Krise berichten, sich jedoch in dieser Berichterstattung keine Anzeichen der Beunruhigung über die Entwicklung der Ereignisse bzw. deren potenziellen Folgen für die Region feststellen lassen. Auch hat das nicht zu einer Verstärkung des Sicherheitsdiskurses geführt, d.h. es gibt keine Stimmen, die zu einer noch stärkeren Versicherheitlichung der Grenze auffordern würden.

5.4 Zwischenfazit

Die diskursiven Konstruktionen des Karpatenvorlandes können nicht unabhängig von den historisch entstandenen Bildern des Ostens betrachtet werden. Diese Bilder sind nach wie vor sowohl in den politischen als auch den akademischen Diskursen wirksam, welche – orientiert an dem in Polen seit 1989 dominierenden neoliberalen Modernisierungsparadigma – ein Bild einer dem Rest des Landes zivilisatorisch nachstehenden Einheit, des Polen B, skizzieren.

In diesem Kapitel wurde gezeigt, dass diese Narration lange Zeit auch den medialen Diskurs dominierte, der v.a. in den 1990er Jahren viele ihrer Elemente reproduzierte. Vor diesem Hintergrund darf die EU als derjenige Faktor identifiziert werden, der diese den alten Schemata verhaftete Narration dynamisiert und grundlegend verändert hat. Seit dem polnischen EU-Beitritt konzentriert sich der mediale Diskurs zunehmend darauf, die Erfolge der nachholenden Entwicklung der östlichen Regionen zu beschreiben; diese neue Tendenz ist insbesondere in den regionalen Medien feststellbar. Diesbezüglich darf die Feststellung riskiert werden, dass es sich hierbei paradoxerweise um eine gewissermaßen oberflächliche Veränderung handelt. Denn unabhängig davon, wie stark sich die Atmosphäre um die Region verändert hat, bleiben die Kriterien, nach denen sie bewertet wird, doch dieselben wie früher: Nach wie vor ist es das erwähnte, in Polen nur selten in Frage gestellte Modernisierungsparadigma, das diesen medialen Diskurs dominiert. Der einzige Unterschied besteht darin, dass die Region nach zehn Jahren EU-Mitgliedschaft die auferlegten Bewertungskriterien besser erfüllt. Dies trifft jedoch offenbar nicht auf alle zu; insbesondere die ländlich geprägten Grenzorte und ihre Bewohner schneiden hier schlecht ab. An der medialen Darstellung dieser Gruppe zeigt sich auch das ambivalente Verhältnis zum Osten, das so typisch ist für akademische und mediale Diskurse in Polen. Besonders im Fall der Behandlung der Politik der Versicherheitlichung im nationalen Diskurs wird es deutlich. Zwar wird dabei über die negativen Folgen mancher Ereignisse für die direkt betroffenen Menschen berichtet, doch diese werden als ‚Unannehmlichkeiten' in einem größeren Prozess dargestellt, dessen Zweckmäßigkeit niemals hinterfragt wird. Die in polnischen öffentlichen Diskursen allgemeine Gleichsetzung der EU-Integration mit der Modernisierung zeigt sich auch hier, wenn die Versicherheitlichung der Grenze mit einem zivilisatorischen Fortschritt für die betroffenen Regionen, die früher ‚wild' und ‚rückständig' waren, jetzt aber ‚zivilisiert' werden, gleichgesetzt wird. Die Berichterstattung der regionalen Medien unterscheidet sich auch in diesem Fall stark vom nationalen medialen Diskurs. Hier wird ein stärker nuanciertes Bild der Geschehnisse im Grenzraum präsentiert, das insbesondere die lokale und regionale Perspektive deutlich hervorhebt. Auch im Fall von Migration ist die Narration eine andere – dieses Phänomen wird als ein Teil des Diskurses von einer sich dynamisch entwickelnden und attraktiven Region behandelt und nicht mehr als Sicherheitsrisiko.

6 Leben im Schatten der Mauer – Die Bewohner des Karpatenvorlandes und ihre Wahrnehmung der Versicherheitlichung

Die Versicherheitlichung eines Politikfeldes erfolgt dadurch, dass es in einen speziellen diskursiven Kontext von Sicherheit und Bedrohung gestellt wird und dass es in den Definitions- und Tätigkeitsbereich sicherheitsproduzierender Akteure eingebettet wird. Dieser Prozess folgt, wie bereits gezeigt, einer geographischen Logik, indem er ganze Länder bzw. Regionen als ‚bedroht' bzw. ‚unsicher' konstruiert, sie der Logik der Sicherheitspolitik unterzieht und in ihr anordnet. In den Regionen manifestiert sich diese Politik in verstärkten Kontrollen an Grenzübergängen, im Ausbau der Infrastruktur der Überwachung und der Militarisierung des Grenzraums. All diese Maßnahmen ‚erzeugen' gleichzeitig, wie von Lene Hansen (2000) gezeigt, konkrete Subjekte – sowohl die Migranten, als auch die Bewohner der Regionen werden dadurch betroffen und definiert. Daraus folgt, dass der volle Umfang dieses Prozesses nur in den betroffenen Regionen, an den Grenzorten, wirksam ist; folglich können sowohl der Verlauf als auch die Folgen dieser Politik nur durch die Analyse der Selbstdefinitionen der Bewohner des Grenzraumes gezeigt werden.

Im Folgenden werden zunächst durch die Rekonstruktion der Erinnerungen der Grenzbewohner an die Zeit vor 1989 die Muster der Wahrnehmung der geschlossenen Grenze wie auch deren Rolle im Alltag der Grenzbewohner rekonstruiert (6.1). In den beiden darauffolgenden Abschnitten werden die Prozesse der Erosion dieser Grenze und der daraus resultierten Entstehung neuer (Grenz)räume untersucht. Eine aus der Sicht der vorliegenden Studie besondere Bedeutung kommt dabei dem Phänomen der informellen Wirtschaft zu. Darauf folgend wird in den Abschnitten 6.4 und 6.5 der Prozess der Versicherheitlichung der Region – samt den Formen, die er im Alltag der Grenzbewohner annimmt – in seiner Wahrnehmung durch die Bewohner rekonstruiert. Im letzten Abschnitt widmet sich die Analyse schließlich der Frage der polnisch-ukrainischen grenzübergreifenden Beziehungen; hier werden auch die Perspektiven der Entsicherheitlichung erwogen.

6.1 Methodische Anlage der Untersuchung und Forschungsprozess

Die Untersuchungen zur Wahrnehmung der Versicherheitlichungsprozesse durch die Bewohner der betroffenen Regionen an der neuen EU-Außengrenze können bis jetzt auf keine Vorarbeiten zurückgreifen[132]. An dieser Stelle nimmt die vorliegende Studie einen stark explorativen Charakter an. Besonders dürftig gestaltet sich die Forschung zur Ostgrenze in der Zeit des Kalten Krieges; die wenigen diesem Thema gewidmeten wissenschaftlichen Publikationen (vgl. unten) konnten zwar einige Hintergrundinformationen liefern, doch die Frage der sozialen Wahrnehmung dieses Grenzraumes durch die Grenzbewohner bleibt nach wie vor unerforscht. In der vorliegenden Studie wurden zu ihrer Rekonstruktion qualitative Interviews mit den Zeitzeugen benutzt, doch natürlich kann aufgrund der kleinen Zahl nicht der Anspruch erhoben werden, diese Frage erschöpfend behandelt zu haben. Vielmehr handelt es sich um einen Beitrag für die künftigen Untersuchungen auf diesem Feld.

6.1.1 Der Grenzbegriff

Die großen Veränderungen in den Grenzregionen, die das Ergebnis der in der vorliegenden Studie untersuchten sozio-politischen Umwälzungen darstellen, haben offenbar die nächste Umgebung der dort lebenden Menschen auf grundlegende Art verändert. Diese Tatsache wirft für eine auf der Ebene der Subjekte ansetzende Analyse die Fragen nach der Wahrnehmung dieser Veränderungen durch die betroffenen Grenzbewohner auf; in der Tat handelt es sich dabei um Fragen der nun erfolgenden Konstitution eines neuen Grenzraums (bzw. Räumen), die sich unter den Bedingungen des gleichzeitig fortschreitenden Prozesses der Versicherheitlichung vollzieht.

Die Frage der räumlichen Dimension des Sozialen, die sich lange Zeit außerhalb des Forschungsinteresses der Soziologie befand[133] und von dieser

---

[132] Eine Ausnahme stellt hier die bereits erwähnte Arbeit von Kristine Müller dar (2013), in der allerdings das Konzept der Versicherheitlichung nicht die zentrale Frage darstellt.
[133] Die Ursachen dieses Zustands sind in mehreren verschiedenen Faktoren zu suchen. Markus Schroer weist in diesem Zusammenhang u.a. auf die tiefe Verankerung von Raum und Zeit in der abendländischen Geistesgeschichte hin, in der Raum meistens negativ mit Immobilität, Stagnation und Starre konnotiert wird und daher auch der auf den Wandel angelegten soziologischen Theorie zu widersprechen scheint (Schroer 2006: 19f.). Darüber hinaus darf im deutschen Kontext von einer gewissen Vorbelastung dieses Begriffes durch die Rolle gesprochen werden, die er in der Politik des Nationalsozialismus mit den Schlagworten des „Volkes ohne Raum" und des „Lebensraums" gespielt hat (Schroer 2006: 17f.; Günzel 2009: 10).

ausgeblendet bzw. bewusst anderen Disziplinen (wie der Geographie) überlassen wurde, kehrt heutzutage, gewissermaßen als Begleiterscheinung der Postmoderne, in die sozialwissenschaftliche Theoriebildung zurück. Nach wie vor stellt sie aber, wohl aufgrund der oft automatisch erfolgenden Gleichsetzung des Raumbegriffs mit dem Konzept des Behälterraums, eine relativ unterentwickelte Dimension der soziologischen Theorie dar, so dass diesbezüglich sogar von einer gewissen „Raumvergessenheit" der Soziologie (Schroer 2006) gesprochen werden kann. In der vorliegenden Studie wird die Problematik der Entstehung von sozialen Räumen thematisiert mit dem Ziel, die Vielfalt der verschiedenen (Grenz-)Räume zu rekonstruieren, die von den Bewohnern der Region wahrgenommen und konstruiert werden.

Einer Präzisierung bedarf die Frage des hier benutzten Grenzbegriffes, zumal dieser, ein wichtiges Teilelement in den Identitätsbildungsprozessen von Grenzbewohnern, in der Literatur unterschiedlich definiert wird. Ohne an dieser Stelle detailliert auf die historische Entwicklung dieses Begriffes in den Sozialwissenschaften bzw. die nach wie vor herrschende Unklarheit bezüglich seiner Definition einzugehen[134], sei gesagt, dass eine für den Zweck der vorliegenden Arbeit besonders fruchtbare Definition aus den anthropologischen Studien von Hastings Donnan und Thomas Wilson stammt (1999), die drei Teilelemente der ‚Grenze' identifiziert haben:

> (…) the juridical borderline which simultaneously separates and joins states, the agents and institutions of the state, who demarcate and sustain the border, and who are found most often in border areas but who also often penetrate deeply into the territory of the state; and frontiers, territorial zones of varying width which stretch across and away from state borders, within which people negotiate a variety of behaviors and meanings (…). (Donnan/Wilson 1999: 15 f.)

---

[134] Diese ist hauptsächlich auf die Tatsache zurückzuführen, dass viele Wissenschaften (hier insbesondere die Politikwissenschaft oder die Wirtschaftswissenschaft) zu einer Zeit als akademische Disziplinen institutionalisiert wurden, als die Weltordnung durch klar definierte und voneinander abgegrenzte nationalstaatliche Akteure dominiert war. Das Forschungsinteresse dieser Disziplinen, wie auch ihr Staatszentrismus, spiegelten diesen Zustand wieder (Anderson et al. 2003). Dies traf auch im Fall der Soziologie bzw. Anthropologie zu, die zwar vergleichsweise weniger staatszentrisch waren und manchmal gar die Frage der Staatsgrenzen thematisierten (vgl. Donnan/Wilson 1999), dennoch aber meistens die nationalstaatlich bestimmten Gesellschaften zu ihren Forschungsobjekten nahmen. Das seit der Wende des Jahres 1989 verstärkte Interesse an der Problematik der Grenzen hat in den zurückliegenden zwei Jahrzehnten zu einer wahren Explosion der Forschung zu diesem Thema geführt, gleichzeitig aber hat sie als einen Nebeneffekt die bereits angesprochene begriffliche Unklarheit verursacht (Anderson 1996; Donnan/Wilson 1999; O'Dowd 2003; Kempny 2005).

Zwar unterstreichen Donnan/Wilson insbesondere die topografische Dimension der *frontier*, indem sie schreiben, dass „these frontiers are territorial in nature, which distinguishes them from the metaphorical frontiers of identity so prominent in much contemporary postmodern analysis" (Donnan/Wilson 1998: 16), doch in dieser Dimension schöpft sich ihr Wesen nicht aus, zumal – wie von Antonina Kłoskowska (1993) gezeigt – das Grenzgebiet auch die Situation des Kontaktes mit anderen Kulturen als der eigenen bedeutet (vgl. Kurczewska 2005). Genau diese Perspektive, die sich auf die Erfahrung des Lebens im Grenzgebiet konzentriert und die Bedeutung des für die Identitätsbildung der Grenzbewohner eine konstitutive Rolle spielenden Kontaktes mit den Fremden unterstreicht, ist besonders relevant aus der Perspektive der vorliegenden Studie. Dabei wird auch der zweideutige Charakter des auf diese Art definierten Grenzraums sichtbar, wie auch der daraus folgenden wichtigen Situation: An Grenzorten wird die Präsenz der Staatsmacht besonders stark zur Schau gestellt, im untersuchten Fall sogar noch durch die Versicherheitlichung zusätzlich verstärkt. Gleichzeitig jedoch stellen die Grenzräume auch Orte dar, an denen sich durch das Aufeinandertreffen von verschiedenen Kulturen transnationale soziale Räume entwickeln können (Faist 1997, 2000; Glorius 2007; Pries 1996, 1997) und die Identitätszuschreibungen diffus werden, so dass diese Räume potenziell zu „focal points for resistance to those rules" (Morehouse 2004: 20) werden können. Dieses Spannungsverhältnis, das Gegenstand dieser Untersuchung war, führt zu interessanten Phänomenen, die Marian Kempny als „Wechselbeziehung zwischen dem Infragestellen der Staatsgrenzen im politisch-rechtlichen Sinne und dem Auftreten der Ambivalenz der Identität der nationalen Gemeinschaften" (Kempny 2005: 128) zusammengefasst hat.

6.1.2 Forschungsprozess

Die qualitativen Interviews, die mit den Bewohnern der Grenzdörfer Medyka und Lubaczów durchgeführt wurden, dienten dazu, die Wahrnehmung des Prozesses der Versicherheitlichung auf der Ebene der Subjekte zu rekonstruieren. Konkret sollten folgende Forschungsfragen überprüft werden: Wie wirkt sich die Versicherheitlichung der Region, die als das unmittelbare Lebensumfeld der Subjekte fungiert, auf die Selbstdefinition dieser Menschen aus? Welche Strategien im Umgang mit der neuen Situation wählen sie und schließlich, wie ändert sich ihre Einstellung gegenüber den Fremden und Migranten (zu dieser Gruppe wurden auch die Ukrainer aus der benachbarten Region gezählt)?

Zur Erörterung dieser Fragen wurden 13 Einwohner der genannten Grenzdörfer mit Hilfe von leitfadengestützten qualitativen Interviews befragt. Um möglichst viele Perspektiven zu gewinnen, wurden keine Einschränkungen bezüglich des Alters, des Geschlechts bzw. des sozialen Status der interviewten Personen gemacht. Das Vorgehen bei der Analyse des Datenmaterials orientierte sich an den Vorschlägen zum Vorgehen der *Grounded Theory* (Mey/Mruck 2011; Strauss/Corbin 1996; Strübing 2008). Der erste Schritt der Arbeit bestand im wiederholten Lesen des gesammelten Datenmaterials und dem Herausarbeiten der Konzepte, die anschließend in vier Kategorien gruppiert wurden: Versicherheitlichung, Grenzhandel, Grenzraum und das Verhältnis der Grenzbewohner zu Fremden und zu Ukrainern. Diese Kategorien wurden im zweiten Schritt des axialen Kodierens, wie von Strauss/Corbin vorgeschlagen, mit Hilfe des paradigmatischen Modells weiter herausgearbeitet. Dieser Schritt erlaubte es, mehrere Fragen bezüglich der Beziehungen zwischen einzelnen Eigenschaften und Dimensionen von einzelnen Kategorien aufzustellen, die dann durch die erneute Analyse des Datenmaterials verifiziert wurden. Die positiv getesteten Fragen wurden schließlich zu den Hypothesen umformuliert, denen es im Weiteren nachzugehen galt. Die erste von ihnen besagt, dass das Anknüpfen nachbarschaftlicher Kontakte über die offene Grenze im untersuchten, spezifischen Fall nicht automatisch die gegenseitigen Vorurteile beseitigen, sondern vielmehr die alten Stereotype um neue Muster und Motive bereichern würde. Zweitens wurde bezogen auf die Wahrnehmung des Raumes durch die Grenzbewohner behauptet, dass die *Grenze* für sie nach 1989 zum zentralen Bezugspunkt bei der Wahl der verschiedenen Handlungsstrategien werden würde. Die dritte Hypothese schließlich betraf das Verhältnis der Grenzbewohner zum Prozess der Versicherheitlichung – ihr zufolge würde es vom sozialen Status der jeweiligen Gruppe abhängen (je niedriger dieser Status, desto größer die Abhängigkeit von den Entwicklungen im Grenzraum und folglich auch desto widerwilliger das Verhältnis zum Prozess der Abdichtung dieser Grenze). Im darauf folgenden Schritt wurde das vorhandene Material integriert, d.h. es wurde eine beschreibende Geschichte über das für die Untersuchung zentrale Phänomen konzeptualisiert, von welcher zum „roten Faden" übergegangen wurde. In diesem Fall war das die Kategorie „die Grenze im Leben der Einwohner", die als zentrales Phänomen identifiziert wurde und für diese Untersuchungen als Kernkategorie fungiert. Diese Kategorie umfasst alle Ereignisse, die in den Geschichten der Interviewpartner beschrieben wurden, und sie ist anschließend in Bezug auf ihre Eigenschaften ausgearbeitet worden; als solche wurden zwei Kategorien identifiziert: der Grad der Öffnung der Grenze und die Abhängigkeit (der Lebenssituation der Person) von der Grenze. Die Festlegung dieser Eigenschaften samt ihrer Dimensionen führte zur weiteren Arbeit an der Verknüpfung der früher herausgearbeiteten Kategorien mit der Kernkategorie „die Grenze im Leben der Einwohner", was mittels des paradigmatischen Modells geschah. Im nächsten Schritt wurden die Unterschiede im Kontext untersucht – um die Muster der Beziehungen zwischen Eigenschaften und Dimensionen wurde eine Vierfeldertafel erstellt, mit deren Hilfe verschiedene Kombinationen abgeleitet werden konnten. Daraus ergeben sich vier verschiedene Kontexte, in denen die Individuen handeln: 1) geringe Öffnung (der Grenze), Kontext der geringen Abhängigkeit; 2) geringe Öffnung, Kontext der hohen Abhängigkeit; 3) große Öffnung, Kontext der geringen Abhängigkeit und 4) große Öffnung, Kontext der hohen Abhängigkeit. Nachdem diese Unterschiede im Kontext identifiziert worden waren, konnten alle Kategorien systematisch entlang der dimensionalen Ausprägung ihrer Eigenschaften in Übereinstimmung mit diesen entdeckten Mustern gruppiert werden.

6.2 Verwandlungen der Grenze im kollektiven Bewusstsein der Grenzbewohner

Durch die Betrachtung der Prozesse der kollektiven Identitätsbildung in einer breiteren historischen Perspektive wird es möglich, ihrer zeitlichen Dimension gerecht zu werden. Die gerade fortschreitende Versicherheitlichung wird dabei als eine der Etappen einer Ereigniskette betrachtet, die im 20. Jahrhundert den Verlauf der östlichen Grenze, ihre Durchlässigkeit, den Charakter und die Funktionen mehrmals veränderte. Diese Ereignisse bestimmten den Lebensrhythmus der Bewohner der Region und verliehen ihnen einen Bezugsrahmen für die Identitätsbildungsprozesse. Aus dieser Perspektive darf danach gefragt werden, wie diese einem vielfältigen Wandel unterliegende Grenze durch die Bewohner des Grenzraums wahrgenommen und in ihrem kollektiven Bewusstsein konstruiert wurde, was sie für diese Gruppe (ihr kollektives Zugehörigkeitsgefühl) bedeutete und schließlich welche Handlungsstrategien diese Menschen im Umgang mit dieser Grenze entwickelt haben. Da diese Fragen in der Vergangenheit liegende Prozesse betreffen, muss an dieser Stelle auf die Schwierigkeiten hingewiesen werden, mit denen unverändert jegliche Versuche einer Rekonstruktion des kollektiven Gedächtnisses verbunden sind. Offenbar ist ein detailgetreues Gedächtnis aufgrund von „erschreckende[r] Unzuverlässigkeit und Fehlerhaftigkeit aller Erinnerungen" (Fried 2004: 46) unmöglich, woraus folgt, dass die diesem Gedächtnis folgende Geschichte zwar einen Wahrheitsanspruch erheben kann, gleichzeitig aber vor allem eine gegenwartsbezogene Konstruktion darstellt. Eine Heranführung historischer Tatsachen darf nicht mit einer objektiven Wiedergabe der Vergangenheit gleichgesetzt werden, denn „Erinnern konstruiert Vergangenheit. Wir operieren, mit anderen Worten, nicht mit Vergangenheit, sondern mit Geschichten, in deren Konstruktion die Vorstellungen eingehen, die wir uns von der Beschaffenheit von Vergangenheit machen" (Schmidt 1991: 388). Aus diesem Grund darf auch die im Folgenden präsentierte Rekonstruktion der Funktionen dieser Grenze in der Nachkriegszeit wie auch ihrer Rolle im Alltag der Grenzbewohner nur mit Vorsicht genossen werden: Es handelt sich dabei offensichtlich um aus gegenwärtiger Sicht rückblickend rekonstruierte Bilder. Gleichzeitig liefern diese jedoch Auskunft darüber, wie diese Grenze über Jahrzehnte ihre Funktionen veränderte und lassen auch darauf schließen, wie die Grenzbewohner sich die Grenze vorstellten, d.h. von welchen Dimensionen ihres Funktionierens sie sich am stärksten betroffen fühlten.

6.2.1 Erinnerung an die ‚Freundschaftsgrenze'

Nach Beendigung des Zweiten Weltkrieges wurde der Verlauf der Staatsgrenzen Polens neu festgelegt, die heutige Gestalt der östlichen Grenze wurde bspw. erst 1947 endgültig definiert (vgl. Stępień 2001). Die Jahre unmittelbar nach dem Kriegsende waren für die Bewohner dieser Gebiete mit großer Unsicherheit bezüglich ihrer Zukunft verbunden, ähnlich der Situation in den westlichen, sogenannten „zurückeroberten Gebieten" (vgl. Stokłosa 2001). Der Prozess der Festlegung des Grenzverlaufes hat Wanderungsbewegungen von großen Gruppen von Menschen verursacht, die versuchten, auf die aus ihrer Sicht ‚richtige' (d.h. in meisten Fällen dem polnischen Staat unterliegende) Seite der Grenze zu gelangen. Diese Migrationen waren in der besagten Periode aufgrund des immer noch undefinierten Verlaufs der dazu noch schwach kontrollierten Grenze möglich, sie waren aber auch zunehmend von staatlich angeordneten großen Umsiedlungsaktionen begleitet, die vor allem darauf abzielten, diese Gebiete von der ukrainischstämmigen Bevölkerung zu ‚säubern' und sie zu ethnisch rein polnischen Gebieten umzugestalten. Diese Aktionen deuteten bereits den Anfang eines Prozesses der Sicherung der östlichen Grenze an, der ihren Verlauf und Charakter für die ganzen Jahrzehnte der Nachkriegszeit entscheidend verändern sollte. War es in den ersten Jahren nach dem Kriegsende für die Bewohner der Region immer noch möglich, die Grenze zu überschreiten und die Kontakte mit den auf der anderen Seite verbliebenen Familienmitgliedern aufrechtzuerhalten (was in dieser ethnisch traditionell durchmischten Region oft anzutreffen war), so wurde das bereits einige Monate nach Festlegung des Grenzverlaufs deutlich erschwert, und die endgültige Korrektur des Grenzverlaufs setzte diesem Prozedere ein Ende.

Der sich zu jener Zeit bereits klar abzeichnende Prozess der Versicherheitlichung der östlichen Grenze ist durch eine spezifische Zwiespältigkeit charakterisiert: Während die Staaten des Ostblocks offiziell miteinander eine Art Zone des freien Waren- und Menschenflusses errichtet hatten und in der Sprache der offiziellen Regierungspropaganda deswegen von „Freundschaftsgrenzen" die Rede war, blieb diese Freizügigkeit über die gesamte Periode tatsächlich eine Fiktion; die Grenzen waren faktisch einer sehr strikten Überwachung unterzogen. Die polnisch-sowjetische „Freundschaftsgrenze" stellte in der hier untersuchten Region eine künstlich errichtete Barriere dar, die durch eine historisch gewachsene und einheitliche Region gezogen wurde. Sie zerriss die bestehenden ethnischen, kulturellen und sozialen Bande und führte auch zum langsamen Absterben der vorhandenen ökonomischen Verbindungen, was wiederum den ohnehin stark peripheren Charakter dieser Gebiete verstärkte (Kawałko 2006).

Die plötzliche Veränderung im Charakter dieser Grenze, zu der es nach dem Zweiten Weltkrieg gekommen war, wird in den Erinnerungen der Zeitzeugen immer wieder hervorgerufen und ihre neue Gestalt dominiert alle Erinnerungen an jene Zeitperiode:

> (…) ich habe als Kind den Eltern auf dem Feld geholfen und da habe ich gesehen, wie diese Grenze kontrolliert wurde. (…) ich habe gesehen wie systematisch das war… und zwar von der anderen Seite, systematisch patrouillierten bewaffnete Soldaten paarweise und diese Grenze war überwacht, nicht so wie jetzt. [I 1-1]
> (…)
> Es gab einen Stacheldraht und es gab Kontrollen. (…) und solche Wachtürme, in denen ihre Funktionäre saßen und beobachtet haben, was in diesem Raum passierte. [I 2-4]

Diese Art der Einordnung des Grenzraumes (zu dessen unabdingbaren Elementen der Stacheldraht und die Patrouillen durch die Soldaten gehörten) hatte zur Folge, dass diese Grenze schon durch ihr Erscheinungsbild die Menschen davon abschreckte, sich in ihrer Nähe aufzuhalten. Es darf also als Erfolg jener ‚ersten Versicherheitlichung' betrachtet werden – eine bestimmte räumliche Anordnung gepaart mit Praktiken der Sicherheitsakteure hat ein aus der Sicht der Autoren dieser Politik erwünschtes Verhalten der Subjekte verursacht. Eine der Folgen davon war (was die Interviews zu bestätigen scheinen), dass der gesamte Grenzbereich im alltäglichen Leben der Grenzbewohner nur eine geringe Rolle als Bezugspunkt für die alltäglichen Aktivitäten gespielt hat. Vielmehr wurde diese Grenze als ein Fremdkörper betrachtet, der gewissermaßen ‚neben' den Grenzorten funktionierte, mit ihnen aber nur ganz wenige Berührungspunkte hatte.

Erst die Dekade der 1970er und vor allem der 1980er Jahre brachte immer mehr Lücken in das System der Kontrolle dieses Grenzabschnitts. In den 1970er Jahren erfuhr Polen eine relative Liberalisierung der politischen Situation, die von der Parteiführung um Edward Gierek vorangetrieben wurde, was sich auch auf die Situation an den Grenzen ausgewirkt hat – die Grenzkontrollen wurden gelockert und den Polen die Möglichkeit gegeben (wenn auch mit einer Reihe von Bedingungen belegt), ins Ausland zu reisen. Auch Reisen zu touristischen Zwecken in die meisten Ostblockstaaten wurden möglich – die einzige Ausnahme stellte lange Zeit die Sowjetunion dar, deren geschlossene Grenze zu Polen sogar innerhalb des Ostblocks ein Kuriosum darstellte[135]. Die beiden Staaten unterzeichneten erst 1979 einen Vertrag über den visafreien Reiseverkehr (vgl. 3.2.3.2), was die Lage an diesem Grenzabschnitt etwas entschärfte und den polnischen Staatsbürgern Reisen in das Nachbarland ermöglichte – auf den Ausflügen mit sogenannten Freundschaftszügen sollten (ausgewählte) Reisende im Rahmen eines streng vorgeschriebenen Programms die Errungenschaften des Sozialismus und v.a. die Überlegenheit seiner sowjetischen Ausprägung kennen lernen. Die bei dieser Gelegenheit gemachte Erfahrung eines ersten Kontaktes mit der sowjetischen Grenze und den Grenzfunktionären war für die meisten Polen mit einem gewissen Kulturschock verbunden:

> (…) ich kann mich sehr unangenehm an meinen ersten Ausflug in die Sowjetunion erinnern; wir haben mit dem Zug die Grenze in Schehyni überquert, dort war die Grenzkontrolle, und das war schrecklich (…). Wir wurden aus diesem Zug herausgeführt zur Kontrolle, die Frauen wurden von einer Funktionärin kontrolliert, die Männer von einem Mann; es sah so aus, dass wir uns in einer Kabine fast nackt ausziehen mussten […]. [I 2-5]

Solche Vorfälle prägten unter den Bewohnern der Region das Bild der Sowjetunion und der Ukrainer für lange Jahre. Es sei auch darauf hingewiesen, dass solche Aussagen der interviewten Grenzbewohner die in der Literatur manchmal vertretene These von der vermeintlichen ‚Selbstverständlichkeit' jener Grenze hinterfragen lassen (Kurczewska 2005: 34 f.).

Trotz der oben beschriebenen Unannehmlichkeiten nutzten in der zweiten Hälfte der 1970er Jahre immer mehr Polen die Möglichkeit einer Reise in die Sowjetunion, zumal sich neben dem offiziellen Grund (d.h. dem Transittransfer über die ukrainische Sowjetrepublik an eins der Lieblingsziele der polnischen Reisenden, die Schwarzmeerstrände von Bulgarien bzw. Rumänien) auch die

---

[135] Als einzige Ausnahme gilt die den Bewohnern der Region zu jener Zeit erteilte Erlaubnis, die auf der anderen Seite der Grenze verbliebenen Familienmitglieder zu besuchen, was mit der Festlegung des Grenzverlaufs im Jahr 1947 praktisch unmöglich geworden war.

Gelegenheit bot, an Waren zu kommen, die in Polen nicht zugänglich bzw. sehr teuer waren. Somit stand die Zeit vom Ende der 1970er über die 1980er Jahre bis zum Zerfall der Sowjetunion (mit einer Pause der Abkühlung der Beziehungen zur Zeit der „Solidarność") an dieser Grenze unter dem Zeichen ihrer fortschreitenden Öffnung und der Entwicklung des Phänomens des Grenzhandels:

> (…) da waren ziemlich lange Warteschlangen, als die Menschen unsere Region auf dem Weg nach Bulgarien durchquerten (…), zu touristischen Zwecken [lacht]; also das war so in Anführungszeichen touristisch, nicht wahr, das war dieser illegale Handel, aber ich kann mich an die langen, sogar ein paar Kilometer langen Schlangen erinnern (…). [I 1-6]

Die 1980er Jahre sahen an dieser Grenze ein weiteres unaufhaltsames Wachsen des Phänomens des Grenzhandels, der (zusammen mit den Warteschlangen als unabdingbarem ‚landschaftlichen Element') nach 1990 alle anderen Ereignisse an der Grenze überschatten sollte.

Es kann keine verallgemeinernde Charakteristik der polnisch-ukrainischen Grenze zur Zeit des Kalten Krieges gegeben werden, denn auch wenn auf diese Grenze durchaus die Bezeichnung ‚geschlossen' zutraf und die ganze Periode als eine Zeit der ersten Versicherheitlichung charakterisiert werden kann, so handelte es sich dennoch um keinen einheitlichen Prozess. Vielmehr machte er unterschiedliche Entwicklungsphasen durch, in denen der Grad der Durchlässigkeit der Grenze variierte. Entsprechend komplex war auch die Wahrnehmung dieser Grenze durch die Bewohner dieser Region, wenngleich dieses Verhältnis durch eine gewisse Ambivalenz charakterisiert ist: Zwar beeinflusste die Grenze das Leben der Grenzbewohner stark durch den Charakter, den sie der Region aufgrund ihrer Form und Funktionen verlieh, gleichzeitig aber war sie im Alltag dieser Menschen eigentlich nicht vorhanden. Es darf als paradoxes Ergebnis der Politik der Versicherheitlichung verstanden werden (oder gerade als Beweis ihres großen Erfolges?), dass diese Grenze gerade aufgrund ihrer starken Präsenz im Leben der Region eine Trotzreaktion ihrer Bewohner hervorgerufen hat, die in der Abkehr von dieser Grenze, im Rückzug ins Private bestand:

> (…) aber eine direkte Beziehung, dass da die Grenze ist, habe ich hier nicht gespürt. (…) Es gab die Eisenbahn und die Grenze war die Endstation der Linie, mit der ich nach Przemyśl gefahren bin. (…) diese Richtung war eher... schon seit der Kindheit... dort sind nur Felder und in dieser Richtung, da passierte eigentlich nichts mehr... [I 2-1]

Der Grenzraum, der den Bewohnern der Region nichts anzubieten hatte, sondern auf diese nur abschreckend wirkte, scheint hier nur ein Element der Landschaft wie alle anderen auch gewesen zu sein. Die Aufmerksamkeit dieser Menschen, die durch die Erfahrung des Lebens ‚neben der Mauer' stark geprägt waren, und alle ihre Pläne wandten sich in westliche Richtung. In der zweiten Hälfte der 1980er Jahre setzte mit der zunehmenden Öffnung (bzw. präziser gesagt: Erosion) dieser Grenze auch ein Prozess des symbolischen Heranrückens der Grenze an Medyka ein: Während sie bis dahin in den Handlungsstrategien der Grenzbewohner eine relativ geringe Rolle gespielt hatte und in der Vorstellung als ein weit entfernter (im geographischen wie symbolischen Sinne) Punkt ‚hinter dem Dorf, hinter den Feldern' lag, nahm ihre Bedeutung in den Jahren vor 1989 ständig zu, so dass sie in den 1990er Jahren für eine große Gruppe der Einwohner zum wichtigsten Bezugspunkt ihres Lebens und der damit verbundenen Strategien geworden ist.

6.2.2 Die Grenzregion in der Transformationszeit – Erfahrung der ‚Grenzerosion'

Trotz der im vorangegangenen Abschnitt beschriebenen Beispiele der zunehmenden Durchlässigkeit blieb die Hauptfunktion der Grenze in der Nachkriegszeit unverändert und die Möglichkeiten ihres Überschreitens für die meisten Menschen sehr beschränkt. Diese Situation änderte sich sehr deutlich nach der Wahl Gorbatschows zum Generalsekretär der sowjetischen Kommunistischen Partei, so dass sich in dieser Region bereits zur Zeit der Perestroika ein Prozess beobachten ließ, den Zbigniew Rykiel als „Erosion der Grenzen" bezeichnet hat (Rykiel 1995). Es kam zu einer Liberalisierung der Kontrollen an dieser Grenze, wie von einem Grenzschutzfunktionär rückblickend beschrieben:

> (...) später, Ende der 1980er, gab es einen unglaublichen Anstieg des Grenzverkehrs, hier hatte er sogar 8 Mio. überschritten, also das waren große Zahlen (...). Es gab jede Menge Züge, es gab Verbindungen Warschau-Bukarest, Warschau-Sofia, es gab Züge nach Lemberg und Kiew (...) und es gab wirklich große Mengen von Reisenden, die die Grenze überschritten. [W-7]

Die Unabhängigkeitserklärung der Ukraine im Juli 1990 und der Zusammenbruch der Sowjetunion 1991 führten zu weiteren Veränderungen und schließlich zur völligen Öffnung der Grenze. Die 1990er Jahre, die Zeit der Systemtransformation in Polen, brachten den östlichen Grenzregionen eine tiefe wirtschaftliche Krise; in dieser Situation stieg die Bedeutung der nun geöffneten Grenze und viele Grenzbewohner verbanden ihre Hoffnungen und Überlebensstrategien in der schwierigen Zeit mit ihr. Vor diesem Hintergrund ist auch die Herausbildung eines neuen Grenzraumes zu verstehen.

Der Prozess der Erosion der polnisch-ukrainischen Grenze schritt in den letzten Jahren des Bestehens der Sowjetunion immer schneller voran, was insbesondere nach der Liberalisierung der Passvorschriften durch die Sowjetunion im Jahr 1990 und der Dezemberrevolution in Rumänien zu einem rapiden Anstieg der Zahl der Grenzüberschreitungen führte (Malikowski 2010b: 12). In jenen Monaten erfüllte diese Grenze ihre ursprünglichen Funktionen schon lange nicht mehr. Obwohl die entsprechenden Behörden am Grenzübergang immer noch ihre Arbeit ausübten und Kontrollen durchgeführt wurden, handelte es sich hier mehr um eine Fiktion, die für einige Zeit aufrechterhalten wurde:

> Die Politik ist viel liberaler geworden und es gab die Freizügigkeit im ehemaligen Ostblock, es gab keine größeren Kontrollen und auch keine Pflicht, irgendwelche finanziellen Mittel nachzuweisen – es gab so was nicht, nicht mal eine solche Idee. Es gab Einladungen, aber diese Dokumente waren meistens fiktiv (…) außerdem achtete keiner darauf… ich meine, sie alle haben sich als Touristen deklariert, aber es war doch klar, dass es um Handel ging (…). [W-7]

Nach der Unabhängigkeitserklärung der Ukraine und der totalen Öffnung der Grenze stand der weiteren Entwicklung des grenzüberschreitenden Handels nichts mehr im Weg und folglich wurde er auch sehr schnell zum dominierenden Zweig der regionalen Wirtschaft. Diesem Phänomen und seiner Bedeutung für die Grenzregion ist der folgende Abschnitt gewidmet.

6.3 Entstehung neuer Grenzräume und das Phänomen der informellen Wirtschaft

Die ersten Jahre der Systemtransformation waren in Polen u.a. mit der Notwendigkeit einer Umstrukturierung der Industrie verbunden, die sich insbesondere in den östlichen Regionen als besonders schwierig erwies.

In den Erinnerungen der Grenzbewohner an diese Zeit wird den wirtschaftlichen Nöten viel Platz gewidmet. Diese waren durch die Probleme mit der Umstellung der in der Region lokalisierten Betriebe verbunden; im Fall von Medyka war es die Eisenbahn, die dort eine wichtige Umlagestation für den Eisenerzhandel mit der Sowjetunion hatte und somit der größte und wichtigste Arbeitgeber der Region war. Der Zusammenbruch der Sowjetunion bedeutete das Ende des Handels und zog auch zunehmende Probleme für das Unternehmen Polnische Staatsbahn nach sich:

> [Die Bahn] war hier der wichtigste Arbeitgeber; hierher, nach Medyka, kamen Züge mit Menschen zur Arbeit, Züge aus Rzeszów. Es waren ganze Züge mit Arbeitern. Um sechs Uhr früh kam der Zug aus Rzeszów und das waren praktisch nur die Arbeiter aus Rzeszów, die hier bei dieser Umlagestation arbeiteten... und praktisch jeder, in der Mehrheit der Familien in Medyka gab es jemanden, der bei der Eisenbahn arbeitete. [I 1-7]

Die Welle der Massenentlassungen der Bahnarbeiter, zu der es im Rahmen der Umstrukturierung in den ersten Jahren nach der Wende gekommen war, traf Medyka und die umgebenden Dörfer besonders stark. Neben der Bahn gab es noch einige andere Betriebe, v.a. im elektromechanischen Bereich und in der Möbelindustrie, die sich Anfang der 1990er Jahre zu Gruppenentlassungen ihrer Arbeiter gezwungen sahen. Zur ungefähr gleichen Zeit wurden in ganz Polen die sog. Staatlichen Landwirtschaftsbetriebe (pol. *Państwowe Gospodarstwa Rolne*) aufgelöst – für Medyka und Krościenko bedeutete diese Entscheidung eine nächste Welle von Entlassungen der dort beschäftigten Menschen. Im kollektiven Gedächtnis der Grenzbewohner (obwohl sie eigentlich die ganze Woiwodschaft betrifft) wird diese Periode im Kontrast zu der als für die Region günstig empfundenen Zeit Volkspolens als „dunkle Zeiten" der Armut, Arbeitslosigkeit und des erdrückenden Gefühls der Perspektivlosigkeit konstruiert:

> Die frühere Zeit, ich sage Ihnen, ich erinnere mich daran als an die Zeit als alle Leute Arbeit hatten (...). Es gab Arbeitsplätze, Medyka war, würde ich sagen, ein reiches Dorf, die Gemeinde auch, auch wenn die Mehrheit Bauern waren, heute sieht das schon ganz anders aus (...). [I 2-4]

Als möglichen Ausweg aus dieser neuen Situation haben die direkt Betroffenen hauptsächlich zwei Strategien entwickelt: Zum Ersten verstärkte sich das Phänomen der Arbeitsmigration aus der Region; diese hat in Ostpolen eine lange, bis ins 19. Jahrhundert zurückreichende Tradition und wurde wohl aus diesem Grund unter den Bedingungen der offenen Grenze als „natürlicher Weg" betrachtet. Darüber hinaus boten sich für viele Betroffene verschiedene Formen informeller wirtschaftlicher Aktivitäten als eine sehr attraktive Alternative dar[136].

Es sei an dieser Stelle anzumerken, dass das Zurückgreifen auf die informellen Netzwerke in den Staaten des Ostblocks bereits vor der Wende eine sehr

---

[136] Es wird hier die Definition von Bruns/Miggelbrink/Müller benutzt, die unter ‚informell' jede Form des menschlichen Handelns versteht, die „embedded in small trust-based social networks between individuals who undertake economic actions outside state control" ist (Bruns/Miggelbrink/Müller 2011: 666). Der Grad der ‚Informalität' einer jeweiligen ökonomischen Aktivität hängt offenbar immer davon ab, welche Rahmenbedingungen von dem jeweiligen Staat bestimmt werden (mehr dazu vgl. u.a. Neef 2002; Portes/Haller 2005; Bruns/Miggelbrink/Müller 2011).

verbreitete Handlungsstrategie darstellte (Ledneva 2006; Wellman/Sik 1999). Da sie bei der Kompensation der Defizite der planwirtschaftlichen Systeme dieser Staaten halfen, wurden sie von ihnen oft toleriert – wie bspw. die Untersuchungen zur *blat*-Kultur in der Sowjetunion nachweisen (Ledneva 2006). Unter den Bedingungen der Systemtransformation der frühen 1990er Jahre nahm die Bedeutung dieser Netzwerke weiter zu. Insbesondere aus Sicht der ‚Verlierer' dieser Übergangsphase stellten sie eine sehr wichtige Ressource dar, „enabling households to cope with poverty, unemployment or economic uncertainty and/or to develop a new material basis" (Neef 2002: 1).

Angesichts des oben Gesagten ist die erfolgte rasante Entwicklung der inoffiziellen Wirtschaftsstrukturen in den MOE-Staaten als eine strukturelle Erscheinung der Rationalisierung im ökonomischen Sektor zu betrachten (Altvater/Mahnkopf 2002). Dabei wird eine interessante Gesetzmäßigkeit sichtbar: Während die sogenannten offiziellen wirtschaftlichen und politischen Akteure in dieser Übergangsphase der ersten Jahre der Systemtransformation eher unbeholfen agierten, konnte sich die informelle Wirtschaft sehr schnell an die veränderten Rahmenbedingungen anpassen (Stryjakiewicz 1998: 204). Auch das Karpatenvorland stellt ein gutes Beispiel dieser Entwicklung dar: Zwar wurde hier bereits 1993 die Euroregion Karpaten gegründet, aber aufgrund der schwierigen wirtschaftlichen Lage auf beiden Seiten der Grenze fiel die Aktivität der Unternehmer bescheiden aus (Marczuk/Palka 2002; Rebisz 2002). Eine Veränderung dieses Zustands erfolgte erst, nachdem Polen um das Jahr 2000 größere wirtschaftliche Stabilität erlangt hatte und folglich polnische Unternehmer verstärkt in der Ukraine zu investieren anfingen (Müller 2013: 124). Im Gegensatz dazu entwickelten sich die informellen wirtschaftlichen Kontakte während der gesamten 1990er Jahre ungehindert weiter[137].

Diese informelle Wirtschaft, die meistens die Form des Grenzhandels und -schmuggels[138] annahm, wurde von der Forschung oft vernachlässigt, sie spielte aber eine wichtige Rolle als Stimulus der wirtschaftlichen Entwicklung dieser peripheren Regionen, die in der Transformationszeit meistens ohne große Unterstützung seitens der jeweiligen Zentralregierungen auskommen mussten. Die schwierige wirtschaftliche Lage der Grenzregionen in der Zeit der Systemtrans-

---

[137] Anna Słojewska berechnete anhand der Statistiken des Wirtschaftsministeriums, dass der Gesamtumsatz des privat betriebenen Grenzhandels im Jahr 1996 ca. 29% der gesamten polnischen Exporte ausmachte (vgl. Stryjakiewicz 1998: 204).

[138] Eine begriffliche Unterscheidung zwischen Kleinhandel und Schmuggel gestaltet sich schwierig; bei verschiedenen Formen des Kleinhandels kann es sich auch um Schmuggel handeln, jedoch ist nicht jede Form des Kleinhandels Schmuggel. Diese Aspekte werden hier nicht weiter untersucht, der Leser sei u.a. an Haller 2000: 241 und Wagner 2011: 23 verwiesen.

formation, die sich zur Mitte der 1990er Jahre zuspitzte, hatte dazu geführt, dass diese informelle Wirtschaft (und insbesondere der Grenzhandel) in diesem Teil Polens viel größere Dimensionen erreichte als bspw. an der deutsch-polnischen Grenze[139]. Außerdem war dieses Phänomen im Osten deutlich dauerhafter und hatte einen viel stärkeren Einfluss auf die Entwicklung der Regionen (vgl. Stryjakiewicz 1998). Aufgrund dieser Entwicklung wurde im Volksmund für die ostpolnischen Regionen ganz schnell die Bezeichnung ‚Basar-Landschaft' benutzt.

Auch im Karpatenvorland entstanden solche Märkte sehr früh; zunächst in größeren Städten (wie Przemyśl, der etwa zehn Kilometer von der Grenze entfernten zweitgrößten Stadt der heutigen Woiwodschaft Karpatenvorland), später, nach der der Eröffnung des Grenzübergangs für Fußgänger in Medyka im Jahr 1992, auch in mehreren kleinen Orten entlang der Grenze. Auf diesen Märkten verkauften Händler aus dem Osten verschiedene Waren, die in ihren Ländern geringfügiger besteuert waren, um im Gegenzug von Polen Produkte zu erwerben, die in ihren Ländern schwierig zu bekommen waren (wie bspw. Kosmetika oder Möbel). Diese Entwicklung, gepaart mit den steigenden Preisen verbrauchsteuerpflichtiger Waren, führten zur Entstehung einer neuen Gruppe der Kleinhändler, den sogenannten Ameisen (pol. *mrówki*), deren Hauptbeschäftigung darin bestand, die Grenze mehrmals am Tag zu überqueren, um in der Ukraine zu niedrigeren Preisen gekaufte Waren gewinnbringend auf der polnischen Seite zu verkaufen. Die Vertreter dieser Gruppe rekrutierten sich hauptsächlich aus Grenzbewohnern. Aus heutiger rückblickender Perspektive ist es schwierig, ihren Anteil an der Gesamtzahl der Bevölkerung der Grenzorte zu bestimmen (es liegen auch keine offiziellen Statistiken vor). Die Bewohner der Grenzorte schätzten ein, dass auf dem Höhepunkt der Entwicklung dieses Phänomens ca. ein Drittel der Dorfbewohner – Erwachsene wie Jugendliche – als Ameise gearbeitet hat. Dieser Anteil nahm offenbar mit Verschärfung der Krise der ersten Jahre der Systemtransformation zu:

> In jenen Jahren, als der Grenzübergang für Fußgänger eröffnet wurde, da konnte man am Anfang die ‚Ameisen' an den Fingern einer Hand abzählen (...) das war wirklich eine sehr kleine Anzahl, aber später, als die Arbeitsbetriebe Pleite gegangen sind, als es sich nicht mehr lohnte zu arbeiten, weil man immer nur den Mindestlohn bekam, als diese Grauzone sich zu entwickeln begann... da sah es so aus, dass manche Menschen nicht mehr arbeiten wollten, weil sie dasselbe verdienten, wenn sie Alkohol oder Zigaretten verkauften. [I 2-4]

Die Basare an sich stellen, aus der Perspektive der Untersuchung zur Konstitution von neuen sozialen Räumen betrachtet, ein interessantes Phänomen dar,

---

[139] So bestand in Przemyśl eine Zeit lang der größte Markt Polens (Wust/Haase 2002:20).

denn es handelte sich dabei um Orte, die aufgrund ihrer klaren Abtrennung nach außen in denjenigen Städten, in denen sie lokalisiert waren, wie auch aufgrund von spezifisch für sie geltenden Verhaltensregeln, in gewissem Sinne autonom waren.

Der soziale Raum des Basars brachte bestimmte Rollen hervor: Es ist offensichtlich, dass die zwischenmenschlichen Kontakte dort hauptsächlich Handelsfunktion besaßen, so dass bspw. von tiefer gehenden Prozessen des gegenseitigen Kennenlernens zwischen Polen und ihren ukrainischen Nachbarn nur bedingt die Rede sein kann. Die Kontakte zeichneten sich durch eine gewisse Eindimensionalität aus und waren (wie die Befragten bezeugen) faktisch auf den Raum des Basars beschränkt, was – wie noch gezeigt wird – weitreichende Konsequenzen für die spätere Entwicklung der polnisch-ukrainischen Kontakte im Kontext der fortschreitenden Versicherheitlichung in dieser Region haben sollte (vgl. 6.5). Auch der Basar in Medyka entwickelte seine eigene Dynamik und wurde zu einer Art Mikrokosmos, in dem ein großer Teil der sozialen Aktivität der Gemeinde stattfand. Die Bedeutung dieses Basars im Leben der Grenzbewohner nahm kontinuierlich zu, so dass er schnell zum wichtigsten Bezugspunkt für einen großen Teil der Einwohner von Medyka und der Nachbarorte wurde. Für die „Ameisen" wurde der Grenzhandel für fast ein Jahrzehnt zur wichtigsten und oft einzigen Einkommensquelle und der Basar dadurch zum Arbeitsplatz, vergleichbar mit einer Fabrik bzw. einem Büro:

> (...) es sah ein wenig so aus, dass zu bestimmten Tageszeiten diese Straße, die von der Bushaltestelle zum Grenzübergang führt, voll war. Die Menschen kamen hier mit den Bussen an und gingen dann zur Arbeit, ähnlich wie zur Zeit des Sozialismus, aber nicht ins Eisenwerk, sondern an die Grenze, um zu schmuggeln, wie man bei uns sagte. [I 1-7]

An jenen Raum wird von denjenigen, die am Grenzhandel beteiligt waren, aus heutiger Perspektive gern und (vor allem von dem Hintergrund seines durch die spätere Versicherheitlichung der Grenze verursachten Niedergangs) mit einer gewissen Nostalgie erinnert.

Die Entwicklung des Grenzhandels in den Regionen Ostpolens war das natürliche Ergebnis der langsamen Erosion der Grenzen, die bereits in den 1980er Jahren eingesetzt hatte. Ihre Öffnung nach 1989 hat dazu geführt, dass dieses Phänomen sehr schnell eine bis dahin unvorstellbare Dimension erreichen konnte (Malikowski 2010b: 12-15; Stryjakiewicz 1998). Die Entstehung und die rapide Entwicklung des Grenzhandels dürfen als ein Teilaspekt des Aufbaus grenzüberschreitender Beziehungen betrachtet werden, zu denen es nach dem

Zerfall des Ostblocks in den meisten Ländern Mittel- und Osteuropas gekommen ist. Es wurde bereits darauf hingewiesen, welche Dimensionen diese Form der grenzüberschreitenden Aktivität erreichen konnte, wie auch, dass sie in der schwierigen Phase der Systemtransformation die wirtschaftliche Entwicklung der ostpolnischen Grenzregionen abfing. Gleichzeitig jedoch barg sie große Risiken für deren langfristige Entwicklung in sich, deren Existenz man sich lange Zeit nicht bewusst war und die erst Jahre später zum Vorschein kamen. Die starke Orientierung des regionalen Wirtschaftssystems auf den Grenzhandel geschah oft auf Kosten größerer Projekte, welche mit Chancen auf eine nachhaltige Entwicklung verbunden waren – diese konnten von den Lobbys der Kleinhändler erfolgreich blockiert werden (vgl. Stryjakiewicz 1998: 204). Die voranschreitende Abhängigkeit der Region von der Ressourcefunktion der Grenze bedeutete, dass das Wohl der Woiwodschaft in hohem Maß vom Grad der Durchlässigkeit dieser Grenze abhing – als der Prozess der Versicherheitlichung dieses Grenzabschnittes einsetzte, wurde klar, wie fragil diese Ordnung war. Schließlich war diese Entwicklung auch mit schwerwiegenden Folgen für eine große Gruppe der Grenzbewohner verbunden, nämlich für diejenigen Menschen, die die Grenzarbeit (ob als Kleinhändler oder Schmuggler) zu ihrer einzigen Einkommensquelle gemacht hatten.

6.4 Versicherheitlichung in der Grenzregion - Wahrnehmung des Prozesses durch die Grenzbewohner

Die durch die Wende des Jahres 1989 verursachte Öffnung der Grenzen, deren Charakter in den östlichen Regionen am besten mit ‚Erosion' wiedergegeben wird (Rykiel 1995), hat zur Entstehung eines Grenzregimes geführt, das der Dynamik der Ereignisse im Grenzraum nicht folgen konnte. Diese Situation hielt über die gesamten 1990er Jahre an, und ihre Veränderung wurde erst im Zuge des polnischen EU-Beitrittsprozesses herbeigeführt. Die damit einhergehende Versicherheitlichung dieses Grenzabschnittes hat die Lage in den grenznahen Regionen grundlegend verändert. Im Folgenden wird die Wahrnehmung dieses Prozesses der Grenzschließung und der dadurch verursachten Veränderungen (u.a. des Niedergangs des Grenzhandels) durch die direkt betroffenen Bewohner der Grenzorte erläutert.

Zwar hat die Europäisierung der polnischen Migrationspolitik in den frühen 1990er Jahren eingesetzt (vgl. Kapitel 3), doch als erste daraus folgende Veränderung an der ostpolnischen Grenze darf die erst 2003 erfolgte Einführung der Visapflicht für die östlichen Nachbarn Polens gedeutet werden. Dies war auch für die meisten Bewohner der Region der erste direkte Kontakt mit den Institutionen der EU und der Politik der Versicherheitlichung. Zwar war dieser Schritt natürlich nur eine der Episoden im Prozess der polnischen EU-Integration und ein Ergebnis der fortschreitenden Europäisierung der polnischen Migrationspolitik, für die meisten Grenzbewohner war jedoch erst diese Veränderung ein greifbares Signal dafür, dass sich die Grenzlandschaft bald unwiderruflich ändern könnte. Wie von den Grenzbewohnern befürchtet, hatte dieses Ereignis eine unmittelbare und sofortige Auswirkung auf den Grenzverkehr – die Zahlen der Grenzübertritte durch die Reisenden aus dem Osten gingen von einem Tag auf den anderen dramatisch zurück (vgl. Kapitel 3) – und damit auch auf den davon abhängigen Grenzhandel. Die Visapflicht war zwar hauptsächlich gegen Ausländer gerichtet und beschränkte die Reisefreiheit der Polen nicht, doch inzwischen waren auch die polnischen Regionen weitgehend vom Grenzhandel abhängig und entsprechend stark wurden sie von der Veränderung getroffen. Aus diesem Grund war die Resonanz in der Region auf die Visapflicht groß. Auch wenn sich die Folgen ihrer Einführung aus der Perspektive der Betroffenen letztendlich als weniger gefährlich erwiesen als befürchtet, weil sich der Grenzhandel (und mit ihm auch andere Wirtschaftszweige) nach einiger Zeit von der Krise erholen konnte, so waren die Reaktionen im Vorfeld der Einführung dieser Regelung sehr stark, und es wurde in der Region auf verschiedene Weise versucht, Druck auf die polnische Regierung auszuüben, die Einführung dieser Vorschriften zu unterlassen bzw. hinauszuzögern.

Verglichen mit der Atmosphäre um die Einführung der Visapflicht wurde dem polnischen EU-Beitritt im darauf folgenden Jahr in der Region nur wenig Aufmerksamkeit beigemessen. Dieses Ereignis wird auch rückblickend in den Aussagen der Grenzbewohner nicht mit der Versicherheitlichung der Grenze in Verbindung gebracht. Es könnte als Beweis dafür dienen, dass der Prozess der EU-Integration, seine Folgen für Polen und die Region, bei den Einwohnern der Region nicht stark im Bewusstsein verankert war – eine Vermutung, die durch empirische Untersuchungen zur Einstellung der Bewohner der Region bestätigt zu sein scheint (vgl. Palak 2008). Dieses mangelnde Verständnis für die Integrationsprozesse führt dazu, dass einzelne Ereignisse auf sehr niedrigem Niveau wahrgenommen werden, dort, wo der Kausalzusammenhang sofort sichtbar ist. So wird bspw. die EU vorwiegend unter dem Gesichtspunkt ihrer Strukturfonds betrachtet (d.h. wie diese die unmittelbare Umgebung der Betroffenen verändert haben) und deswegen auch sehr positiv bewertet, der Schengen-Beitritt aber, der mit einer sofortigen Veränderung der Lage an der Grenze verbunden war, wird bereits sehr stark kritisiert:

(...) nachdem dieses Schengen-Abkommen hier in Kraft getreten ist, ist es zu enormen Veränderungen gekommen. Der Grenzverkehr wurde komplett gestoppt (...). Vor allem diese Handelspavillons, die dafür gebaut wurden, mussten fast alle geschlossen werden, weil es keine Nachfrage gab, keinen Verkehr (...). [I 1-1]

Angesichts der auch in dieser Region von den Landesbehörden für die Bewohner der Grenzorte durchgeführten Informationskampagnen erscheint es überraschend, dass die hier besprochenen Ereignisse dennoch nicht in ihrem tatsächlichen Kontext als Teile ein und desselben Prozesses eingeordnet werden können.

Die Aussagen zum Schengen-Beitritt machen einerseits deutlich, wie stark die Grenzpolitik der EU das Leben der Grenzbewohner in der untersuchten Region beeinflusst, andererseits lassen sie darauf deuten, wie tief gespalten verschiedene Gruppen der Grenzbewohner bezüglich der Bewertung der Folgen dieser Politik sind. Während ein großer Teil dieser Menschen diesen Schritt als Bedrohung ihrer Existenzgrundlage betrachtet und aus diesem Grund eine sehr negative Haltung hat, stellt er für andere einen Schritt in Richtung ‚Zivilisierung' der Situation im Grenzraum dar (vgl. 6.5). Im Allgemeinen ist jedoch die Haltung der Bewohner Ostpolens zu dieser Politik eher ambivalent. So zeigen bspw. die Ergebnisse einer Studie zur Wahrnehmung der neuen Außengrenzen der EU durch Bewohner aller polnischen Grenzregionen, dass die Bewohner der östlichen Regionen Polens ein vergleichsweise deutlich geringeres Vertrauen in die Verbesserung der Situation der Region aufgrund des Schengen-Beitritts aufweisen (Balawajder/Grochalski 2010)[140]. Dies darf wohl auch auf die Erfahrung der ‚Schließung' der Grenze zurückgeführt werden.

Als bisher letzte Etappe der Versicherheitlichung darf die Einführung der neuen Zollvorschriften im Dezember 2008 gedeutet werden, die die Menge der Einfuhrwaren veränderten, die aus der Ukraine nach Polen ohne Zollgebühr transportiert werden dürfen. Besonders die starke Beschränkung der Zahl der Zigaretten (von 200 auf 40 Stück) hat große Unzufriedenheit bei den Kleinhändlern und ‚Ameisen' ausgelöst, was schließlich zu Protesten am Grenzübergang geführt hat, die in Ausschreitungen mit der Polizei gipfelten (vgl. 5.3.1.4). Die

---

[140] Während 60,9 Prozent der Bewohner des westlichen Grenzabschnitts und 47 Prozent des südlichen „eine deutliche Verbesserung der Lage" als Resultat des Schengen-Beitritts gesehen haben, waren es nur 40 Prozent der Bewohner der östlichen Grenzregionen. Deutlich größer als bei beiden anderen Gruppen war auch die Anzahl derer, die „keine, weder positive noch negative Veränderungen" festgestellt haben (56,7 Prozent der Befragten gegenüber 33,3 Prozent im Westen und 45,9 Prozent im Süden). Interessanterweise war auch die Anzahl derer, die „eine Verschlechterung der Situation" nach dem Schengen-Beitritt feststellten, geringer (3,3 Prozent gegenüber 5,8 Prozent und 7,1 Prozent) (vgl. Balawajder/Grochalski 2010: 57).

Einführung dieser Vorschriften hat dem Grenzhandel vorläufig ein Ende gesetzt und stellt somit die bisher letzte Etappe im Prozess der Schließung dieser Grenze dar, die gleichzeitig zum Absterben dieser mit einem sehr offenen Charakter verknüpften Funktion geführt hat.

Besonders interessant erscheint vor dem Hintergrund der vorliegenden Untersuchung die Frage, wie die Grenzbewohner den Raum des Grenzüberganges wahrnehmen. Dort wird das volle Ausmaß der Versicherheitlichung sichtbar, sowohl in der räumlichen Anordnung, als auch in den institutionalisierten Verhaltensregeln, die den Grenzgängern auferlegt werden und den Techniken der Versicherheitlichung, die auf die Subjekte einwirken. Im Sommer 2010 wurde in Medyka ein neues Terminal eröffnet, das die Effizienz der Grenzkontrollen verbessern sollte. Wie im vierten Kapitel geschildert, zielt die räumliche Anordnung dieses neuen Terminals auf eine noch stärkere Kontrolle der sich in ihm befindlichen Reisenden. Dadurch wird dem gesamten Raum ein spezifischer Charakter verliehen, was auch bestimmte Reaktionen der Reisenden hervorruft. Insbesondere der erwähnte Korridor, „in dem es solche Schlangen gibt, dass man da manchmal sogar fünf Stunden warten muss in diesem Gedränge" [I 2-2], ist wiederholt zum Ort der Streitigkeiten und Ausschreitungen zwischen den Wartenden geworden, die von den Sicherheitskräften gelöst werden mussten. Das Verhältnis der Grenzbewohner aller identifizierten Gruppen zum versicherheitlichten Grenzübergang ist eindeutig negativ; das ganze System der Grenzkontrolle wird als ineffektiv betrachtet, woran die Modernisierung des Terminals nichts geändert hat, denn „am Fußgängerübergang gibt es nach wie vor diese Warteschlangen und dieser neu gebaute Pavillon zur Passkontrolle ist überhaupt nicht dazu geeignet, dass die Leute hier in menschlichen Bedingungen warten können" [I 2-4]. Neben dieser Kritik der Funktionalität des Kontrollsystems wird sehr oft (und hier unabhängig vom sozialen Status) grundsätzliche Kritik am Wesen dieses Systems geäußert, das sich in seiner Behandlung der Reisenden manifestiere. Die bereits beschriebene Anordnung des Grenzraums (die über den Grenzübergang hinausgeht, denn eigentlich wird in der ganzen Gegend durch den Grenzschutz ständig patrouilliert), die ständigen Ausschreitungen im Korridor und die minutiösen Kontrollen der Reisenden, erzeugen dort eine Atmosphäre des Misstrauens und der Überwachung, die die meisten Betroffenen als unmenschlich und erniedrigend empfinden:

> Diese Passkontrolle sieht so aus, dass ich nicht mehr weiß, ob es sonst woanders so was gibt. Nicht nur, dass sie [Grenzschutz] spezielle Geräte haben, mit denen sie sehr genau am Rücken oder im Schritt untersuchen, ob man keine Zigaretten versteckt, aber dann legen sie es ab und es fängt das Betasten an. Auch an den intimen Stellen, Männer und Frauen, ohne

> Skrupel. (...) dann muss man noch die Schuhe ausziehen. Also ich weiß nicht mehr, wie kann man das mit einer normalen Passkontrolle vergleichen? [I 2-5]
> (...)
> (...) es gefällt mir nicht, dass es hier ganz anders ist, als an anderen Grenzen. Ich hatte mehrmals die Gelegenheit, andere Grenzübergänge zu überschreiten und kann sagen, dass hier das Überqueren der Grenze die menschliche Natur verhöhnt. [I 2-4]

Aus der Perspektive der versicherheitlichenden Akteure kann die gewählte Konstruktion des Grenzübergangsraumes durchaus als gelungen betrachtet werden – schließlich wurde die angestrebte ‚Zähmung' bzw. ‚Zivilisierung' des Grenzverkehrs an diesem Grenzabschnitt erreicht. Doch dies erfolgte auf Kosten anderer Funktionen, die diese Grenze potenziell hätte entwickeln können, was insbesondere am Beispiel der Entwicklung der interethnischen Beziehungen in diesem Raum deutlich zutage kommt (vgl. 6.6).

Wie oben ausgeführt messen die Grenzbewohner den einzelnen Ereignissen, die als Etappen des Prozesses der Versicherheitlichung identifiziert werden können, unterschiedlichen Wert bei. Die Einführung der Visapflicht, der Schengen-Beitritt Polens und die Einführung der Zollvorschriften im Jahr 2008 wurden durch die Befragten als diejenigen Ereignisse genannt, die den größten Einfluss auf die Situation an der Grenze hatten, während der EU-Betritt Polens aus dieser Perspektive als Ereignis von relativ geringer Bedeutung bewertet wurde. Die Art und Weise, wie die Versicherheitlichung der Grenze durch die Grenzbewohner in den Interviews rekonstruiert wird, deutet wie erwähnt darauf hin, dass den meisten das Verständnis für den breiteren politisch-institutionellen Kontext dieses Prozesses fehlt. Die Prozesse werden meistens nur auf der Ebene der Registrierung ihrer äußeren Merkmale wahrgenommen, was wiederum dazu führt, dass nur diejenigen Ereignisse beanstandet werden, die die Situation im Grenzraum auf sehr direkte Art beeinflusst haben. Das kann auch als Erklärung für die auf den ersten Blick paradox anmutende Tatsache dienen, dass die Grenzbewohner ihren Unmut wegen der Folgen der Versicherheitlichung nur gegen die polnische Zentralregierung richten, die EU dagegen von der ‚Schuld' freisprechen. Die EU wird von ihnen mit ganz anderen Phänomenen in Verbindung gebracht als mit der Versicherheitlichung. Wegen letzterer wird die polnische Zentralregierung beschuldigt, der meistens Unkenntnis der Realität der Grenzregion bzw. einfach Unwillen vorgeworfen werden.

6.5 Handlungsorientierungen der Grenzbewohner

Die Versicherheitlichung der östlichen Grenze Polens hat die gesamte Dynamik in der Region entscheidend verändert. Die Untersuchungen zeigen, dass die Auswirkungen auf die Situation der Grenzbewohner sehr unterschiedlich waren. Verallgemeinernd darf festgehalten werden, dass die Antwort auf die Fragen, inwiefern die Handlungsstrategien der Betroffenen durch diese Erfahrung beeinflusst werden und wie sie sich letztendlich positionieren, in entscheidendem Maß von ihrem sozialen Hintergrund und den vorhandenen Ressourcen abhängt[141].

Gruppe 1

Zwar betraf die Umsetzung der Schengen-Regulierungen in der untersuchten Grenzregion alle Bevölkerungsgruppen, doch offenbar waren ihre Folgen für diejenigen Grenzbewohner am schwerwiegendsten, für die die ‚Arbeit an der Grenze' jahrelang die wichtigste (und zum Teil auch einzige) Einkommensquelle gewesen war. Bei einem Versuch der Rekonstruktion der inneren Struktur dieser Gruppe erweist sich die Studie von Mathias Wagner (2011) als besonders hilfreich. Dieser hat anhand empirischer Untersuchungen in den Grenzregionen eine Typologie von Akteursgruppen dargeboten, die dort auf unterschiedliche Art in den Schmuggel verwickelt sind. Die Vertreter der hier untersuchten Gruppe der Grenzbewohner gehören zu den sog. Akteuren 1. und 2. Ordnung der Wagnerschen Kategorisierung. Es handelt sich dabei um Menschen, die entweder selbst den Schmuggel realisieren (Schmuggler, Endverbraucher) oder Tätigkeiten ausüben, die ausschließlich mit Schmuggel verbunden sind (Händler der Schmuggelwaren) (vgl. Wagner 2011: 151). Einer der Befragten schildert das Prozedere:

> Von uns sind viele gefahren, vor allem wegen Zigaretten, Alkohol und Sprit. Das war der wichtigste Schmuggel. Bei uns in Lubaczów sind täglich um die 100 Personen losgefahren. Jeden Tag. Hin und zurück, hin und zurück…und sie kamen zurück mit bis zu 180 Liter Sprit, weil sie sich im Auto haben den Tank vergrößern lassen, ne? [lacht]…und so verdienten die Leute das Geld, einige von ihnen sogar echt gutes Geld (…) manchmal dank irgendeiner Abmache am Grenzübergang, da auf ukrainischer Seite (…) [I –L-1]

---

[141] Die im Folgenden angebotene Kategorisierung der unterschiedlichen Handlungsorientierungen der Grenzbewohner wurde von ähnlichen, von Mathias Wagner (2011: 150 ff.) bzw. Kristine Müller (2013: 192 ff.) entwickelten Typologien inspiriert.

Bezogen auf ihr Verhältnis zur Grenze hebt sich diese Gruppe wie bereits erwähnt (vgl. 6.3) von den Anderen dadurch ab, dass in ihrem kollektiven Bewusstsein die Zeit der ‚offenen Grenze' durchgehend positiv bewertet wird. Die Erinnerungen an jene Periode sind in den meisten Fällen sehr stark emotional gefärbt, es werden Bilder eines ‚goldenen Zeitalters' skizziert:

> Hierher kamen Menschen aus (...) dieser ganzen Region. (...) Hier tobte mal das Leben, und jetzt kommt nur der Grenzschutz nachts vorbei und sonst gibt es niemanden. Hier war alles die ganze Nacht über beleuchtet, hier lebten die Menschen, hier arbeiteten sie. Auf diesem Basar gab es 20 Läden (...) und sie [die Ukrainer] kamen hierher, verkauften irgendwas, verdienten Geld und für dieses Geld kauften sie wiederum etwas anderes, also alles hier arbeitete den ganzen Tag lang. Die Menschen investierten, sie lebten davon, hier haben sehr viele Leute gearbeitet. (...) Und das alles passierte hier, hier ‚drehte sich' alles, alles entwickelte sich, die Menschen lebten davon. Ich habe diesen Parkplatz, andere arbeiteten in den Bars, in den Wechselstuben... hier gab es acht oder zehn Wechselstuben (...) all das lebte. [I 2-5]

Der Politik der Versicherheitlichung, die diesen Zuständen ein Ende gesetzt hat, sind diese Menschen offenbar mit großem Unwillen begegnet. In den Interviews tun sie auch gern ihre Enttäuschung über das Verhalten des polnischen Staates in dieser Situation kund. Dieser hat, indem er zum Vollstrecker der neuen Politik geworden ist, „den Menschen hier an der Ostgrenze großes Unrecht angetan" [I 2-5]. Aus den Gesprächen mit diesen Menschen wird deutlich, dass sie diese Grenzpolitik durchgehend ablehnen und ihr jegliche Legitimation absprechen – so bspw. anhand der Kommentare zur Einführung der Beschränkung der Einfuhrmengen (im Jahr 2008):

> Das ist doch keine ‚Stärkung des Staates'! Diese Regionen hier, sie alle lebten dank diesem Grenzübergang und dem Grenzverkehr. (...) aber diese Region wurde durch unseren Staat benachteiligt, denn die EU hat doch gesagt: ihr habt die Wahl, von einer Stange bis zu zwei Päckchen. Und unser Staat ist sogar ‚besser' als die EU selbst und hat sich für zwei Päckchen entschieden (...). [I 2-5]

Angesichts des hohen Abhängigkeitsgrades dieser Gruppe von Menschen von der Grenze in der Funktion einer Ressource stellt sich die Frage nach den sich ihnen anbietenden potenziellen Handlungsstrategien unter den Bedingungen der weit fortgeschrittenen Versicherheitlichung dieser Grenze. Eine der Möglichkeiten stellt die Fortsetzung der bisherigen Tätigkeiten dar. Dies erweist sich jedoch als zunehmend schwierig, denn aufgrund der fortschreitenden Perfektionierung der Kontroll- und Überwachungsstrategien können sich Akteure aus dieser Gruppe nicht mehr ohne weiteres auf die Kenntnisse der informellen Netzwerke verlassen, die früher ihr großes Kapital darstellten. In der Zeit der offenen Grenze konnten sie lernen, dass bezogen auf die Grenzkontrollmechanismen die Regel galt, dass „erst die Praxis bestimmt, welche Wirkung diese Gesetze tatsächlich haben" (Müller 2013: 194). Dies bedeutete, dass es unabhängig von den bestehenden Regulierungen immer eine Möglichkeit gab, mit den Sicherheitsakteuren eine aus Sicht der „Ameisen" günstige Interpretation der Gesetze auszuhandeln. Mathias Wagner schreibt diesbezüglich gar, dass „die Kunst des Schmugglers darin [besteht], dem Zöllner eine Brücke zu bauen, die ihm eine Entscheidung zwischen oberflächlicher und genauer Kontrolle erleichtert" (Wagner 2011: 134). Doch genau gegen diese Möglichkeit ist die neue, versicherheitlichte Grenze gerichtet, die auf Mechanisierung der Kontrollabläufe abzielt und keine ‚Grauzonen' mehr zulässt. In dieser Situation bedeutet eine Entscheidung für die Fortsetzung der ‚Grenzarbeit', über lokales Wissen und vorhandene Netzwerke die verbliebenen Lücken der Praxis auszuspüren und zu nutzen, was jedoch immer mehr das Abdriften in die Illegalität bedeutet. Während die ukrainischen Kleinhändler diesen Weg mangels Alternativen dennoch oft wählen, suchen die meisten polnischen Vertreter der hier untersuchten Gruppe nach anderen Lösungen.

> Jetzt herrscht bei uns ein ‚Krieg' wegen der Zigaretten und des Alkohols, nicht wahr, weil dem Staat halt die Akzise ‚wegrennt', so dass es jetzt keine Gnade mehr gibt mit Kontrollen... Und wer wird schon wegen einer Flasche oder zwei Päckchen Zigaretten rüberfahren? Naja, einige riskieren es trotzdem immer noch, aber das Ausmaß ist jetzt schon lange nicht mehr wie früher...jetzt gibt es nur noch den richtig großen Schmuggel...[I – L-1]

Diese Suche, die durch starke Ratlosigkeit im Umgang mit der neuen Situation gekennzeichnet ist, resultiert in starker Zunahme der Zahl der Sozialhilfeempfänger. In Medyka wurde das nach der Einführung der Zollvorschriften von 2008 besonders deutlich:

> (...) das hat sich auf die Arbeit des Arbeitsamtes in der Gemeinde ausgewirkt, weil im Dezember 2008 plötzlich mindestens 150 Familien zu uns gekommen sind. Wir waren darauf überhaupt nicht vorbereitet, denn das war schon das Ende des Haushaltsjahres. Hier war es so, dass weder der Woiwode, noch der Präsident von Przemyśl, noch unser Wojt die nötigen Finanzmittel organisieren konnten. [I 2-4]

Der rapide Anstieg der Zahl der Sozialhilfeempfänger, die sich inzwischen auf einem neuen Niveau stabilisiert hat, stellt eine große Belastung für die Jahreshaushalte der Grenzgemeinden dar. Viel gefährlicher erscheint jedoch die Tatsache, dass diese jüngste Welle der Arbeitslosigkeit das wahre Ausmaß eines Problems gezeigt hat, welches während der Jahre der ‚offenen Grenze' verkannt und von den offiziellen Statistiken nicht erfasst wurde: Bei den Betroffenen handelt es sich um Menschen mit einem sehr niedrigen Ausbildungsniveau und aus diesem Grund gestalten sich ihre Chancen schwierig, wieder in den Arbeitsmarkt einzusteigen. Viele von ihnen verfügen auch nicht über ausreichendes soziales Kapital[142], um die Möglichkeit der Arbeitsmigration ins Ausland wahrzunehmen. Sie befinden sich in einer sehr prekären Lage und die Prozesse des sozialen und ökonomischen Statusverlustes dieser Gruppe schreiten voran.

Es sei darauf hingewiesen, dass die Bedrohung großer Teile der Bevölkerung durch Armut in dieser Region aufgrund ihres stark ländlichen Charakters kein neues Phänomen darstellt (Dziubińska-Michalewicz 2004; Malikowski 2008, 2010; Porada 2011; Rymsza 2004). Untersuchungen zur inneren räumlichen Differenzierung des Problems der Armut in der Woiwodschaft Karpatenvorland beweisen, dass dies am stärksten in den südöstlichen, grenznahen Teilen der Woiwodschaft auftritt und einen postindustriellen, traditionell landwirtschaftlichen und peripheren Grenzcharakter trägt (Leśniak-Moczuk 2010; Malikowski 2008). Die oben beschriebenen Grenzbewohner stellen die Gruppe, die durch diese Entwicklung am stärksten gefährdet ist.

Gruppe 2

Die zweite der hier untersuchten Gruppen darf als Beweis dafür betrachtet werden, welches große Ausmaß das Phänomen des Grenzhandels in dieser Region erreicht hat. Die Interviews mit den Grenzbewohnern zeigen, dass die Kleinhändler und Schmuggler bei weitem nicht die einzigen waren, die in diese Tätigkeit eingebunden waren. Vielmehr zeigt sich, dass sehr breite Schichten der Grenzbewohner ihre Erfahrungen mit Erwerbstätigkeiten an der Grenze gemacht haben, auch wenn diese nur flüchtig und von kurzer Dauer waren. Aus diesem Grund gestaltet sich eine verallgemeinernde Charakterisierung dieser Gruppe als schwierig – hier lassen sich sowohl Vertreter der regionalen Verwaltung, Beamte, als auch Jugendliche im schulpflichtigen Alter finden:

> Als ich noch auf dem Gymnasium war, da haben alle meine Bekannten da mitgemacht. Abends, nach der Schule…mit dem Bus zur Grenze, da zwei-drei Stunden, und zurück nach Hause, man konnte was dazuverdienen. (…) Ja, auf Kosten der Schule, klar. Manche blieben mal die ganze Nacht dort, so dass sie am nächsten Tag total müde zur Schule kamen. Wie gesagt, hier haben das fast alle mal gemacht. [I 2-3]

---

[142] Hier verstanden im Sinne Pierre Bourdieus (vgl. Bourdieu 1983).

Der wichtigste Unterschied zu der ersten Gruppe besteht in diesem Fall darin, dass hier die ‚Grenzarbeit' hauptsächlich als Zweiteinkommen genutzt wurde. Die Abhängigkeit dieser Menschen von der Ressourcefunktion der Grenze war viel geringer. Nachdem die Fortsetzung des grenzüberschreitenden ökonomischen Handels schwierig geworden war, konnten diese Akteure sie aufgeben, denn in den meisten Fällen verfügten sie über Ressourcen, die es ihnen erlaubten, einen großen Grad an Unabhängigkeit von der Grenze zu bewahren. Die Entwicklung der polnischen Wirtschaft seit dem EU-Beitritt 2004 hat auch ihre Lebenslage verbessert, so dass diese Zeit der Grenzarbeit von den meisten inzwischen als eine längst vergangene und wenig relevante Etappe der eigenen Biografie betrachtet wird.

Gruppe 3

Der letzten Gruppe gehören Vertreter der lokalen Elite an – Menschen, die herausgehobene Positionen haben, einen akademischen Beruf ausüben bzw. in der Verwaltung tätig sind und deswegen in Bezug auf die Grenze eindeutig über die meisten Spielräume verfügen. Es handelt sich dabei um keine homogene Gruppe, aus Sicht der vorliegenden Untersuchung wird sie aber dadurch charakterisiert, dass die Lebenslage ihrer Vertreter in keiner Weise von der Funktion der Grenze abhängig ist.

Dennoch werden auch sie durch die Präsenz der Grenze und die Prozesse der Versicherheitlichung entscheidend geprägt. Ihr Verhältnis zu der Grenze unterscheidet sich allerdings stark von dem der oben untersuchten Gruppen. Bspw. lassen sich anhand des empirischen Materials keine Anzeichen einer positiven Haltung zu der Zeit der ‚offenen Grenze' feststellen. Ein Vergleich gerade zu den ehemaligen Kleinhändlern, die den Basar und den Grenzübergang zum Zentrum ihres Mikrokosmos gemacht haben, zeigt, dass die Vertreter der hier untersuchten Gruppe diese beiden Orte aus dem wahrgenommenen Raum des Dorfes ausdrücklich ausgeschlossen haben. Dies erfolgte durch eine dichotome Unterscheidung zwischen dem sicheren und vertrauten Raum des Dorfes auf der einen und dem mit negativen Phänomenen assoziierten ‚Grenzraum' (verstanden als Grenzübergang und Basar, beide mit dem Phänomen des Grenzhandels konnotiert) auf der anderen Seite. Diese stark kritische Bewertung jener Periode der ‚offenen Grenze' charakterisiert fast alle Vertreter dieser Gruppe, die sie auch für die Entstehung bestimmter sozialer Probleme in den Grenzgemeinden verantwortlich machen. In Aussagen einer Sozialarbeiterin aus Medyka kommt diese Position sehr deutlich zum Vorschein:

> Unsere Jugend hat leider einen leichten Zugang zu billigem Alkohol und den nutzt sie auch. Daraus entsteht der Unwille zur Arbeit, verschiedene Pathologien, häusliche Gewalt. (...) ich schätze, dass von 500 Familien, die Sozialhilfe empfangen, bei über 100 Alkoholprobleme auftreten, und auch häusliche Gewalt. (...). [I 2-4]

Dies verknüpft sie mit einer Kritik an den Vertretern der ersten Gruppe:

> Das waren Menschen, die das Nichtstun gelernt haben. Und plötzlich sind sie in einer Situation aufgewacht, wo sie nachdenken müssen (...), die Rechnungen zahlen. Das sind Menschen, denen man alles von Anfang an beibringen muss. (...) Sie standen zehn Jahre lang an dieser Grenze da, haben zehn Jahre lang als ‚Ameisen' gelebt und haben sich das Arbeiten abgewöhnt, sie haben diese Gewohnheiten nicht, die jeder normale erwerbstätige Mensch hat (...). [I 2-4]

Auffällig an dieser Aussage ist v.a. der Ton, in dem hier über die Kleinhändler gesprochen wird. Die bisherige Forschung zeigte, wie informelle Wirtschaft in der lokalen Gesellschaft lange Zeit toleriert wurde (Wagner 2011: 290 ff.). Eine wichtige Rolle fiel dabei der lokalen Elite zu, die eine Strategie entwickelt hat, den Schmuggel zu tolerieren, ohne dabei Gesetzesverletzung direkt zu akzeptieren – u.a. wurde gemieden, diese Art der Tätigkeit in den Kategorien der Legalität und Illegalität zu betrachten, stattdessen wurde der unternehmerische Geist der Kleinhändler gepriesen (ebd.: 298 ff.). Interviewzitate wie das oben angeführte zeugen jedoch davon, dass diese Situation sich ändert. Es scheint, dass mit dem fortschreitenden Prozess der sozialen Schichtung in den Grenzorten auch die Distanz zwischen den einzelnen Gruppen der Grenzbewohner steigt, was wiederum zu Spannungen führt.

Nach über einem Jahrzehnt des Lebens neben der völlig offenen Grenze war die Gruppe derjenigen groß, die diesen Zustand nicht als Wert an sich betrachteten, sondern ihn für ein lästiges Problem hielten, das die Sicherheitslage der Region beeinträchtigen würde, und gleichzeitig auf deren ‚Zivilisierung' hofften. Als repräsentativ für diese Haltung kann die folgende Aussage angeführt werden:

> (...) ich persönlich fühle mich nicht bedroht, aber die Grenze ist dafür da, um sie zu schützen und ich glaube, dass es die richtige Politik ist. (...) diese Grenze hier muss stärker kontrolliert werden, denn wir wissen, dass wir sonst Probleme mit den Migranten, insbesondere aus Asien, bekommen würden, mit den Vietnamesen, Pakistanern, Afghanen etc. [I 1-2]

Der Wunsch nach einer ‚Normalisierung' der Situation an der Grenze, der Beschränkung des Ausmaßes des Grenzhandels, trifft in der Politik der Versicherheitlichung auf die lang ersehnte Lösung des Problems. Bei Menschen aus dieser

Gruppe sind die Voraussetzungen für eine erfolgreiche und schnelle Internalisierung des Diskurses der Sicherheit gegeben und werden zusätzlich durch eine geringe (bis keine) Involvierung in die Ereignisse an der Grenze verstärkt.

Die negative Haltung gegenüber der Grenze und die Tatsache, dass diese Akteure bei der Wahl ihrer Handlungsstrategien nicht von ihr abhängig sind, führen in den meisten Fällen zum deutlich feststellbaren Prozess der Orientierung weg von der Grenze, die einen negativen Bezugspunkt darstellt. Die Grenzlage wird als Nachteil betrachtet, auch für die Zukunft:

> Allein durch die Lage unseres Dorfes an der Grenze... hier wird es nichts geben... wer würde hier was machen, ein Unternehmen gründen, es gibt keine solche Möglichkeit. (...) also wird es nicht besser werden, hier verlassen die jungen Menschen die Gegend, es gibt nur ganz wenige von ihnen.(...) Auch mein Sohn sitzt in England, schon seit vier Jahren, und er findet es gut und weiß nicht, ob er nach Polen zurückkehrt, denn wozu auch? [I 1-4]

Diese Akteure verfügen über ausreichende Ressourcen, um in ihren Lebensplänen den Faktor Grenze nicht berücksichtigen zu müssen. Sie stellt, wenn überhaupt, einen negativen Bezugspunkt dar, von dem sie sich distanzieren wollen.

6.6 Grenzraum als Ort der Begegnung?

Die in Abschnitt 6.1.1 genannte Definition des Grenzraumes von Antonina Kłoskowska schließt die Annahme ein, dass dieser Raum auch als Situation des Kontaktes mit Fremden und der daraus folgenden Notwendigkeit der Konfrontation der eigenen Kultur mit der des Anderen verstanden werden kann. Für die vorliegende Untersuchung ist dieser Kontakt immer im Kontext der Politik der Versicherheitlichung von Interesse. Unter diesen Rahmenbedingungen muss auch die Frage nach den Perspektiven der Entsicherheitlichung gestellt werden, die auf der Ebene der Subjekte ansetzen würde, im Sinne von Jef Huysmans und Claudia Aradau (wie im Kapitel 2.1.3.3 besprochen). Es scheint notwendig, für den vorliegenden Fall zwei Situationen bzw. Arten des Kontaktes der polnischen Grenzbewohner mit Fremden zu unterscheiden und diese auch einzeln zu untersuchen. Im Folgenden werden zunächst Überlegungen zur Entwicklung der sehr spezifischen polnisch-ukrainischen Kontakte in der Region dargestellt, bevor dem allgemeinen Verhältnis der Grenzbewohner zu Fremden einige Worte gewidmet werden.

Jede Untersuchung der Einstellung von polnischen Bewohnern der östlichen Grenzgebiete gegenüber ihren ukrainischen Nachbarn ist, worauf Aleksandra Grzymała-Kazłowska (2007: 37) hingewiesen hat, zwangsweise mit gewissen methodologischen Problemen verbunden, denn es ist kaum möglich, das heutige Verhältnis zwischen den beiden Gruppen von den historisch entwickelten polnisch-ukrainischen Beziehungen zu trennen, die sich durch einen hohen Grad an Emotionalität charakterisieren und großen symbolischen Wert haben.[143] Aus diesem Grund muss eine solche Analyse, wie oben ausgeführt, den historischen Entwicklungskontext dieser Beziehungen berücksichtigen. Nur auf diese Weise wird es möglich, die Dauerhaftigkeit bestimmter Konstruktionen zu prüfen und den Prozess des Ersetzens der alten durch die neuen Bilder zu rekonstruieren. In diesem Punkt berührt die vorliegende Arbeit auch die Frage nach der Rolle der Stereotype in der gegenseitigen Wahrnehmung der beiden Gruppen.

Das Konzept des Stereotyps wurde zum ersten Mal von Walter Lippman benutzt (1990), für den Stereotype „pictures in our head" darstellen, verallgemeinernde und wertende Aussagen, negativ wie positiv, die auf starken Überzeugungen basieren. Sie zeichnen sich durch einen starken emotionalen Gehalt aus; dieser führt auch dazu, dass sie meistens sehr veränderungsresistent sind und „auch wenn eine von der Wahrhaftigkeit eines Stereotypes überzeugte Person Erfahrungen sammelt, die seinem Inhalt widersprechen, dann wird sie sie entweder ignorieren oder aber nur für Ausnahmen halten (…)" (Hahn 2009: 40). Gleichzeitig sei dem hinzugefügt, dass der persönliche Kontakt die Stereotype durchaus modifiziert und zwar dahingehend, dass sie, auch wenn sie nicht komplett aufgelöst werden, doch einen deutlich stärker kognitiven (und nicht ideologischen) Charakter bekommen und weniger emotional beladen sind (Jasińska-Kania 2001; Jasińska-Kania/Kofta 2001). Diese Charakteristik der Stereotype hat wichtige methodologische Implikationen – aufgrund der großen Dauerhaftigkeit dieser Bilder darf eine Untersuchung ihres Inhalts nur unter Berücksichtigung des historischen Kontextes ihrer Entstehung und Entwicklung erfolgen – eine essentialistische Herangehensweise dagegen wäre hier unangebracht.

Historisch gesehen stellten Kontakte mit Ausländern für die Polen einen wichtigen Faktor bei der Herausbildung der eigenen nationalen Identität dar, und die Bestimmung des Verhältnisses gegenüber anderen Nationen erfolgte durch das ständige Vergleichen der eigenen Bezugsgruppe mit ihnen (Grzymała-Kazłowska 2007). Im Ergebnis dieses Prozesses entstand das grundlegende, alle anderen Narrationen prägende Bild von Polen als einem Land zwischen Ost und

---

[143] Die polnisch-ukrainischen Beziehungen werden in der wissenschaftlichen Literatur unter verschiedensten Gesichtspunkten analysiert. Aus der Perspektive der vorliegenden Arbeit sind in diesem Zusammenhang insbesondere diejenigen Studien von Interesse, die sich mit der ukrainischen Minderheit in Ostpolen (Babiński 1997, 1999) und den Fragen der gegenseitigen stereotypen Wahrnehmung (Brydak 1998; Grzymała-Kazłowska 2007; Jestal 1999, 2001; Konieczna 2001; Leoński 1995; Malikowski 2010b) befassen.

West, dem aufgrund dieser geographischen Lage auch die besondere Rolle des Vermittlers zwischen zwei zivilisatorischen Kreisen zukommt. Damit geht ein gewisses Minderwertigkeitsgefühl gegenüber dem als zivilisatorisch höher entwickelt betrachteten Westen einher, das gepaart ist mit dem Gefühl von Überlegenheit gegenüber dem als ‚wild' und ‚unkultiviert' imaginierten Osten. Dieses Bild bezieht sich nicht nur auf die östlichen Nachbarstaaten Polens, sondern bereits die polnischen Regionen, die östlich der Weichsel-Linie gelegen sind, werden von ihm erfasst.

Das polnische Stereotyp der Ukrainer ist dynamisch und lebhaft und insbesondere in den Grenzregionen wirkt es sich auch auf die gegenseitigen Kontakte zwischen den beiden Gruppen aus, wie zahlreiche Konflikte um Erinnerungsorte, Grundstücke und Jahrestage immer wieder aufs Neue bestätigen (vgl. Malikowski 2010b). Es hat sich in den langen Jahrhunderten gemeinsamer Geschichte entwickelt und deswegen beziehen sich auch heutzutage einige seiner Bestandteile auf diese alten Motive, werden aber meistens um neue Elemente ergänzt (Jestal 1999, 2001). Die deutlich negative Färbung dieses Stereotyps lässt sich zum Teil mit dem oben erwähnten negativen bzw. herablassenden Verhältnis zum „Osten" erklären (Kieniewicz 2013; Zarycki 2013a; 2013b), sie hat aber auch ihre Wurzel in der gemeinsamen Geschichte, und diese gilt es im Folgenden kurz erklärend darzustellen.

Es wurde in der Forschung bereits mehrmals darauf hingewiesen, dass sich die Anfänge der stereotypen Bilder der Ukrainer in Polen bis in das späte Mittelalter zurückverfolgen lassen und in der Ständezugehörigkeit der ehemaligen polnischen Adelsrepublik zu suchen sind. Die damals entstandene Trennlinie zwischen den beiden Nationen wurde auch nach den Teilungen Polens aufrechterhalten und über das gesamte 19. Jahrhundert konserviert: die Linien sozialer bzw. Klassenunterschiede deckten sich in den ehemaligen polnischen Gebieten weitgehend mit den Trennlinien zwischen einzelnen Nationalitäten. In Galizien war diese Trennung besonders scharf und hat zu einer Situation geführt, in der die polnischen Landbesitzer ihren belarussischen und ukrainischen Bauern gegenüberstanden. Die beiden Gruppen hatten wenig gemeinsam, in den gegenseitigen Kontakten herrschten Ignoranz und Unwille zum Kennenlernen, was auch einen fruchtbaren Nährboden für die Entstehung von vielerlei Stereotypen darstellte. Das Verhältnis der Polen zu den Ukrainern, die sie aus der Position ihres Überlegenheitsgefühls für ein „arbeitsame[s], gottesfürchtige[s] und lustige[s] Volk" (Karolczak 2009: 262) gehalten hatten, hat sich in der Zwischenkriegszeit sehr stark zum Negativen verändert, als die gerade entstehende ukrainische Nationalbewegung von den Polen als Bedrohung für ihre eigene wiedergewonnene Staatlichkeit angesehen wurde (Konieczna 2003; Sowa 1998; Tomaszewski 1973): Aus dieser Zeit der blutigen Auseinandersetzung zwischen den beiden Gruppen, zu deren Symbol die Überfälle auf die polnischen Landbesitzer geworden sind, stammt auch das negative Stereotyp der Ukraine als rückständiges Land, das von gewalttätigen und primitiven Menschen bewohnt wird, ein Bild das sich durch die Erinnerung an die tragischen Ereignisse der Jahre 1918-20 und den späteren Konflikt in Wolhynien und Galizien speist und welches von der kommunistischen Propaganda absichtlich geschürt wurde. Die Nachkriegszeit kann in der Geschichte der beiden Nationen als Periode der von beiden Seiten aktiv betriebenen Errichtung „ethnischer Grenzen", im Sinne von Barth (1969), interpretiert werden. Diese Politik, deren Ziel die innere Integration der Gesellschaft war, wurde (zumindest auf der polnischen Seite) von der Vision der polnischen Gesellschaft als einer „ideologisch-kulturellen Einheit" (Wojakowski 2008: 458) geleitet, die es durch die Abgrenzung von allem ‚Fremden' zu stärken galt. Im Fall der polnisch-ukrainischen Beziehungen hat sie sich als umso wirksamer erwiesen, als die Beziehungen zwischen den beiden Nationen ohnehin historisch stark belastet waren und die Erinnerung an die Kämpfe noch frisch. Die Resultate dieser langjährigen Politik sind heutzutage in der negativen Betrachtung der Ukrainer in Polen zu sehen (CBOS 2010, 2011, 2012; Grzymała-Kazłowska 2007; Konieczna-Sałamatin 2011).

In Anbetracht des oben Gesagten stellen sich aus der Perspektive der vorliegenden Arbeit Fragen nach 1) der Form der im Zuge der Grenzöffnung von den beiden Grenzgemeinden geknüpften Kontakte und 2) der Art und Weise, auf welche sie von den genannten gegenseitigen Vorurteilen beeinträchtigt worden sind.

Die Öffnung der Grenze erlaubte eine erneute Anknüpfung der nachbarschaftlichen Kontakte mit der Ukraine und stellte für beide Seiten eine potenzielle Möglichkeit dar, nach einigen Jahrzehnten des ‚Einfrierens' von Kontakten zusammen an ihrer Neugestaltung (diesmal ohne den historischen Ballast) zu arbeiten. Diese Versuche wurden auf verschiedenen Ebenen unternommen, doch an dieser Stelle sind nur die Kontakte auf lokaler Ebene von Interesse[144]. Die ersten solchen Kontakte zwischen den beiden Gruppen wurden nach der Öffnung des Grenzübergangs für Fußgänger geknüpft; es folgte die Phase der gegenseitigen Annäherungsversuche und des Kennenlernens, in der beide Gruppen mit dem über die Jahrzehnte gesammelten gegenseitigen Misstrauen zu kämpfen hatten. Die Einwohner von Medyka maßen in ihren Erzählungen diesen ersten

---

[144] Zu der wichtigen Rolle der politischen Eliten beider Staaten bei der Anknüpfung und Entwicklung dieser Beziehungen siehe u.a. Grott 2002, 2004; Malikowski 2010b.

Kontakten relativ viel Aufmerksamkeit bei, betonten dabei ihr Erstaunen über den Grad der Andersartigkeit der Nachbarn:

> Als sie hereingelassen wurden, lieber Gott, es war als ob ich sie wieder 1939 gesehen hätte, diese Ukrainer, so gekleidet, diese Frauen... wie sie sich am Anfang gewundert haben, dass unsere Frauen Zigaretten rauchen dürfen. (...) einfach ein wildes Volk, sie hatten Angst vor uns. [I 1-3]

Eine solche Beschreibung dieser Situation des ersten Kontaktes ist typisch für mehrere Erzählungen und zeugt vom Grad der Isolierung der beiden Gemeinden voneinander, die zur völligen Entfremdung geführt hat. Sie stellt auch einen Beweis dafür dar, wie sehr das Denken der Polen über die Ukrainer durch die bereits erwähnten negativen Bilder geprägt war, auf die in dieser Situation der Konfrontation sofort zurückgegriffen wurde. Die Vorurteile gegenüber den anderen ethnischen Gruppen, die nicht der persönlichen Erfahrung entspringen, sondern durch die Tradition aufrechterhalten bzw. von politischen Akteuren instrumentalisiert und geschürt werden, erweisen sich oft als sehr veränderungsresistent (Aronson et al. 2008). Die Konfrontation mit der Realität führt in solchen Fällen dazu, dass sie lediglich um neue Motive ergänzt werden. Im Fall der Einstellung der Polen gegenüber den Ukrainern ist eine starke Assoziation dieser Gruppe mit der Figur des ‚kleinen Grenzhändlers' sichtbar, welche damit zu erklären ist, dass im Karpatenvorland die Ukrainer den Polen am häufigsten in dieser Rolle begegnen[145]. Es ist bezeichnend, wie dieses Bild konstruiert wird:

> Aber wenn ich an den Grenzübergang jetzt denke, wissen Sie, das ist Schmutz, billiger Alkohol, dieses Gedränge um diese (...) Einkaufspassage da (...) es stehen ewig diese Mengen von Ukrainern da, sie bitten sehr aufdringlich, von ihnen Alkohol und Zigaretten zu kaufen, wissen Sie, wir haben da ein Einkaufszentrum, in dem ich manchmal einkaufen gehe, aber es ist schwer sich durchzudrängen, durchzufahren, weil sie die Autos aufhalten und wollen, dass man von ihnen diese Sachen kauft. Es ist klar: es ist schmutzig, es stinkt da, diese Menschen stehen da manchmal zwei, drei Tage lang, so kann man sich vorstellen, wie sie aussehen und wie sie riechen. [I 2-4]

Das Aufrechterhalten dieses Bildes, das sich – wie noch gezeigt wird – mit der Zeit eher zu festigen scheint, ist hauptsächlich deswegen möglich gewesen, weil sich die alltäglichen Begegnungserfahrungen der polnischen Bewohner der Grenzorte mit ihren ukrainischen Nachbarn hauptsächlich auf den Basar beschränkten und nur wenige Versuche unternommen wurden, diesen Zustand zu

---

[145] In einer ISP-Studie haben 43 Prozent der befragten Polen das „Einkaufen beim Ukrainer" als ihre einzige Form des Kontaktes mit dieser Gruppe angegeben, für die Ostgrenze dürften diese Zahlen noch höher sein (vgl. Konieczna 2001).

ändern. Es handelt sich hier um eine bewusste und konsequente Zurückhaltung der polnischen Seite bei der Suche nach Plattformen des Kontaktes und der Verständigung mit den Ukrainern jenseits des Warentausches. Diese Haltung ist interessanterweise bei allen gesellschaftlichen Gruppen feststellbar, am deutlichsten aber bei denjenigen ausgeprägt, die ohnehin dem Phänomen des Grenzhandels kritisch gegenüber standen. Für diese Gruppe boten sich nur wenige Gelegenheiten, Kontakte mit den Ukrainern anzuknüpfen, weil „am Grenzübergang, ist klar, gab es sehr viele von ihnen, aber hier im Dorf eher nicht" [I – 1-5]. Darüber hinaus bestand offenbar kein Interesse daran, diese nächsten Nachbarn und ihre Kultur näher kennenzulernen:

> Und die Menschen müssen aufhören zu denken, dass ein Ukrainer schmutzig ist, dass es diese Oma ist, die am Grenzübergang diese Flasche zu verkaufen versucht (…) dass ein Ukrainer ein normaler Mensch ist, der vielleicht auch polnisch spricht, mit dem man in Kontakt treten kann usw. Das vermisse ich hier (…). [I 2-1]

Das bedeutet zwar nicht, dass in dieser Region keine privaten Kontakte zwischen diesen beiden Gruppen entstanden sind, es muss aber betont werden, dass der kulturelle Austausch, von dem sich auch die regionale Politik viel versprach, zumindest für die hier untersuchten Grenzorte nicht festgestellt werden konnte und in denjenigen wenigen Situationen, in denen die Kontakte auf der privaten Ebene angeknüpft wurden, die Impulse meistens von der ukrainischen Seite kamen:

> Irgendwann knüpften die Menschen diese Kontakte; das war wohl eine Frage dieser privaten Geschäftsverbindungen, weil sie einfach ihr Interesse daran hatten. Ich kann mich auch an eine ukrainische Familie erinnern, ich weiß nicht mehr, wie sie sich mit uns angefreundet hat, und sie ist hierhergekommen, um Handel zu betreiben… [I 1-7]

Im Allgemeinen darf jedoch gesagt werden, dass solche Kontakte sehr selten waren. Im Fall dieser Gruppe der Grenzbewohner wird deutlich, wie ihre negative Haltung zum Grenzraum und den damit verbundenen Phänomenen auch auf die Nachbarn übertragen wurde, was zur Verstärkung der ohnehin präsenten negativen Stereotype von dieser Gruppe beitrug und zu ihrer Reduzierung auf diese oben erwähnte Funktion des Kleinhändlers führte[146].

---

[146] Interessant ist in diesem Zusammenhang die Betrachtung des Verhältnisses der polnischen Kleinhändler und ‚Ameisen' zu den Ukrainern. Auch hier waren die Kontakte sehr beschränkt, aber gab es einen wesentlichen Unterschied: nur hier sind die Ansätze der Huysmansschen ‚Ästhetik der Alltäglichkeit' zu beobachten, die sich im Gefühl der Solidarität, des Teilens desselben Schicksals manifestiert.

Die Betrachtung der polnisch-ukrainischen Beziehungen in den Grenzregionen des Karpatenvorlands unter dem Gesichtspunkt der Überlegungen zu potenziellen zukünftigen Entwicklungen der Politik der Versicherheitlichung und auch den Möglichkeiten eines ihr entgegengesetzten Prozesses führt im Grunde genommen zur Frage, ob diese Beziehungen einen Zustand erreicht haben, der die Entsicherheitlichung denkbar erscheinen lässt. Trotz des gesammelten Datenmaterials bleibt diese Frage nach wie vor offen, wenn auch die bisherigen Ergebnisse diesbezüglich eher skeptisch stimmen. Dabei muss zwischen zwei Gruppen von Fremden unterschieden werden: der von den Grenzbewohnern in den Interviews eher unscharf definierten Gruppe der ‚Ausländer' einerseits, und den eine spezielle Kategorie bildenden ‚Ukrainern' andererseits.

Das Verhältnis der Grenzbewohner zu den Ersteren wird deutlich durch Misstrauen charakterisiert – hier wird der Einfluss der jahrelangen Versicherheitlichung des öffentlichen Diskurses über die Migration sichtbar, vor allem auf den in den europäischen Diskussionen über Migration oft bemühten Topos der von einer ‚Migrationsflut' bedrohten Grenzregion wird oft zurückgegriffen. Diese Haltung darf angesichts der niedrigen Ausländerzahlen in der Region überraschend vorkommen, andererseits kann argumentiert werden, dass ausgerechnet der stark beschränkte Kontakt mit den Ausländern es erlaubt, diese als eine abstrakte und bedrohliche Gruppe zu imaginieren.

Deutlich anders gestaltet sich die Situation des Verhältnisses der polnischen Grenzbevölkerung gegenüber der Gruppe ihrer nächsten Nachbarn, den Ukrainern. Die Untersuchungen haben gezeigt, dass unabhängig von den inneren Differenzen zwischen verschiedenen Gruppen der Bewohner von Grenzorten keine von ihnen (wenn auch aus unterschiedlichen Gründen) an der Entwicklung von Kontakten zu den ukrainischen Nachbarn interessiert war, welche die Grundlage für das gegenseitige Kennenlernen und zukünftig auch einen engen Austausch darstellen würden. Diese Tatsache ist auch einer der Gründe für den Erfolg der Politik der Versicherheitlichung in dieser Region – wenn die auf der ‚Ästhetik der Alltäglichkeit' beruhenden Kontakte zwischen den beiden Gemeinden als Voraussetzung für den der Versicherheitlichung entgegengesetzten Prozess dienen sollten, dann darf gesagt werden, dass diese in der untersuchten Region einfach fehlt.

6.7 Zwischenfazit

Die in diesem Kapitel präsentierten Untersuchungen hatten zur Aufgabe, eine bestimmte, Prozessen der Transformation unterliegende Region an der EU-Außengrenze als Ort der Grenzkonstruktion und -überwindung zu erfassen. Ziel war es, die in den vorangegangenen Kapiteln untersuchte Politik der Versicherheitlichung aus der Perspektive der betroffenen Region zu betrachten, damit untersucht werden kann, wie diese Politik einerseits die Orte, die sie versicherheitlicht, verändert und wie sie andererseits dort von der lokalen Bevölkerung interpretiert wird. Das Erkenntnisinteresse der Untersuchung war durch zwei Forschungsfragen strukturiert: 1) nach der Beeinflussung der Selbstbilder der Grenzbewohner durch die Versicherheitlichung und 2) nach den Perspektiven der Entsicherheitlichung auf dieser Ebene.

Die Politik der Versicherheitlichung verändert auf entscheidende Art und Weise den Grenzraum, der nun – ihrer Logik unterzogen und in ihr angeordnet – zum bedrohten Gebiet stilisiert wird. Dieser Raum bildet das direkte Lebensumfeld der Grenzbewohner und deswegen hat die Versicherheitlichung einige weitreichende Folgen für diese Selbstdefinitionen der Grenzbewohner und ihre Wahrnehmung ihrer nächsten Umgebung. Die Wahrnehmung der Versicherheitlichung seitens dieser Menschen und ihr Verhältnis zu ihr können nur dann verstanden werden, wenn bei der Untersuchung dieser Phänomene die Rolle der ‚Grenze' im Leben dieser Gemeinde in der Zeit der ‚Öffnung' der 1990er Jahre berücksichtigt wird. Die Öffnung der Grenzen nach 1989 hat die Lage in der Region dahingehend verändert, dass die Bedeutung der bis dahin „abwesenden Grenze" für die Bewohner der ganzen Region (insbesondere aber der Grenzorte) deutlich zugenommen hat. Unter den Bedingungen der Systemtransformation ist sie in dieser strukturschwachen Region für eine große Gruppe der Einwohner sehr schnell zu einem wichtigen Bestandteil einer attraktiven Handlungsstrategie geworden. Folglich hat sich im symbolischen Bereich eine totale Veränderung der Rolle und Wahrnehmung dieser Grenze vollzogen – ganz plötzlich ist sie zum zentralen Bezugspunkt im Alltag der Grenzgemeinden geworden. Aus dieser Perspektive betrachtet stellen die 1990er Jahre eine Zeit der ‚Rückkehr' dieser Grenze in das Leben der Grenzbewohner dar, was u.a. in der Anknüpfung interethnischer Kontakte über die Grenze hinweg und auf der symbolischen Ebene in der Neuordnung dieses Raumes durch die Grenzbewohner (und der Entstehung vieler neuer Räume) resultiert hat.

Die Reaktionen, die die Versicherheitlichung unter den Grenzbewohnern hervorruft, sind unterschiedlich und hängen, wie die Untersuchungen gezeigt haben, im Wesentlichen vom Grad der Abhängigkeit und der Art des Verhältnisses ab, das die jeweilige Gruppe in den 1990er Jahren zur Grenze entwickelt hat. Diesbezüglich muss jedoch angemerkt werden, dass eine Rekonstruktion der Grenzbilder nur unter der Bedingung der vorausgehenden Verabschiedung der vereinfachenden, pauschalisierenden Zuordnung aller Mitglieder dieser Gemeinde zur Gruppe der Verlierer der Systemtransformation erfolgen kann. Die für den Zweck der vorliegenden Studie durchgeführten empirischen Untersuchungen lassen ein stärker nuanciertes Bild der Gemeinschaft der Grenzbewohner skizzieren. Für die Vertreter derjenigen sozialen Gruppen, die von den Folgen der Systemtransformation besonders stark getroffen wurden (die ehemaligen Beschäftigten der PGR oder der Eisenbahn) und die in den 1990er Jahren ihre Schicksale mit der Grenze verbanden, stellt die Versicherheitlichung eine Bedrohung beinahe existenziellen Ausmaßes dar – umso mehr, weil die meisten dieser Menschen schlecht qualifiziert und wenig mobil sind und daher auf dem Arbeitsmarkt deutlich benachteiligt. Neben dieser Gruppe war jedoch die Zahl derjenigen, die aufgrund geringerer Bindung zur Grenze ihre fortschreitende Schließung gutheißen, groß. Unabhängig jedoch von den zahlreichen Unterschieden zwischen den oben genannten Gruppen, die auch in der Wahrnehmung des Prozesses der Versicherheitlichung festzustellen sind, werden sie mindestens durch dieselbe Erfahrung der Versicherheitlichung am Grenzübergang vereint.

In den vorherigen Abschnitten wurden sowohl die Wahrnehmung dieser Prozesse als auch ihre Auswirkungen auf die Lebenssituation der Grenzbewohner – bisher kaum erforschte Probleme – untersucht. Aufgrund der Tatsache, dass die zur Zeit fortschreitende Versicherheitlichung gewisse Ähnlichkeiten mit dem Schließen der Grenze während des Kalten Krieges aufweist, wurde ein Versuch unternommen, jene Grenze, ihre Rolle im Leben der Menschen und den Einfluss, den sie auf ihre Lebensbedingungen hatte, anhand der Erinnerungen von Zeitzeugen zu rekonstruieren. Die Ergebnisse dieser Untersuchung belegen den Erfolg der ‚ersten Versicherheitlichung' – die damalige Grenze erfüllte die ihr zugeschriebene abschreckende Funktion gut (zumindest so lange, wie die politischen Systeme beider Staaten im Stande waren, sie zu kontrollieren), was dazu geführt hat, dass sie im Alltag der Grenzbewohner (bis auf einige Ausnahmen) nicht präsent war. Im Gegenteil taucht aus den Erinnerungen der befragten Grenzbewohner das Bild einer weitgehend „abwesenden Grenze" auf, d.h. einer, die in den alltäglichen Entscheidungen bzw. in den Zukunftsplänen der Einwohner der Grenzorte keine Rolle spielte.

Die Schlüsselfrage aus der Perspektive der vorliegenden Studie betrifft die Möglichkeiten der Entsicherheitlichung der Migration. Für den Zweck der vorliegenden Untersuchung wurde die von Claudia Aradau (2004) angebotene Interpretation dieses Prozesses angenommen, der zufolge dieser auf der Ebene der Subjekte ansetzt und in alltäglichen Kontakten und dem Austausch zwischen der einheimischen Bevölkerung und den Fremden/Ausländern besteht. Unter diesem Gesichtspunkt wurde die Zeit der ‚offenen Grenze' besonders aufmerksam rekonstruiert und untersucht, denn diese Periode stellte den besten Ausgangspunkt für die Anknüpfung solcher dauerhaften Kontakte dar, welche auch der Versicherheitlichung hätten standhalten können. Die für den Zweck der vorliegenden Arbeit durchgeführten empirischen Untersuchungen lassen die Dekade der 1990er Jahre in dieser Hinsicht als Zeit der ungenutzten Chancen erscheinen. Trotz des von den Entscheidungsträgern beider Länder immer wieder heraufbeschworenen Willens zur Entwicklung der gegenseitigen nachbarschaftlichen Kontakte blieben diese in der untersuchten Region im Grunde genommen nur auf den Handel beschränkt. Als Erklärung für diesen Zustand könnten mehrere Gründe angeführt werden, zwei von ihnen scheinen jedoch aus der Perspektive der vorliegenden Untersuchung von besonderer Bedeutung zu sein: Zum Ersten ist an dieser Stelle das gegenseitige Misstrauen zu nennen, das die Beziehungen zwischen Polen und Ukrainern nach wie vor zu prägen scheint. Die „erste Versicherheitlichung" hatte, wie oben angeführt, weitreichende Folgen für die ethnischen Beziehungen in der Region; durch die künstliche, politisch motivierte Trennung zweier Gemeinden, die auf eine lange gemeinsame Vergangenheit zurückblicken konnten, hat sie zum ‚Einfrieren' einiger ungelöster Probleme geführt, die dadurch konserviert und aufrechterhalten wurden. Auch wenn diese negativen Bilder von den Ukrainern inzwischen nicht mehr so stark in der polnischen Bevölkerung verbreitet sind und die Grenzbewohner öfter bestreiten, sie würden die alltäglichen Kontakte beeinflussen, so belegen die Untersuchungen dennoch, dass an die Stelle der alten Vorurteile neue Bilder treten, die sich negativ auf die Bereitschaft der Kontaktaufnahme auswirken. Zum Zweiten muss das niedrige Niveau des Sozialkapitals sowohl der Bevölkerung als auch lokaler Eliten (und zwar auf beiden Seiten der Grenze) erwähnt werden. Mit dem steigenden Wohlstandsgefälle (vor allem seit dem polnischen EU-Beitritt) stieg auch die Distanz zwischen den beiden Gemeinden, und das frühere Gefühl der Solidarität wurde zumindest von polnischer Seite durch ein gewisses Überlegenheitsgefühl und steigendes Desinteresse an den Nachbarn abgelöst. Der lokalen Bevölkerung scheint einfach das Bewusstsein für die Relevanz der guten nachbarschaftlichen Kontakte zu den ukrainischen Gemeinden für die Entwicklung der Region zu fehlen, dafür aber ist der Unwille feststellbar, mit ihnen in Verbindung gebracht zu werden. Wohl alle Bewohner der Region sind sich dessen bewusst, dass sie in Polen hauptsächlich unter dem Gesichtspunkt der peripheren Lage definiert werden. Der Wille, das Image des „Polen B" abzulegen, führt dazu, dass sie sich von allem distanzieren, was solche Assoziationen hervorrufen kann, den Bestandteil dieses Bildes bildet – dazu gehört auch die Nachbarschaft zur Ukraine.

7 Zusammenfassung und Schlussbetrachtungen

Die vorliegende Arbeit liefert Ergebnisse der Reflexion über verschiedene Dimensionen der Grenzziehungsprozesse in Europa, betrachtet im Kontext der Erweiterung der Europäischen Union.
Die ‚Grenze' als Forschungsobjekt hat in den letzten Jahren deutlich an Aktualität und damit auch Attraktivität gewonnen – früher v.a. Bereich des Interesses der Außenpolitik, werden die Grenzen heutzutage zunehmend als ein soziales Problem anerkannt und entsprechend auch durch die sozialwissenschaftliche Forschung thematisiert. Die europäische Grenzpolitik liefert mehrere Möglichkeiten und „Schemata für Öffnungsprozesse einzelner Staaten für bestimmte Nachbarschaften" (Kurczewska 2005a: 28). Bezogen auf den hier untersuchten Fall wird deutlich, dass die Institutionen der EU die Prinzipien der Regelung einzelner Grenzabschnitte bestimmen: Hier werden bestimmte Verbindungen geschaffen bzw. gefördert, während in anderen Fällen die trennende Funktion der Grenze stärker zum Vorschein kommt. Die Sozialisierung der Bewohner der Regionen an den äußeren Rändern der EU zu diesen Prozessen bleibt nach wie vor relativ schwach untersucht. An diesem Punkt knüpft die vorliegende Arbeit an, die sich die Untersuchung der Konsequenzen der Implementierung der europäischen Migrations- und Grenzpolitik für eine davon betroffene Grenzregion zum Ziel gesetzt hat. Im Folgenden werden die Ergebnisse der Untersuchungen diskutiert. Daran anschließend wird ein Ausblick auf den Forschungsbedarf vorgenommen.

7.1 Konstruktion einer ‚sicheren Grenzregion'

Aufgrund der Tatsache, dass der Prozess der Entstehung der europäischen Grenz- und Migrationspolitik inzwischen gut untersucht wurde (vgl. Kapitel 3), sollten die in dieser Arbeit präsentierten Ausführungen v.a. die Relevanz dieses Europäisierungsprozesses der Migrationspolitik für Polen verdeutlichen. Die in den 1990er Jahren neu entstandene polnische Migrationspolitik war von demselben Sicherheitsgedanken durchdrungen, und ihre Autoren teilten mit ihren westeuropäischen Partnern die grundlegende Überzeugung von der Notwendigkeit der ‚Sicherung' der östlichen Außengrenze. Dies, gepaart mit anderen Faktoren (wie mangelnden eigenen Erfahrungen im migrationspolitischen Bereich, geringes Interesse der polnischen Öffentlichkeit an dieser Problematik und nicht zuletzt auch der institutionelle Druck seitens der westlichen Partner), hat zu einer schnellen Europäisierung der polnischen Migrationspolitik geführt. Die Migration wurde weitgehend versicherheitlicht: Es wurde eine Politik entwickelt, die insbesondere in den Bereichen der Asyl- und Visapolitik einen stark restriktiven Charakter trägt und dadurch oft im Widerspruch zu den tatsächlichen Bedürfnissen des Landes steht.

Der These vom regionalisierenden Charakter der Prozesse der Versicherheitlichung folgend, wurde untersucht, in welcher Form die Vorgaben dieser Politik in den Grenzregionen tatsächlich umgesetzt werden. Hier galt es v.a. die Rolle der regionalen Akteure aus Politik, Verwaltung und Strafverfolgungsbehörden zu ermitteln. Die Analyse der Positionierung der genannten regionalen Akteure gegenüber der untersuchten Politik zeigt, auf welchem Weg und inwieweit sie zu Vollstreckern derselben ‚umfunktioniert' werden können. Der Grad ihres Engagements variiert offenbar stark in einzelnen Fällen – am größten ist er im Fall derjenigen Behörden, die Vertreter der Zentralregierung in der Region sind, wie auch (aufgrund des Zuständigkeitsbereichs, der die Fragen der Grenzkontrollen umfasst) der Strafverfolgungsbehörden. In diesen beiden Fällen sind die Spielräume der Akteure sehr begrenzt, abgesehen davon haben die Untersuchungen jedoch gezeigt, dass der Grad der Internalisierung des Sicherheitsdiskurses ohnehin sehr hoch ist, weswegen die Vorgaben dieser Politik ohne Abweichungen umgesetzt werden. Anders gestaltet sich die Situation im Fall der regionalen und lokalen Selbstverwaltungen. Diese Akteure weisen einen deutlich stärkeren Grad der Identifizierung mit der Region auf. Indem sie sich primär als Repräsentanten ihrer Gemeinde betrachten, haben sie auch eine andere Perspektive auf die Politik der Versicherheitlichung – diese wird oft als unbegründet und als für die Interessen der Region schädlich kritisch hinterfragt. Der begleitende Diskurs trifft auf dieser Ebene auf wenig Zustimmung; zwar wird das Stichwort ‚der sicheren Grenzen' gebilligt, jedoch nur, wenn es auf einem sehr abstrakten Niveau gehalten wird. Die Politik der Versicherheitlichung verknüpft es jedoch mit sehr konkreten Maßnahmen und diese werden durchgehend abgelehnt, weil behauptet wird, sie würden der Entwicklung der Region schaden. Aus der Perspektive der Region sieht die Hierarchie der Probleme anders aus – während die höchste Priorität Problemen der wirtschaftlichen Entwicklung zugeschrieben wird, spielen die Fragen der Grenzsicherheit nur eine untergeordnete Rolle, was beweist, dass die Vertreter der regionalen und lokalen Politik den Sicherheitsdiskurs nicht (gänzlich) internalisiert haben. Aus dem oben Gesagten könnte geschlussfolgert werden, dass auf den genannten Ebenen Ansätze eines alternativen Diskurses zu sehen sind, den diese Akteure dem Diskurs der Versicherheitlichung entgegenhalten könnten. Zu diesem Zeitpunkt ist es noch zu früh, um Prognosen bezüglich einer solchen Entwicklung aufzustellen und auch das gesammelte empirische Material erlaubt dies nicht, es darf jedoch angemerkt werden, dass einer solchen Entwicklung, obgleich sie möglich ist, dennoch keine großen Erfolge vorausgesagt werden können – dafür scheinen die Akteure, die potenzielle Träger eines solchen Diskurses werden könnten, eine im polnischen administrativen Gefüge zu schwache Position zu haben.

Eine andere Dimension im Prozess der Versicherheitlichung der ostpolnischen Grenze stellen diskursive Konstruktionen derselben dar. Im *fünften Kapitel* wurden diskursive Praktiken dargestellt, die in akademischen, politischen und medialen Diskursen vollzogen werden. Es wurde gezeigt, dass diese Narrationen durch eine sehr stark negative Stereotypisierung charakterisiert sind, wovon auch die Darstellung der Grenzphänomene zeugt. So wird oft die Notwendigkeit der ‚Zivilisierung' der Ostgrenze hervorgehoben; darunter wird meist weiterer Ausbau der Kontrollen verstanden. Diese Narration wird v.a. von den regionalen Akteuren zunehmend kritisiert und es wird versucht alternative Diskurse zu entwickeln, wie am Beispiel des Diskurses über die ‚dynamische Region', der mit dem Bild von ‚Polen B' zu brechen versucht, gezeigt werden konnte.

Neben der Untersuchung der oben besprochenen verschiedenen Formen der Versicherheitlichung der Grenzregion Karpatenvorland befasst sich die vorliegende Arbeit auch mit den Auswirkungen dieses Prozesses auf die Bewohner der Region. Im *sechsten Kapitel* wurde gezeigt, dass diese für die Vertreter verschiedener sozialer Gruppen stark variieren. Weiterhin darf die Versicherheitlichung gar als Faktor betrachtet werden, der zur Verstärkung der sozialen Schichtung der Grenzgemeinden führt. Sie hat besonders negative Auswirkungen für die Gruppe derjenigen Grenzbewohner, die zur Zeit der ‚offenen Grenze' ihre Lebensstrategien stark mit der ‚Grenzarbeit' verknüpft haben; hier sind beunruhigende Prozesse sozialen Abstiegs zu beobachten.

Die Grenze stellte im Leben der Bewohner dieser Region schon immer einen sehr wichtigen Bezugspunkt in ihrer Identitätsbestimmung dar. Der fortschreitende Prozess ihrer Versicherheitlichung ist auch hier nicht ohne weitreichende Folgen geblieben. Bei den meisten Befragten konnte eine zunehmend ambivalente Haltung dieser Grenze (und damit auch ihrer unmittelbaren Umgebung) gegenüber festgestellt werden. Die Militarisierung des Grenzraums (nicht nur im Bereich des Terminals, sondern auch durch die starke Präsenz der Sicherheitskräfte beider Staaten in unmittelbarer Nähe der Grenze), lässt Erinnerungen an die Zeit vor 1989 aufkommen und hat zur Folge, dass diese Grenze von den Bewohnern der Region hauptsächlich in ihrer ‚Abschreckungsfunktion' wahrgenommen wird. Diese Erfahrung des Grenzraums wird von allen Grenzbewohnern geteilt, unabhängig von ihrem sozialen Status bzw. generellen Verhältnis zur Politik der Versicherheitlichung dieser Grenze. Die Reaktionen der Betroffenen lassen eine Tendenz zur ‚Abkehr' von dieser Grenze identifizieren, die weder als Brücke noch als Ressource eine Rolle zu spielen scheint. Insbesondere die Vertreter der lokalen gesellschaftlichen Elite wählen Handlungsstrategien, in denen es für diese Grenze keinen Platz gibt.

Schließlich bleibt die wichtige Frage des Verhältnisses der Grenzbewohner zum Phänomen der Migration und den Fremden (Immigranten), insbesondere aber zu ihren ukrainischen Nachbarn. Letzteres betrifft auch die bereits angesprochene Möglichkeit der ‚Entsicherheitlichung', d.h. die Entwicklung von normalen, auf alltäglichem Kontakt beruhenden nachbarschaftlichen Kontakten zwischen den Vertretern der zwei Grenzgemeinden, gewissermaßen in Opposition zur gerade fortschreitenden Versicherheitlichung. Die Resultate der Untersuchung stimmen diesbezüglich eher pessimistisch: Trotz mehr als einer Dekade einer offenen Grenze konnten sich in dieser Region auf lokaler Ebene keine Kontakte entwickeln, die sich auch trotz der späteren Versicherheitlichung bewahren und gewissermaßen Schutz gegen diese bieten würden. Dafür gibt es mehrere Gründe, wie bspw. das große gegenseitige Misstrauen (Prägung der Kontakte durch Stereotype und Vorurteile), das Fehlen einer Plattform für diesen Austausch und nicht zuletzt das sich vergrößernde Wohlstandsgefälle, das zumindest von der polnischen Seite sichtbar zu einem gewissen Überlegenheitsgefühl und der Abnahme des Interesses an den Nachbarn führt.

7.2 Theoretischer Beitrag und Forschungsausblick

Mit dem Begriff ‚Versicherheitlichung' wurde in der vorliegenden Arbeit an ein wichtiges theoretisches Konzept der sogenannten Kopenhagener Schule der *Security Studies* angeknüpft. Allerdings folgte diese Studie denjenigen Ansätzen, die der Kopenhagener Schule eine zu enge Konzentration auf die diskursiven Praktiken der Sicherheitsproduktion und eine nicht ausreichende Würdigung der Rolle der nicht-staatlichen Akteure vorgehalten haben. Dadurch, dass das Programm der empirischen Untersuchungen auf der Ebene einer Region ansetzte, konnte die Perspektive der KS im Sinne oben genannter Kritik ergänzt werden. Dabei war das vorrangige Ziel die Erfassung der Versicherheitlichung in ihrer ganzen Komplexität, d.h. als ein mehrdimensionaler Prozess, der sich nicht in formellen Politiken, Vorgaben etc. erschöpft.

Am Beispiel einer ostpolnischen Region an der EU-Außengrenze wurde gezeigt, welche Rahmenbedingungen durch die polnische Migrationspolitik geschaffen wurden und wie diese Vorgaben dann auf regionaler Ebene durch einzelne (dazu befugte) Akteure umgesetzt werden. Hier wurde auch das ‚Durchsickern' der EU-Politiken untersucht, von der EU bis hin in die regionale Ebene. Es konnte gezeigt werden, dass auch die harten EU-Vorgaben nicht ohne Veränderungen umgesetzt werden. Diese von außen einführte Politik trifft immer auf einen bestimmten regionalen Kontext, mit dem sie oft auch kollidiert. Sogar bei (formal betrachtet) weitgehender Übernahme dieser Politik auf nationaler Ebene wird versucht, diese zu umgehen (hier im Fall des *Kleinen Grenzverkehrs*, der vom polnischen Staat unterstützt wurde). Noch deutlicher ist diese Tendenz auf der regionalen und lokalen Ebene festzustellen. Dort, wo diese Politik in Konflikt mit den regionalen Interessen tritt, versuchen die auf dieser Ebene angesiedelten Akteure, gegen sie anzukämpfen bzw. präventive Mittel gegen ihre potenziellen Folgen zu ergreifen. In welchen Bereichen es zu diesem Dissens kommen kann und welche Reaktionen seitens der regionalen und lokalen Verwaltung und Politik hervorgerufen werden, hängt im Wesentlichen vom jeweils spezifischen politisch-administrativen Kontext ab. In der vorliegenden Arbeit wurde gezeigt, welche Position die polnischen Akteure auf regionaler Ebene gegenüber der Versicherheitlichung beziehen. Für zukünftige Untersuchungen könnte es von Interesse sein, eine vergleichende Analyse solcher Sicherheitsfelder in verschiedenen Grenzstaaten der Gemeinschaft durchzuführen, um die Muster der Implementierung und Interpretation der Vorgaben der EU-Sicherheitspolitik zu rekonstruieren.

Ein weiterer Punkt betraf die Muster der Auswirkung europäischer Grenz- und Migrationspolitik auf die Subjekte, d.h. die Bewohner der Grenzregionen, in denen diese Politiken implementiert werden. Mit einer umfassenden Veränderung des unmittelbaren Umfeldes dieser Menschen geht auch eine Beeinträchtigung ihrer Handlungsstrategien einher. Diese beiden Punkte standen im Mittelpunkt des Interesses der vorliegenden Arbeit; die Ergebnisse der empirischen Untersuchungen in der Region zeigen, dass die Veränderung des Charakters der Grenze vielerlei negative Folgen hat. In diesem Zusammenhang ist insbesondere die Verfestigung der ‚Grenze' als ein negativer Bezugspunkt in den Identitätsbildungsprozessen zu nennen: Die neue, ‚sichere' Grenze wird von den Bewohnern immer weniger in der Funktion einer Ressource bzw. Brücke wahrgenommen. Stattdessen erfolgt eine ‚Abkehr' von dieser Grenze und faktisch auch von der gesamten Region: Sehr bezeichnend ist hier die von den Grenzbewohnern oft manifestierte Haltung des Widerwillens, mit dieser Region identifiziert zu werden. Diese beunruhigende Erkenntnis lässt die Frage nach der Entwicklungstendenz ähnlicher Grenzregionen an den Rändern der EU aufkommen: Inwieweit werden sie (im Sinne der europäischen Nachbarschaftspolitik) zu Räumen der Kooperation und des Austausches zwischen Grenzgemeinden? Ist sich die Ebene der Politik der hier beschriebenen Probleme bewusst? Schließlich kann auch die Frage gestellt werden, ob diesbezüglich ein Umdenken überhaupt möglich ist und welche Formen potenzielle Korrekturen in den Grenzregulierungen annehmen könnten?

Durch das Zurückgreifen auf das Konzept der *Desecuritization* strebte diese Studie auch an, das Theorieangebot der Kopenhagener Schule zu überprüfen. Dieses Urteil fällt, zumindest in diesem Punkt und im Hinblick auf eine Grenzregion, gemischt aus. Die Studie konnte zeigen, dass das Verhältnis zwischen Grenzbewohnern und Fremden (in diesem Fall den Bewohnern einer anderen Grenzregion) sehr komplex ist, und durch mehr Faktoren beeinflusst wird, als nur durch die Politik der Versicherheitlichung. Letztere stellt etwas Neues dar, weswegen sie in Grenzregionen auf Muster des Zusammenlebens und der Identifikation trifft, die sich historisch über eine längere Zeitperiode entwickelt haben. Es scheint, dass die Versicherheitlichung im untersuchten Fall zur Verstärkung bestimmter Tendenzen beiträgt, die in diesem Grenzraum ohnehin präsent waren. Somit kann die These aufgestellt werden, dass das Konzept der ‚Ästhetik der Alltäglichkeit' auf die untersuchte Grenzregion nicht angewandt werden kann. Es scheint, dass sowohl in den offentlichen als auch akademischen Diskursen oft ein zu simples Bild des Verhältnisses zwischen Einheimischen und Fremden geschaffen wird. Die zukünftige Forschung sollte vielmehr den Charakter der jeweiligen Grenzregion, ihre Geschichte und die zwischenethnischen Beziehungen berücksichtigen.

Literaturverzeichnis

Abraham, Thomas/Eser, Thiemo W. (1999): Regionalentwicklung in Mittel- und Osteuropa im Spannungsfeld von Transformation und Integration am Beispiel Polens. In: Raumforschung und Raumordnung 57 (2/3), 83-95

Abrahamsen, Rita (2005): Blair's Africa: The Politics of Securitization and Fear. In: Alternatives 30 (1), 55-80

Ágh, Attila (2003): Anticipatory and Adaptive Europeanization in Hungary. Budapest: Hungarian Centre for Democracy Studies

Albert, Mathias/Buzan, Barry (2011): Securitization, sectors and functional differentiation. In: Security Dialogue 42 (4-5), 413-425

Alker, Hayward (2005): Emancipation in the Critical Security Studies Project. In: Booth, Ken (Hg.): Critical Security Studies and World Politics. London: Boulder, 189-214

Altvater, Elmar/Mahnkopf, Birgit (2002): Globalisierung der Unsicherheit. Arbeit im Schatten, schmutziges Geld und informelle Politik. Münster: Westfälisches Dampfboot

Anacka, Marta (2008): Najnowsze migracje z Polski w świetle danych Badania Aktywności Ekonomicznej Ludności. In: CMR Working Papers 36 (94) (http://www.migracje.uw.edu.pl/publ/611/, letzter Zugriff: 03.01.2015)

Andersen, Svein S./Sitter, Nick (2006): Differentiated Integration: What is it and How Much Can the EU Accommodate? In: Journal of European Integration 28 (4), 313-330

Anderson, Malcolm/den Boer, Monica (Hg.) (1994): Policing across National Boundaries. London: Pinter

Anderson, Malcolm (1996): The International Frontiers in Historical and Theoretical Perspective. In: Anderson, Malcolm (Hg.): Frontiers. Territory and State Frontiers in the Modern World. Cambridge: Polity Press, 12-36

Angenendt, Steffen/Parkes, Roderick (2009): EU-Migrationspolitik nach Lissabon und Stockholm. Neue Kompetenzen, bessere Politik? In: SWP-Aktuell 71

Anioł, Włodzimierz (1992): Migracje międzynarodowe a bezpieczeństwo europejskie. Warszawa: Instytut Studiów Politycznych PAN

Anioł, Włodzimierz (1996): Poland's Migration and Ethnic Policies: European and German Influences. Warszawa: Friedrich Ebert Stiftung

Aradau, Claudia (2001): Migration: The Spiral of (In)Security. In: Rubikon E-journal (http://web.archive.org/web/20070403192142/http://venus.ci.uw.edu.pl/~rubikon/forum/claudia1.htm, letzter Zugriff: 20.11.2014)

Aradau, Claudia (2004): Security and the democratic scene: desecuritization and emancipation. In: Journal of International Relations and Development 7 (4), 388-413

Austin, John L. (1972): Zur Theorie der Sprechakte. Ditzingen: Reclam

Axt, Heinz-Jürgen/Milososki, Antonio/Schwarz, Olivier (2007): Europäisierung – ein weites Feld. Literaturbericht und Forschungsfragen. In: Politische Vierteljahresschrift 48 (1), 136-149

Babiński, Grzegorz (1997): Pogranicze polsko-ukraińskie. Etniczność, zróżnicowanie religijne, tożsamość. Kraków: Nomos

Babiński, Grzegorz (1999): Ukraińcy w Polsce współczesnej i ich wizja własnej kultury oraz polskiej kultury dominującej. In: Mucha, Janusz (Hg.): Kultura dominująca jako kultura obca. Warszawa: Oficyna Naukowa, 92-116

Babkou, Ihar (2013): Na wschód od centrum: konfiguracja nowoczesności na wschodnioeuropejskim pograniczu. In: Zarycki, Tomasz (Hg.): Polska Wschodnia i orientalizm. Warszawa: Wydawnictwo Naukowe Scholar, 11-22

Bade, Klaus J. (2003): Migration und Integration: Aufgaben und Grenzen der Gestaltbarkeit. In: Wirtschaft und Wissenschaft (Stifterverband für die deutsche Wissenschaft) 3, 48-55

Bade, Klaus J. (2006): Die Trias der Integrationspolitik: Präventive, begleitende und nachholende Interventionen. In: Kulturpolitische Mitteilungen. Zeitschrift für Kulturpolitik der Kulturpolitischen Gesellschaft, 29-35

Bade, Klaus J. (2007): Versäumte Integrationschancen und nachholende Integrationspolitik. In: Bade, Klaus J./ Hiesserich, Hans-Georg (Hg.): Nachholende Integrationspolitik und Gestaltungsperspektiven der Integrationspraxis, Beiträge der Akademie für Migration und Integration 11. Göttingen: V&R unipress, 21-95

Balawajder, Grzegorz/Grochalski, Stefan Marek (2010): Raport z badań „Granice w Unii Europejskiej". Opole: Wydawnictwo Uniwersytetu Opolskiego

Baldwin, David (1995): Security Studies and the End of the Cold War. In: World Politics 48 (3), 117-123

Balibar, Etienne (2003): Sind wir Bürger Europas?: Politische Integration, soziale Ausgrenzung und die Zukunft des Nationalen. Hamburg: Hamburger Edition

Balzacq, Thierry (2005): The Three Faces of Securitization: Political Agency, Audience and Context. In: European Journal of International Relations 11 (2), 171-201

Balzacq, Thierry (2010): Constructivism and securitization studies. In: Dunn Cavelty, Miriam/Mauer, Victor (Hg.): The Routledge Handbook of Security Studies. London: Routledge, 56–72

Balzacq, Thierry (Hg.) (2011): Securitization Theory: How Security Problems Emerge and Dissolve. London: Routledge

Barth, Fredrik (1969): Ethnic groups and boundaries. The social organization of culture difference. Oslo: Universitetsforlaget

Bauer, Michael W./Pitschel, Diana (2006): Europäisierung als Erklärung von Dezentralisierung und Regionalisierung in Mittel- und Osteuropa – Mehr Fragen als Antworten. In: EFZZ: Jahrbuch des Föderalismus. Baden-Baden, 44-56

Beck, Ulrich (1986): Risikogesellschaft. Auf dem Weg in eine andere Moderne. Frankfurt am Main: Suhrkamp

Benzler, Susanne (1994): Transformation als Dauerzustand? Die Entwicklung der territorialen Selbstverwaltung in Polen. In: Bullmann, Udo (Hg.): Die Politik der dritten Ebene. Regionen im Europa der Union. Baden-Baden: Nomos Verlag, 310-329

Best, Ulrich (2005): Deutsch-polnische Beziehungen und die Ostbewegung der „europäischen" Grenze. In: Reuber, Paul/Strüver, Anke/Wolkersdorfer, Günter (Hg.): Politische Geographie Europas – Annäherungen an ein umstrittenes Konstrukt. Münster: LIT Verlag, 153-164

Best, Ulrich (2006a): Between cross-border co-operation and neocolonialism: EU enlargement and Polish-German relations. In: Engel-Di Mauro, Salvatore (Hg.): The European's burden. New York: Peter Lang Verlag, 183-207

Best, Ulrich (2006b): Die neuen Regeln der Überschreitung. Handlungsweisen und Positionsbestimmungen von Akteuren grenzüberschreitender Zusammenarbeit zwischen Deutschland und Polen. In: Busch, Dominic (Hg.): Interkulturelle Mediation in der Grenzregion. Sprach- und kulturwissenschaftliche Analysen triadischer Interaktionsformen im interkulturellen Kontakt. Frankfurt am Main: Peter Lang Verlag, 173-195

Best, Ulrich (2008): Transgression as a Rule: German-Polish cross-border cooperation, border discourse and EU-enlargement. Münster: LIT Verlag

Bieber, Roland (Hg.) (2005): Sicherheitsforschung – Begriffsfassung und Vorgangsweise für Österreich. Wien: VÖAW

Bigo, Didier (1994): The European Internal Security Field: Stakes and Rivalries in a Newly Developing Area of Police Intervention. In: Anderson, Malcolm/den Boer, Monica (Hg.): Policing across National Boundaries. London: Pinter, 161-173

Bigo, Didier (2001): Migration and Security. In: Guiraudon,Virginie/Joppke, Christian (Hg.): Controlling a New Migration World. London/New York: Routledge, 121-150

Bigo, Didier (2002a): Security and Immigration: Toward a Critique of the Governmentality of Unease. In: Alternatives: Global, Local, Political 27 (1), 63-92

Bigo, Didier (2002b): Border Regimes, Police Cooperation and Security. In: Zielonka, Jan (Hg.): Europe Unbound. Enlarging and Reshaping the Boundaries of the European Union. New York: Routledge, 213-239

Bigo, Didier (2002c): Security and Migration. In: Alternatives: Global, Local, Political 27 (1), 63-92

Bigo, Didier (2008): International Political Sociology. In: Williams, Paul D. (Hg.): Security Studies. An Introduction. New York: Routledge, 116-129

Bigo et al. (2007): Mapping the Field of EU Internal Security Agencies. Paper vorbereitet für Changing Landscape of European Liberty and Security (CHALLENGE) Project of the Centre for European Policy Studies (CEPS) (http://www.open.ac.uk/researchprojects/iccm/library/ 58, letzter Zugriff: 03.01.2015)

Bigo, Didier/Guild, Elspeth (Hg.) (2005): Controlling Frontiers. Free Movement into and within Europe. Burlington: Ashgate

Bigo, Didier/Tsoukala, Anastassia (Hg.) (2006): Illiberal Practices of Liberal Regimes: the insecurity games. London and New York: Routledge

Bigo, Didier/Carrera, Sergio/Guild, Elspeth (2008): What Future for the Area of Freedom, Security and Justice? Recommendations on EU Migration and Borders Policies in a Globalising World. In: CEPS Policy Brief 156

Bilgin, Pinar (2003): Individual and Societal Dimensions of Security. In: International Studies Review 5, 203-222

Bommes, Michael (2005): Transnationalism or Assimilation? In: Journal of Social Science Education 1, 1–13

Bonjour, Saskia (2011): The power and morals of policy makers: Reassessing the control gap debate. In: International Migration Review 45 (1), 89–122

Bondyra, Krzysztof (2002): Teorie modernizacji wobec polskiej zmiany systemowej. In: Buksiński, Tadeusz (Hg.): Postkomunistyczne transformacje. Poznań: Wydawnictwo Naukowe Instytutu Filozofii UAM, 95–119

Booth, Ken (1991): Security and Emancipation. In: Review of International Relations 17 (4), 313-326

Booth, Ken (1997): Security and Self: Reflections of a Fallen Realist. In: Krause, Keith/Williams, Michael C. (Hg.): Critical Security Studies: Concepts and Cases. London: UCL Press, 83-120

Booth, Ken (2007): Theory of World Security. Cambridge: Cambridge University Press

Borjas, George (2002): Welfare reform and immigrant participation in welfare programs. In: International Migration Review 36 (4), 1093-1123

Boswell, Christina (2003): The "external dimension" of EU immigration and asylum policy. In: International Affairs 79 (3), 619-638

Boswell, Christina (2007): Theorizing Migration Policy: Is there a Third Way? In: International Migration Review 41 (1), 101-126

Bourdieu, Pierre (1983): Ökonomisches Kapital, kulturelles Kapital, soziales Kapital. In: Kreckel, Reinhard (Hg.): Soziale Ungleichheiten (Soziale Welt Sonderband 2). Göttingen: Schwartz, 183-198

Bourdieu, Pierre (1988): Homo academicus. Frankfurt am Main: Suhrkamp Verlag

Bourdieu, Pierre (1999): Die Regeln der Kunst. Genese und Struktur des literarischen Feldes. Frankfurt am Main: Suhrkamp Verlag

Bourdieu, Pierre (2000): Das religiöse Feld. Texte zur Ökonomie des Heilsgeschehens. Konstanz: UVK

Bourdieu, Pierre. 2001. Das politische Feld. Zur Kritik der politischen Vernunft. Konstanz: UVK

Bourdieu, Pierre (2001): Das politische Feld: Zur Kritik der politischen Vernunft. Konstanz: UVK-Verlag-Gesellschaft

Bozacka, Małgorzata (2008): Wykluczenie społeczne a ubóstwo. Pojęcia i teorie. In: Zeszyty Naukowe Uniwersytetu Rzeszowskiego 54 (5), 87-106

Börzel, Tanja A./Risse, Thomas (2000): When Europe Hits Home: Europeanization and Domestic Change. In: European Integration Online Papers 4 (http://eiop.or.at/eiop/pdf/2000-015.pdf, letzter Zugriff: 20.11.2014)

Brettell, Caroline B./Hollifield, James (2000): Migration Theory. New York: Routledge

Brown, Lester R. (1977): Redefining National Security. In: Worldwatch Paper 14, Washington: Worldwatch Institute

Brunarska, Zuzanna/Grotte, Małgorzata/Lusińska, Magdalena (2012): Migracje obywateli Ukrainy do Polski w kontekście rozwoju społeczno-gospodarczego: stan obecny, polityka, transfery, pieniądze.CMR Working Papers 60/118 (http://www.migracje.uw.edu.pl/publ/2017/, letzter Zugriff: 03.01.2015)

Bruns, Bettina/Miggelbrink, Judith/Müller, Kristine (2011): Smuggling and small-scale trade as part of informal economic practices. In: International journal of sociology and social policy 31 (11/12), 664-680

Brusis, Martin (Hg.) (1999): Central and Eastern Europe on the Way to the European Union: Reforms of Regional Administration in Bulgaria, the Czech Republic, Estonia, Hungary, Poland and Slovakia. In: CAP Working Paper (Mai)

Brusis, Martin (2002): Between EU Requirements, Competitive Politics, and National Traditions: Re-creating Regions in the Accession Countries of Central and Eastern Europe. In: Governance 15 (4), 531-559

Brusis, Martin (2006): Regionalization in East-Central Europe: Tracing the Impact of the European Union. In: Vogel, Bernhard/Hrbek, Rudolf/Fischer, Thomas (Hg.): Halbzeitbilanz. Die Arbeitsergebnisse der deutschen Bundesstaatskommission im europäischen Vergleich. Baden-Baden: Nomos Verlag, 202-221

Burchill, Scott (2001): Realism and Neo-Realism. In: Burchill, Scott/Linklater, Andrew (Hg.): Theories of International Relations. New York: Palgrave MacMillan, 67-92

Butler, Judith (2006): Haß spricht. Zur Politik des Performativen. Frankfurt am Main: Suhrkamp Verlag

Buzan, Barry (1991): People, States and Fear. An Agenda for International Security Studies in the Post-Cold War Era. London: Lynne Rienner Publishing

Buzan, Barry (1997): Rethinking Security after the Cold War. In: Cooperation and Conflict 32 (1), 5-28

Buzan, Barry/Wæver, Ole/de Wilde, Jaap (1998): Security: A New Framework for Analysis. Boulder: Lynne Rienner Publishers

Buzan, Barry/Wæver, Ole (2003): Regions and Powers: The Structure of International Security. Cambridge: Cambridge University Press
Büger, Christian/Stritzel, Holger (2005): New European Security Theory: Zur Emergenz eines neuen europäischen Forschungsprogramms. In: Zeitschrift für Internationale Beziehungen 12 (2), 437-446
CASE (2006): Critical Approaches to Security in Europe: A Networked Manifesto. In: Security Dialogue 37 (4), 443-487
Castles, Stephen (1995): How nation states respond to immigration and ethnic diversity. In: New Community Journals 21 (3), 193-308
Castles, Stephen (2004): Why migration policies fail. In: Ethnic and Racial Studies 27 (2), 205-227
Castles, Stephen/Davidson, Alastair (2000): Citizenship and Migration. Globalization and the politics of belonging. New York: Routledge
Castles, Stephen/Miller, Mark. J. (2009): The Age of Migration. London: Macmillan Press
CBOS (1999a): Na drodze do Unii Europejskiej. Warszawa: CBOS
CBOS (1999b): Poparcie dla integracji Polski z Unią Europejską. Warszawa: CBOS
CBOS (2005): Stosunek do innych narodów. Komunikat z badań. Warszawa: CBOS
CBOS (2009): Bilans pięciu lat członkostwa w Unii Europejskiej. Komunikat z badań. BS/64, Warszawa: CBOS
CBOS (2010): Stosunek Polaków do innych narodów. Komunikat z badań. Warszawa: CBOS (http://www.cbos.pl/SPISKOM.POL/2010/K_012_10.PDF, letzter Zugriff: 03.01.2015)
CBOS (2011): Stosunek Polaków do innych narodów. Komunikat z badań, Warszawa: CBOS (http://www.cbos.pl/SPISKOM.POL/2011/K_013_11.PDF, letzter Zugriff: 03.01.2015)
CBOS (2012): Stosunek Polaków do innych narodów. Komunikat z badań, Warszawa: CBOS (http://www.cbos.pl/SPISKOM.POL/2012/K_022_12.PDF, letzter Zugriff: 03.01.2015)
Collinson, Sarah (1996): Visa requirements, carrier sanction, 'safe third countries' and 'readmission': the development of an asylum 'buffer zone' in Europe. In: Transactions of the Institute of British Geographers 21 (1), 76-90
Czaika, Mathias/de Haas, Hein (2013): The Effectivness of Immigration Policies. In: Population and Development Review 39 (3), 487–508
Czernielewska, Malgorzata/Paraskevopoulos, Christos/Szlachta, Jacek (2004): The Regionalization Process in Poland: An Example of 'Shallow' Europeanization? In: Regional and Federal Studies 14 (3), 461-495
Daase, Christopher (2009): Der erweiterte Sicherheitsbegriff. In: Ferdowsi, Mir A. (Hg.): Internationale Politik als Überlebensstrategie. München: bayerische Landeszentrale für politische Bildungsarbeit, 137-153
de Haas, Hein (2010): The internal dynamics of migration processes: A theoretical inquiry. In: Journal of Ethnic and Migration Studies 36, 1587–1617
De Lobkowicz, Wenceslas (1995): Der „dritte Pfeiler" des Unionvertrages in der Perspektive der Regierungskonferenz 1996. In: Müller-Graff, Peter-Christian (Hg.): Europäische Zusammenarbeit in den Bereichen Justiz und Inneres. Der dritte Pfeiler der Europäischen Union. Baden-Baden: Nomos Verlag, 41-62
Den Boer, Monica (1995): Moving Between Bogus and Bona Fide: The Policing of Inclusion and Exclusion in Europe. In: Miles, Robert/Thränhardt, Dietrich (Hg.): Migration and European Integration. The Dynamics of Inclusion and Exclusion. London: Pinter, 92-111
Diehl, Claudia/Haug, Sonja (2003): Assessing Migration and Integration in an Immigration Hesitant Country: The Sources and Problems of Data in Germany. In: International Journal of Migration Studies 152, 747-771

Długosz, Piotr (2008a): Zmiany społeczno-ekonomiczne w regionie podkarpackim na przełomie wieków. In: Malikowski, Marian (Hg.): Społeczeństwo Podkarpacia po wstąpieniu Polski do Unii Europejskiej. Rzeszów: Wydawnictwo Uniwersytetu Rzeszowskiego, 13-42

Długosz, Piotr (2008b): Wygrani i przegrani integracji europejskiej na Podkarpaciu. In: Malikowski, Marian (Hg.): Społeczeństwo Podkarpacia po wstąpieniu Polski do Unii Europejskiej, Rzeszów: Wydawnictwo Uniwersytetu Rzeszowskiego, 43-54

Dolowitz, David P./Marsh, David (1996): Who Learns What from Whom? A Review of the Policy Transfer Literature. In: Political Studies 44 (2), 343-357

Dolowitz, David P./Marsh, David (2000): Learning from Abroad: The Role of Policy Transfer in Contemporary Policy-Making. In: Governance: An International Journal of Policy and Administration 13 (1), 5-24

Domański, Henryk (2002): Ubóstwo w społeczeństwach postkomunistycznych. Warszawa: Instytut Spraw Publicznych

Domański, Henryk (2004): Struktura społeczna. Warszawa: Wydawnictwo Naukowe Scholar

Donnan, Hastings/Wilson, Thomas M. (1999): Borders: Frontiers of Identity, Nation and State. Oxford: Berg Publishers

Doty, Roxanne Lynn (1996): Immigration and National Identity: Constructing the Nation. In: Review of International Studies 22 (3), 235-255

Dover, Robert (2008): Towards a Common EU Immigration Policy: a Securitization Too Far. In: European Integration 30 (1), 113-130

Dowty, Alan (1987): Closed Borders: The Contemporary Assault on Freedom of Movement. New Haven: CT: Yale University Press

Duszczyk, Maciej/Lesińska, Magdalena (2010): Europeizacja polskiej polityki migracyjnej i jej efekty. In: Górny, Agata/Grabowska-Lusińska, Izabela/Lesińska, Magdalena/Okólski, Marek (Hg.): Transformacja nieoczywista. Polska jako kraj imigracji. Warszawa: Wydawnictwa Uniwersytetu Warszawskiego, 74-78

Dziubińska-Michalewicz, Małgorzata (2004): Problemy bezrobocia i ubóstwa na terenach byłych Państwowych Gospodarstw Rolnych. In: Kancelaria Sejmu Biuro Studiów i Ekspertyz 220, Warszawa

Eigmüller, Monika/Vobruba, Georg (Hg.) (2006): Grenzsoziologie. Die politische Strukturierung des Raumes. Wiesbaden: VS Verlag für Sozialwissenschaften

Elbe, Stefan (2006): Should HIV/AIDS Be Securitized? The Ethical Dilemmas of Linking HIV/AIDS and Security. In: International Studies Quarterly 50 (1), 119-44

Elias, Norbert (1993): Was ist Soziologie? München: Weiheim

Epstein, Rachel A./Sedelmeier, Ulrich (2008): Beyond conditionality: international institutions in postcommunist Europe after enlargement. In: Journal of European Public Policy 15 (6), 795-805

Faist, Thomas (1997): Migration und der Transfer sozialen Kapitals oder: Warum gibt es relativ wenige internationale Migranten? In: Pries, Ludger (Hg.): Transnationale Migration (Soziale Welt Sonderband 12). Baden-Baden: Nomos Verlag, 63-83

Faist, Thomas (2000): Grenzen überschreiten. Das Konzept transstaatlicher Räume und seine Anwendungen. In: Faist, Thomas (Hg.): Transstaatliche Räume: Politik, Wirtschaft und Kultur in und zwischen Deutschland und der Türkei. Bielefeld: transcript Verlag, 9-56

Faist, Thomas/Ette, Andreas (2007): Between Autonomy and the European Union: The Europeanisation of National Policies and Politics of Immigration. In: European View 5, 19-26

Featherstone, Kevin (2003): Introduction: In the Name of 'Europe'. In: Featherstone, Kevin/Radaelli, Claudio (Hg.): The Politics of Europeanization. Oxford: Oxford University Press, 3-26

Feldman, Gregory (2011): The Migration Apparatus: Security, Labor, and Policymaking in the European Union, Palo Alto: Stanford University Press

Fetzer, Joel S. (2000): Public Attitudes Toward Immigration in the United States, France, and Germany. Cambridge: Cambridge University Press

Floyd Rita (2010) Security and the Environment. Cambridge: Cambridge University Press

Floyd Rita (2011): Can securitization theory be used in normative analysis? Towards a just securitization theory. In: Security Dialogue 42 (4–5), 427–439.

Foucault, Michel (2004): Geschichte der Gouvernementalität (I, II), Frankfurt am Main: Suhrkamp Verlag

Foucault, Michel (2005): Analytik der Macht. Frankfurt am Main: Suhrkamp Verlag

François, Etienne/Seifarth, Jörg/Struck, Bernhard (Hg.) (2007): Die Grenze als Raum, Erfahrung und Konstruktion. Deutschland, Frankreich und Polen vom 17. bis zum 20. Jahrhundert. Frankfurt am Main/New York: Campus Verlag

Freeman, Gary (1995): Models of Immigration Policies in Liberal Democratic States. In: International Migration Review 29 (4), 881-902

Freeman, Gary (2004): Immigration Incorporation in Western Democracies. In: International Migration Review 38 (3), 945-969

Frei, Christoph (1994): Hans J. Morgenthau. Eine intelektuelle Biographie. Bern-Stuttgart-Wien: Haupt

Frey, Klaus (1997): Demokratie und Umweltschutz in Brasilien: Strategien nachhaltiger Entwicklung in Santos und Curitiba. Münster: Lit Verlag

Fried, Johannes (2004): Der Schleier der Erinnerung. Grundzüge einer historischen Memorik. München: C.H. Beck

Fritsch, Sarah (2003): Europäisierung des Asylrechts. In: ami 7-8 (33), 5-16

Galtung, Johan (1969): Violence, Peace, and Peace Research. In: Journal of Peace Research 6 (3), 167-191

Garsztecki, Stefan (2003): Polnische Regionen im Kontext der Osterweiterung der Europäischen Union. In: Jahrbuch des Föderalismus 2003. Föderalismus, Subsidiarität und Regionen in Europa (Europäisches Zentrum für Föderalismus-Forschung Tübingen, Bd. 4). Tübingen, 284-296

Garsztecki, Stefan (2005): Regionen und Dezentralisierung in Polen: neue Entwicklungen. In: Jahrbuch des Föderalismus 2005. Föderalismus, Subsidiarität und Regionen in Europa (Europäisches Zentrum für Föderalismus-Forschung Tübingen). Tübingen, 427-440

Garsztecki, Stefan (2009): Polnische Selbstverwaltung – Traditionen und aktuelle Entwicklungen. In: Bingen, Dieter/Ruchniewicz, Krzysztof (Hg.): Länderbericht Polen. Bonn: Bundeszentrale für politische Bildung, 205-218

Garsztecki, Stefan (2010): Polen – Dezentralisierung im unitarischen Staat. In: Sturm, Roland/ Dieringer, Jürgen (Hg.): Regional Governance in EU-Staaten. Opladen, Farmington Hills: Verlag Barbara Budrich, 191-202

Garsztecki, Stefan (2011): Dezentral, doch disparat. Regionen und Regionalisierung in Polen. In: Osteuropa 5-6, 165-175

Gärtner, Heinz (2001): Zivile und militärische Sicherheit. In: Österreichisches Zentrum für Frieden und Konfliktforschung (Hg.): Nach der Jahrtausendwende. Zur Neuorientierung der Friedensforschung, Friedensbericht 2001. Münster, 88-107

Geddes, Andrew (2000): Immigration and European integration. Manchester: Manchester University Press

Geddes, Andrew (2003): The Politics of Migration and Immigration in Europe. London: Sage

Giza-Poleszczuk, Anna (2004): Brzydkie kaczątko Europy, czyli Polska po czternastu latach transformacji. In: Marody, Mirosława (Hg.): Zmiana czy stagnacja? Społeczeństwo polskie po czternastu latach transformacji. Warszawa: Wydawnictwo IFiS PAN, 248-268

Glorius, Birgit (2007): Transnationale Perspektiven. Eine Studie zur Migration zwischen Polen und Deutschland. Bielefeld: transcript Verlag

Głąbicka, Katarzyna/Okólski, Marek/Stola, Dariusz (1998): Polityka migracyjna Polski. In: CMR Working Papers 18 (http://www.migracje.uw.edu.pl/publ/567/, letzter Zugriff: 03.01.2015)

Głąbicka, Katarzyna (1999): Przerzut migrantów do lub przez terytorium Polski. In: CMR Working Papers 22 (http://www.migracje.uw.edu.pl/publ/569/, letzter Zugriff: 03.01.2015)

Goetz, Klaus H. (2001): Making sense of post-communist central administration: modernization, Europeanization or Latinization? In: Journal of European Public Policy 8 (6), 1032-1051

Gorzelak, Grzegorz (Hg.) (2001): Reforma terytorialnej organizacji kraju: dwa lata doświadczeń. Warszawa: Wydawnictwo Naukowe Scholar

Gorzelak, Grzegorz/Jałowiecki, Bohdan (2010): Siły lokalne i regionalne. In: Morawski, Witold (Hg.): Modernizacja Polski. Warszawa: Wydawnictwa Akademickie i Profesjonalne, 501-523

Górny, Agata/Grabowska-Lusińska, Izabela/Lesińska, Magdalena/Okólski (Hg.) (2010): Transformacja nieoczywista. Polska jako kraj imigracji. Warszawa: Wydawnictwa Uniwersytetu Warszawskiego

Grabbe, Heather (2001): How does Europeanization affect CEE Governance? Conditionality, diffusion and diversity. In: Journal of European Public Policy 8 (6), 1013-1031

Grabbe, Heather (2003): Stabilizing the East While Keeping Out the Easterners: Internal and External Security Logics in Conflict. In: Lavenex, Sandra/Uçarer, Emek (Hg.): Migration and Externalities of European Integration. Lanham: Lexington Books, 91-104

Grabbe, Heather (2006): The EU's Transformative Power: Europeanization through Conditionality in Central and Eastern Europe. Basingstoke: Palgrave

Grabowska-Lusińska, Izabela/Okólski, Marek (2008): Migracja z Polski po 1 maja 2004 r.: jej intensywność i kierunki geograficzne oraz alokacja migrantów na rynkach pracy krajów Unii Europejskiej. In: CMR Working Papers 33 (http://www.migracje.uw.edu.pl/publ/608/, letzter Zugriff: 03.01.2015)

Grott, Bogumił (2002): Strategie i taktyki stosowane w kontaktach polsko-ukraińskich w zakresie ujmowania historii wzajemnych stosunków. In: Grott, Bogumił (Hg.): Polacy i Ukraińcy wczoraj i dziś. Kraków: Wydawnictwo Uniwersytetu Jagiellońskiego, 189-214

Grott, Bogumił (Hg.) (2004): Współczesne stosunki polsko-ukraińskie, trudne problemy, trudne pytania, trudne rocznice. In: Grott, Bogumił (Hg.): Stosunki polsko-ukraińskie 1934-2004. Warszawa: Muzeum Historii Polskiego Ruchu Ludowego, 243-295

Grzymała-Kazłowska, Aleksandra (2005): Cztery dyskursy o imigrantach w Polsce. In: Przegląd Polonijny 3, 117-138

Grzymała-Kazłowska, Aleksandra (2007): Konstruowanie „innego". Wizerunki imigrantów w Polsce. Warszawa: Wydawnictwa Uniwersytetu Warszawskiego

Guiraudon, Virginie/Joppke, Christian (Hg.) (2001): Controlling a New Migration World. London/New York: Routledge

Gurowitz, Amy (1999): Mobilizing international norms: domestic actors, immigrants, and the Japanese state. In: World Politics 51 (3), 413-445

GUS (2014): Podkarpackie w liczbach. 2014 (http://rzeszow.stat.gov.pl/publikacje-i-foldery/foldery/podkarpackie-w-liczbach-2014,2,7.html, letzter Zugriff: 20.11.2014)

Guzzini, Stefano (2011): Securitization as a casual mechanism. In: Security Dialogue 42 (4-5), 329-341

Guzzini, Stefano/Jung, Dietrich (Hg.) (2004): Contemporary Security Analysis and Copenhagen Peace Research. London: Routledge
Günzel, Stephan (Hg.) (2009): Raumwissenschaften. Frankfurt am Main: Suhrkamp Verlag
Hahn, Hans Henning (2009): Centrum i peryferie: zmienność i podobieństwo mechanizmów generujących stereotypy. In: Traba, Robert (Hg.): Akulturacja, asymilacja na pograniczach Europy Środkowo-Wschodniej w XIX i XX wieku, Tom 1 – Stereotypy i pamięć. Warszawa: ISP PAN, 36-47
Haller, Dieter (2000): Gelebte Grenze Gibraltar. Transnationalismus, Lokalität und Identität in kulturanthropologischer Perspektive. Wiesbaden: Deutsche Universitats-Verlag
Han, Petrus (2010): Soziologie der Migration. Stuttgart: Lucius & Lucius
Hansen, Lene (1997): A Case for Seduction? Evaluating the Poststructuralist Conceptualization of Security. In: Cooperation and Conflict 32 (4), 369-397
Hansen, Lene (2000): The Little Mermaid's Silent Security Dilemma and the Absence of Gender in the Copenhagen School. In: Millennium 29 (2), 285-306
Heidenreich, Martin/Delhey, Jan/Lahusen, Christian/Gerhards, Jürgen/Mau, Steffen/Münch, Richard/Pernicka, Susanne (2012): Europäische Vergesellschaftungsprozesse. Horizontale Europäisierung zwischen nationalstaatlicher und globaler Vergesellschaftung. Oldenburg (http://www.horizontal-europeanization.eu/downloads/pre-prints/PP_ HoEu_2012-01_heidenreich_etal_europaeische_ vergesellschaftungsprozesse. pdf, letzter Zugriff: 06.01.2015)
Héritier, Adrianne/Knill, Christoph (2000): Differential Responses to European Policies: A Comparison (http://www.coll.mpg.de/pdf_dat/2000_07online.pdf, letzter Zugriff: 20.11.2014)
Herz, John (1950): Idealist Internationalism and the Security Dilemma. In: World Politics 2 (2), 157-180
Herz, John (1974): Staatenwelt und Weltpolitik. Aufsätze zur internationalen Politik im Nuklearzeitalter. Hamburg: Hoffmann und Campe
Hesse, Markus (2012): Europäische Weltraumpolitik – Sicherheitspolitische Aspekte. Berlin: Duncker & Humblot
Hirschman, Albert O. (1970): Exit, Voice and Loyalty: Responses to Decline in Firms, Organizations, and States. Harvard University Press
Hirschman, Albert O. (1981): Exit, voice and the state. In: Essays in Trespassing. Economics to Politics and Beyond. Cambridge: Cambridge University Press, 246-265
Hollifield, James F. (1992): Immigrants markets, and states: the political economy of postwar Europe. Harvard University Press
Hollifield, James (1996): The Migration Crisis in Wester Europe: the Search for a National Model. In: Bade, Klaus J. (Hg.): Migration-Ethnizität-Konflikt. Systemfragen und Fallstudien. Osnabrück: Universitätsverlag Rasch, 367-402
Hollifield, James F. (2000): The politics of international migration: how can webring the state back in? In: Brettell, Caroline B./Hollifield, James (Hg.): Migration Theory. Talking across Disciplines. New York/London: Routledge, 137-185
Hornung, Marcus (2013): Auf den Spuren unerwünschter Freizügigkeit. Grenzkriminalität an der sächsisch-tschechischen Grenze. In: Garsztecki, Stefan/Waack, Christoph (Hg.): Regionale Identität und transnationale Räume in Ostmitteleuropa. Dresden: Thelem, 97-114
Huysmans, Jef (1995): Migrants as a Security Problem: Dangers of "Securitizing" Societal Issues. In: Miles, Robert/Thränhardt, Dietrich (Hg.): Migration and European Integration: The Dynamics of Inclusion and Exclusion. London: Fairleigh Dickinson University Press, 53-72
Huysmans, Jef (1998a): The Question of the Limit: Desecuritisation and the Aesthetics of Horror in Political Realism. In: Millennium-Journal of International Studies 27 (3), 569-589

Huysmans, Jef (1998b): Security! What Do You Mean? From Concept to Thick Signifier. In: European Journal of International Relations 4 (2), 226-255
Huysmans, Jef (2000): The European Union and the Securitization of Migration. In: Journal of Common Market Studies 38 (5), 751-777
Huysmans, Jef (2002): Defining Social Constructivism in Security Studies: The Normative Dilemma of Writing Security. In: Alternatives: Global, Local, Political 27 (1), 41-62
Huysmans, Jef (2011): What's in an act? On security speech acts and little security nothings. In: Security Dialogue 42 (4-5), 371-383
Ibrahim, Maggie (2005): The Securitization of Migration: A Racial Discourse. In: International Migration 43 (5), 163-187
Iglicka, Krystyna (2000): Migration movements from and into Poland in the light of the East-West European migration. In: CMR Working Papers 33 (http://www.migracje.uw.edu.pl/publ/573/, letzter Zugriff: 03.01.2015)
Iglicka, Krystyna (2001): Poland: between geopolitical shifts and emerging migratory patterns. In: CMR Working Papers 42 (http://www.migracje.uw.edu.pl/publ/577/, letzter Zugriff: 03.01.2015)
Iglicka, Krystyna (2003a): Priorities and Developmental Directions of Polish Migration Policy. In: CMR Analyses & Opinions 13, Warszawa: CMR
Iglicka Krystyna (2003b): Priorytety i kierunki rozwoju polskiej polityki migracyjnej. In: ISP: Analizy i Opinie 13 (http://www.isp.org.pl/files/5053472450385416001117011617.pdf, letzter Zugriff: 03.01.2015)
Iglicka, Krystyna (2005): The Impact of the EU Enlargement on Migratory Movements in Poland, Warszawa: CfIR
Iglicka, Krystyna (2007): A note on rebirth of migration research in Poland after 1989. In: Kicinger, Anna/Weinar, Agnieszka (Hg.) (2007): State of the Art of the Migration Research in Poland. In: CMR Working Papers 26/84 (http://www.migracje.uw.edu.pl/publ/604/, letzter Zugriff: 03.01.2015)
Iglicka Krystyna/Olszewska, Olga/Stachurski, Andrzej/Żurawska, Joanna (2005): Dylematy polityki migracyjnej Polski In: CMR Working Papers 58 (http://www.migracje.uw.edu.pl/publ/585/, letzter Zugriff: 03.01.2015)
Jahn, Daniela/Maurer, Andreas/ Oetzmann, Verena/Riesch, Andrea (2006): Asyl- und Migrationspolitik der EU. Ein Kräftespiel zwischen Freiheit, Recht und Sicherheit. In: Diskussionspapier der FG. Berlin: SWP
Jałowiecki, Bohdan/Szczepański, Marek (2002): Rozwój lokalny i regionalny w perspektywie socjologicznej. Tychy: Śląskie Wydawnictwo Naukowe
Jasińska-Kania, Aleksandra (2001): Trudne sąsiedztwa. Z socjologii konfliktów narodowościowych. Warszawa: Wydawnictwo Naukowe Scholar
Jasińska-Kania, Aleksandra/Kofta, Mirosław (Hg.) (2001): Stereotypy i uprzedzenia. Uwarunkowania psychologiczne i kulturowe. Warszawa: Wydawnictwo Naukowe Scholar
Jaźwińska-Motylska, Ewa (Hg.) (2006): Imigracja do Polski w świetle wyników Narodowego Spisu Powszechnego 2002. In: CMR Working Papers 13 (71) (http://www.migracje.uw.edu.pl/publ/595/, letzter Zugriff: 03.01.2015)
Jestal, Jerzy (1999): Polsko-ukraińskie dyskusje w kontekście stereotypów narodowościowych. In: Malikowski, Marian/Wojakowski, Dariusz (Hg.): Między Polską a Ukrainą. Pogranicza-Mniejszości-Współpraca regionalna. Rzeszów: Mana, 169-176
Jestal, Jerzy (2001): Tożsamość narodowa Polaków. Rzeszów: Wydawnictwo Uniwersytetu Rzeszowskiego

Jestal, Jerzy (2008): Społeczeństwo Podkarpacia z perspektywy teorii kapitału społecznego R. Putnama. In: Malikowski, Marian (Hg.): Społeczeństwo Podkarpacia w badaniach rzeszowskiego ośrodka socjologicznego, Rzeszów: Wydawnictwo Uniwersytetu Rzeszowskiego, 147-156

Jileva, Elena (2003): Larger than the European Union: The Emerging EU Migration Regime and Enlargement. In: Lavenex, Sandra/Uçarer, Emek (Hg.): Migration and Externalities of European Integration. Lanham: Lexington Books, 75-89

Joppke, Christian (1998): Why Liberal States Accept Unwanted Immigration. In: World Politics 50 (2), 266-293

Joppke, Christian (2005): Exclusion in the Liberal State: The Case of Immigration and Citizenship Policy. In: European Journal of Social Theory 8 (1), 43-61

Joppke, Christian (2007a): Transformation of Immigrant Integration: Civic Integration and Antidiscrimination in the Netherlands, France and Germany. In: World Politics 59 (2), 243-273

Joppke, Christian (2007b): Beyond National Models: Civic Integration Policies for Immigrants in Western Europe. In: West European Politics 30 (1), 1-22

Kaczmarczyk, Paweł (Hg.) (2011): Recent Trends in International Migration in Poland. The 2010 SOPEMI Report. In: CMR Working Paper 51 (109) (http://www.migracje.uw.edu.pl/publ/1777/, letzter Zugriff: 03.01.2015)

Kaczmarczyk, Paweł (Hg.) (2014): Recent Trends in International Migration in Poland The 2012 SOPEMI Report. In: CMR Working Paper 71 (129) (http://www.migracje.uw.edu.pl/publ/2373/, letzter Zugriff: 05.01.2015)

Kaldor, Mary (2000): Neue und alte Kriege. Organisierte Gewalt im Zeitalter der Globalisierung. Frankfurt am Main: Suhrkamp Verlag

Karolczak, Kazimierz (2009): Polski dwór – ukraińska wieś. Stereotypowe postrzeganie Ukraińców przez ziemian. In: Traba, Robert (Hg.): Akulturacja, asymilacja na pograniczach Europy Środkowo-Wschodniej w XIX i XX wieku, Bd.1 – Stereotypy i pamięć. Warszawa: Instytut Studiów Politycznych PAN/Niemiecki Instytut Historyczny, 247-265

Kawałko, Bogdan (2006): Granica wschodnia jako czynnik ożywienia i rozwoju społecznoekonomicznego regionów przygranicznych. Synteza. Warszawa (https://www.mir.gov.pl/rowoj_regionalny/poziom_regionalny/strategia_rozwoju_polski_wschodniej_do_2020/dokumenty/ Documents/ b3fd8a3c919b4f59a5d7b1be771706a7Kawako.pdf, letzter Zugriff: 03.01.2015)

Keating, Michael (2003): Regionalization in Central and Eastern Europe: The diffusion of a Western Model? In: Keating, Michael/Hughes, James (Hg.): The Regional Challenge in Central and Eastern Europe: Territorial Restructuring and European Integration. Brussels: Peter Lang Verlag

Keating, Michael (Hg.) (2004): Regions and Regionalism in Europe. The International Library of Comparative Public Policy. Cheltenham/Northampton: Elgar

Keller, Reiner (1998): Müll – Die gesellschaftliche Konstruktion des Wertvollen. Opladen: Westdeutscher Verlag

Keller, Reiner (2004): Der Müll der Gesellschaft. Eine wissenssoziologische Diskursanalyse. In: Keller, Reiner (Hg.): Handbuch Sozialwissenschaftliche Diskursanalyse. Wiesbaden: VS Verlag für Sozialwissenschaften, 197-232

Keller, Reiner (2006): Wissenssoziologische Diskursanalyse, in: Keller, Reiner (Hg.): Handbuch Sozialwissenschaftliche Diskursanalyse. Wiesbaden: VS Verlag für Sozialwissenschaften, 115-146

Keller, Reiner (2008): Wissenssoziologische Diskursanalyse. Grundlegung eines Forschungsprogramms. Wiesbaden: VS Verlag für Sozialwissenschaften

Kempny, Marian (2005): Granice wspólnot i "pogranicze" tożsamości. In: Kurczewska Joanna/Bojar, Hanna (Hg.): Granice na pograniczach. Warszawa: Wydawnictwo IFiS PAN, 125-146
Keohane, Robert (2002): Power and Governance in a Partially Globalized World. London-New York: Routledge
Keohane, Robert/Nye, Joseph S. (1985): Macht und Interdependenz. In: Kaiser, Karl/Schwarz, Hans-Peter (Hg.): Weltpolitik. Bonn: Bundeszentrale für politische Bildung, 74-88
Kępińska, Ewa/Stola, Dariusz (2004): Migration Policy and Politics in Poland. In: Górny, Agata/ Ruspini, Paolo (Hg.): Migration in the new Europe: East-West revisited. Houndmills/Basingstoke/ Hampshire: Palgrave Macmillan, 159-176
Kicinger, Anna (2005): Between Polish interests and the EU influence – Polish migration policy development 1989-2004. In: CEFMR Working Paper 9, Warszawa (http://www.cefmr.pan.pl/ docs/cefmr_wp_2005-09.pdf, letzter Zugriff: 28.01.2015)
Kicinger, Anna (2009): Beyond the Focus on Europeanisation: Polish Migration Policy 1989-2004. In: Journal of Ethnic and Migration Studies 35 (1), 79-95
Kicinger, Anna/Koryś, Izabela (2011): The case of Poland. In: Zincone, Giovanna/Pennix, Rinus/Borkert, Maren (Hg.): Migration Policymaking in Europe. The dynamics of actors and contexts of past and present. Amsterdam: Amsterdam University Press, 347-376
Kieniewicz, Jan (2013): Orient i Wschód Polaków. In: Zarycki, Tomasz (Hg.): Polska Wschodnia i orientalizm. Warszawa: Wydawnictwo Naukowe Scholar, 38-43
Klos, Christian (1999): Eine Reise von Rom nach Amsterdam: die Entwicklung des europäischen Einwanderungsrechts. In: Wolter, Achim (Hg.): Migration in Europa: Neue Dimensionen, neue Fragen, neue Antworten. Baden-Baden: Nomos Verlag, 19-37
Kluska, Renata (2008): Kapitał indywidualny i społeczny drobnych przedsiębiorców Podkarpacia w procesie tworzenia gospodarki rynkowej (wyniki badań empirycznych). In: Malikowski, Marian (Hg.): Społeczeństwo Podkarpacia w badaniach rzeszowskiego ośrodka socjologicznego. Rzeszów: Wydawnictwo Uniwersytetu Rzeszowskiego, 157-174
Kłoskowska, Antonina (1993): Wielokulturowość regionów pogranicza. In: Handtke, Kwiryna (Hg.): Region, regionalizm – pojęcia i rzeczywistość. Warszawa: Slawistyczny Ośrodek Wydawniczy
Kohler-Koch, Beate (Hg.) (1989): Regime in den internationalen Beziehungen. Baden-Baden: Nomos Verlag
Kohler-Koch, Beate (2000): Europäisierung: Plädoyer für eine Horizonterweiterung. In: Knodt, Michèle/Kohler-Koch, Beate (Hg.): Deutschland zwischen Europäisierung und Selbstbehauptung. Frankfurt/New York: Campus Verlag, 11-31
Kohler-Koch, Beate/Eising, Rainer (2005): Interessenpolitik im europäischen Mehrebenensystem. In: Kohler-Koch, Beate/Eising, Rainer (Hg.): Interessenpolitik in Europa. Baden-Baden: Nomos Verlag, 11-75
Kolasa-Nowak, Agnieszka (2013): Użyteczność obrazu Polski Wschodniej w dyskursie akademickim i publicznym. In: Zarycki, Tomasz (Hg.): Polska Wschodnia i orientalizm. Warszawa: Wydawnictwo Naukowe Scholar, 98-109
Konieczna, Joanna (2001): Polska-Ukraina. Wzajemny wizerunek. Warszawa: Instytut Spraw Publicznych
Konieczna, Joanna (2003): Polacy-Ukraińcy, Polska-Ukraina. Paradoksy stosunków sąsiedzkich (http://www.insteuro.civicua.org/Digest/Ukr_Pol/Persp/Polacy-Ukraincy.pdf, letzter Zugriff: 20.11.2014)
Konieczna-Sałamatin, Joanna (2011): Coraz dalsi sąsiedzi? Wizerunek Polski i Polaków w Ukrainie (http://www.isp.org.pl/publikacje,694,460.html, letzter Zugriff: 20.11.2014)
KGP (2003): Polska Policja w Unii Europejskiej, Warszawa: UKIK

KGP (2014): Raport o stanie bezpieczeństwa w Polsce. Warszawa (http://bip.msw.gov.pl/bip/raport-o-stanie-bezpie/18405,Raport-o-stanie-bezpieczenstwa. html, letzter Zugriff: 28.01.2015)
Koslowski, Rey (1998a): European Union Migration Regimes, Established and Emergent. In: Joppke, Christian (Hg.): Challenge to the Nation-State. Immigration in Western Europe and the United States. Oxford: Oxford University Press, 153-188
Koslowski, Rey (1998b): European migration regimes: emerging, enlarging and deteriorating. In: Journal of Ethnic and Migration Studies 24 (4), 735-749
Kotarski, Hubert (2009): Egzogenne i endogenne czynniki rozwoju regionalnego. Podkarpacie na tle polskich regionów. In: Tuziak, Arkadiusz/Tuziak, Bożena (Hg.): Regionalny wymiar procesów transformacyjnych. Warszawa: Wydawnictwo Naukowe Scholar, 107-121
Kotarski, Hubert (2013): Kapitał ludzki i kapitał społeczny a rozwój województwa podkarpackiego. Rzeszów: Wydawnictwo Uniwersytetu Rzeszowskiego
Kowaliw-Szymańska, Bożena (2009): Przestępstwa i wykroczenia gospodarcze na granicy polsko-ukraińskiej – przyczyny występowania. In: Zeszyty Naukowe Uniwersytetu Rzeszowskiego 57, 58-77
Krause, Keith (1998): Critical Theory and Security Studies: The Research Programme of 'Critical Security Studies'. In: Cooperation and Conflict 33 (3), 298-333
Krause, Keith/Williams, Michael C. (1996): Broadening the Agenda of Security Studies: Politics and Methods. In: Mershon International Studies Review 40 (2), 229-254
Krause, Keith/Williams, Michael C. (Hg.) (1997): Critical Security Studies. Minneapolis: Taylor & Francis
Kronauer, Martin (2002): Exklusion. Die Gefährdung des Sozialen im hochentwickelten Kapitalismus. Frankfurt am Main/New York: Campus Verlag
Kronauer, Martin (Hg.) (2010): Inklusion und Weiterbildung. Reflexionen zur gesellschaftlichen Teilhabe in der Gegenwart. Bielefeld: Bertelsmann
Kulesza, Michał (2000): Transformacja ustroju administracyjnego Polski (1990-2000). In: STUDIA IURIDICA XXXVIII, 79-86
Kurczewska, Joanna (2005a): Granice III RP jako problem badawczy. In: Malikowski, Marian/ Wojakowski, Dariusz (Hg.): Granice i pogranicza nowej Unii Europejskiej. Z badań regionalnych, etnicznych i lokalnych. Kraków: Nomos, 15-38
Kurczewska, Joanna (2005b): Granica niejedno ma imię. Trzy podejścia teoretyczne. In: Kurczewska, Joanna/Bojar, Hanna (Hg.) (2005): Granice na pograniczach. Warszawa: Wydawnictwo Instytutu Filozofii i Socjologii PAN, 365-396
Kümmel, Gerhard (2006): Europäische Sicherheit als Themenfeld der Internationalen Beziehungen. In: Kernic, Franz/Hauser, Gunther (Hg.): Handbuch zur europäischen Sicherheit. Frankfurt am Main: Peter Lang Verlag, 13-28
Ladrech, Robert (1994): Europeanization of Domestic Politics and Institutions: The Case of France. In: Journal of Common Market Studies 32 (1), 69-88
Larat, Fabrice (1998): Prägende Erfahrung: Regionale Reaktionen auf europäische Politik. In: Kohler-Koch, Beate (Hg.): Internationale Politik in Europa. Regionen im Netzwerk der Integration. Opladen: Leske + Budrich, 153-181
Lavenex, Sandra (1998): Asylum, Immigration and Central-Eastern Europe: Challenges to EU Enlargement. In: European Foreign Affairs Review 3 (2), 275–294
Lavenex, Sandra (1999): Safe Third Countries: Extending the EU Asylum and Immigration Policies to Central and Eastern Europe. Budapest: Central European University Press
Lavenex, Sandra/Uçarer, Emek (2003): The Emergent EU Migration Regime and Its External Impact. In: Lavenex, Sandra/Uçarer, Emek (Hg.): Migration and the Externalities of European Integration. Oxford: Lexington Books, 1-13

Lavenex, Sandra (2005): The politics of exclusion and inclusion in 'Wide Europe'. In: De Baerdeleben, Joan (Hg.): Sort of hard borders? Managing the divide in an enlarged Europe. Aldershot: Ashgate, 123-143
Lavenex, Sandra (2006): Shifting Up and Out: The Foreign Policy of European Immigration Control. In: West European Politics 29 (2), 329-350
Lavenex, Sandra (2007): Which European Asylum System? Security versus Human Rights Considerations in the Europeanization Process. In: European View 5, 63-70
Lavenex, Sandra (2008): A governance perspective on the European neighbourhood policy: integration beyond conditionality? In: Journal of European Public Policy 15 (6), 938-955
Lavenex, Sandra/Freyburg, Tina/Schimmelfennig, Frank/Skripka, Tatiana/Wetzel, Anne (2011a): EU promotion of democratic governance in the neighbourhood. In: Journal of European Public Policy 16 (6), 916-934.
Lavenex, Sandra/Freyburg, Tina/Schimmelfennig, Frank/Skripka, Tatiana/Wetzel, Anne (2011b): Democracy Promotion, Through Functional Cooperation? The case of the European Neighbourhood Policy. In: Democratization 18 (4), 1026-1054
Ledneva Alena (2006), Informelle Netzwerke in post-kommunistischen Ökonomien: eine "topographische" Karte. In: Bittner, Regina/Hackenbroich, Wilfried/Vöckler, Kai (Hg.): Transiträume. Berlin: Jovis, 300-339
Leoński, Jacek (1995): Nacjonalizm młodzieży polskiej na wschodnim pograniczu. In: Nikitorowicz, Jerzy (Hg.): Edukacja międzykulturowa w kręgu potrzeb, oczekiwań i stereotypów. Białystok: Trans Humana, 59-72
Lesińska, Magdalena/Matejko, Ewa/Wasilewska, Olga (Hg.) (2012): Migrations from Eastern European countries tot he European Union in the context of visa policy. Warszawa: Fundacja Stefana Batorego
Leśniak-Moczuk, Krystyna (2010): Dwie dekady lokalnego bezrobocia (na przykładzie powiatu mieleckiego na Podkarpaciu). Rzeszów: Wydawnictwo Uniwersytetu Rzeszowskiego
Lippman, Walter (1990): Die öffentliche Meinung. Bochum: Brockmeyer
Lipschutz, Ronnie (Hg.) (1995): On Security. New York: Columbia University Press
Löwenthal, Richard (1971): Freiheit der Eigenentwicklung. In: Deutsche Gesellschaft für Auswärtige Politik : Außenpolitische Perspektiven des westdeutschen Staates. Das Ende des Provisoriums Bd. 30/1. München: Oldenbourg, 11-18
Luoma-Aho, Mika (2002): Body of Europe and Malignant Nationalism: A Pathology of the Balkans in European Security Discourse. In: Geopolitics 7 (3), 117-142
Łukowski, Wojciech (1997): Czy Polska stanie się krajem imigracyjnym? In: CMR Working Papers 12 (http://www.migracje.uw.edu.pl/publ/43/, letzter Zugriff: 28.01.2015)
Machaj, Irena (2005): Społeczno-kulturowe konteksty tożsamości mieszkańców wschodniego i zachodniego poganicza. Warszawa: Wydawnictwo Naukowe Scholar
Malikowski, Marian (Hg.) (2008): Społeczeństwo Podkarpacia po wstąpieniu do Unii Europejskiej. Rzeszów: Wydawnictwo Uniwersytetu Rzeszowskiego
Malikowski, Radosław/Paluch, Marek (2008): Rzeszów i region rzeszowski w prasie ogólnopolskiej w latach 1960-2000 (na przykładzie wybranych tytułów prasowych). In: Malikowski, Marian (Hg.): Społeczeństwo Podkarpacia w badaniach rzeszowskiego ośrodka socjologicznego. Rzeszów: Wydawnictwo Uniwersytetu Rzeszowskiego, 54-69
Malikowski, Marian (2010a): Podkarpacie. Studia socjologiczne. Rzeszów: Wydawnictwo Uniwersytetu Rzeszowskiego
Malikowski, Marian (2010b): Wybrane problemy stosunków polsko-ukraińskich. Rzeszów: Wydawnictwo Uniwersytetu Rzeszowskiego

Malynovska, Olena (2012): Socio-economic and political consequences of the visa regime from the perspective of an emigration country. A case study of Ukraine. In: Lesińska, Magdalena/ Matejko, Ewa/Wasilewska, Olga (Hg.): Migrations from Eastern European countries to the European Union in the context of visa policy. Warszawa: Fundacja Stefana Batorego, 64-87

Marczuk, Stanislaw/Palka, Joanna (2002), Cross-border Co-operation within the Carpathian Euroregion. In: Borland, John/Day, Graham/Sowa, Kazimierz Z. (Hg.): Political Borders and Cross-border Identities at the Boundaries of Europe. Rzeszow-Bangor, 93-101

Marody, Mirosława (1996): Między realnym socjalizmem a realną demokracją. In: ders.: (Hg.): Oswajanie zmiany. Między realnym socjalizmem a realną demokracją. Warszawa: Instytut Studiów Społecznych UW, 114-137

Massey, Douglas/Arango, Joaquin/ Graeme, Hugo/Kouaouci, Ali/Pellegrino, Adela (Hg.) (1998): Worlds in Motion: Understanding International Migration at the End of the Millenium. Oxford-New York: Clarendon Oxford Press

Matthiesen, Ulf/Reutter, Gerhard (Hg.) (2003): Lernende Region – Mythos oder lebendige Praxis? Bielefeld: Bertelsmann

Maurer, Andreas/Mittag, Jürgen/Wessels, Wolfgang (2005): National Systems Adaptation to the EU System: Trends, Offers, and Constraints. In: Kohler-Koch, Beate (Hg.): Linking EU and National Governance. Oxford: Oxford University Press, 53-81

McDonald, Matt (2002): Human Security and the Construction of Security. In: Global Society 16 (3), 277-295

McDonald, Matt (2008): Securitization and the Construction of Security. In: European Journal of International Relations 14 (4), 563-587

McSweeney, Bill (1996): Identity and security: Buzan and the Copenhagen school. In: Review of International Studies 22 (1), 81-93

Melegh, Attila (2006): On the East/West Slope. Globalization, Nationalism, Racism and Discourses on Central and Eastern Europe. Budapest: CEU Press

Mey, Günter/Mruck, Katja (Hg.) (2011): Grounded Theory Reader. Wiesbaden: VS Verlag für Sozialwissenschaften

Miles, Robert/Thränhardt, Dietrich (1995): Immigration and European Integration. The Dynamics of Inclusion and Exclusion. London: Pinter

Milewski, Maciej/Ruszczak-Żbikowska, Joanna (2008): Motywacje do wyjazdu, praca, więzi społeczne i plany na przyszłość polskich migrantów przebywających w Wielkiej Brytanii i Irlandii. In: CMR Working Papers 35/93 (http://www.migracje.uw.edu.pl/publ/610/, letzter Zugriff: 28.01.2015)

MSW (2014): Raport o stanie bezpieczeństwa w Polsce w 2013 roku. (http://bip.msw.gov.pl/bip/ raport-o-stanie-bezpie/18405,Raport-o-stanie-bezpieczenstwa. html, letzter Zugriff: 28.01.2015)

Mitsilegas, Valsamis (2012): Immigration Control in an Era of Globalization: Deflecting Foreigners, Weakening Citizens, and Strengthening the State. In: Indiana Journal of Global Legal Studies 19 (1), 3-60

Mörth, Ulrika (2003): Europeanization as Interpretation, Translation, and Editing of Public Policies. In: Featherstone, Kevin/Radaelli, Claudio M. (Hg.): The Politics of Europeanization. Oxford/New York: Oxford University Press, 159-178

Mrozowski, Maciej (1997): Obraz imigranta na łamach prasy polskiej. In: CMR Working Papers 1 (http://www.migracje.uw.edu.pl/publ/547/, letzter Zugriff: 28.01.2015)

Mrozowski, Maciej (2003): Obrazy cudzoziemców i imigrantów w Polsce. In: Iglicka, Krystyna (Hg.): Integracja czy dyskryminacja? Polskie wyzwania i dylematy u progu wielokulturowości. Warszawa: Instytut Spraw Publicznych, 184-235

Müller, Harald (1993): Die Chance der Kooperation. Regime in den internationalen Beziehungen. Darmstadt: Wissenschaftliche Buchgesellschaft
Müller, Harald (1995): Internationale Regime und ihr Beitrag zur Weltordnung. In: Kaiser, Karl/Schwarz, Hans-Peter (Hg.): Die neue Weltpolitik. Bonn: bpb
Müller, Kristine (2013): Vor den Toren der Europäischen Union. Handlungsorientierungen ökonomischer Akteure an der östlichen EU-Außengrenze. Wiesbaden: VS Verlag für Sozialwissenschaften
Münkler, Herfried (2002): Die neuen Kriege. Hamburg: Reinbek
Neal, Andrew W. (2006) Foucault in Guantánamo: Towards an archaeology of the exception. In: Security Dialogue 37 (1), 31–46
Neef, Rainer (2002): Observations on the concept and forms of the informal economy in Eastern Europe. In: Neef, Rainer/Stănculescu, Manuela (Hg.): The Social Impact of Informal Economies in Eastern Europe. Ashgate: Burlington, 1-27
Nobel, Jaap W. (1995): Morgenthau's Struggle with Power. The Theory of Power Politics and the Cold War. In: Review of International Studies 21 (1), 61-85
Okólski, Marek (1991): SOPEMI Report – Poland 1991. Warszawa: OECD
Okólski, Marek (2004): Migration Patterns in Central and Eastern Europe on the Eve of the European Union Expansion: an Overview. In: Górny, Agata/Ruspini, Paolo (Hg.): Migration in the New Europe: East-West revisited. Houndsmill/Basingstoke/Hampshire: Palgrave Macmillan, 23-48
Paasi, Anssi (1996): Territories, Boundaries and Consciousness: The Changing Geographies of the Finnish-Russian Border. New York: J. Wiley & Sons
Paasi, Anssi (2002a): Bounded spaces in the mobile world: deconstructing 'regional identity'. In: Tijdschrift voor Economische et Sociale Geografie 93, 137-148
Paasi, Anssi (2002b): Place and region: regional worlds and words. In: Progress in Human Geography 28 (6), 802-811
Paasi, Anssi (2003): Region and place: regional identity in question. In: Progress in Human Geography 28 (4), 475-485
Paasi, Anssi (2005): Generations and the ‚Development' of Border Studies. In: Geopolitics 10 (5), 663-671
Paasi, Anssi (2009): The resurgence of the 'Region' and 'Regional Identity': theoretical perspectives and empirical observations on the regional dynamics in Europe. In: Review of International Studies 35 (Supplement S1), 121-146
Palak, Mariusz (2008a): Mieszkańcy Podkarpacia wobec Unii Europejskiej. In: Malikowski, Marian (Hg.): Społeczeństwo Podkarpacia w badaniach rzeszowskiego ośrodka socjologicznego. Rzeszów: Wydawnictwo Uniwersytetu Rzeszowskiego, 344-354
Palak, Mariusz (2008b): Polityka promocyjna Rzeszowa. In: Malikowski, Marian (Hg.): Społeczeństwo Podkarpacia po wstąpieniu Polski do Unii Europejskiej. Rzeszów: Wydawnictwo Uniwersytetu Rzeszowskiego, 169-177
Piórko, Iwona/Sie Dhian Ho, Monika (2003): Integrating Poland in the Area of Freedom, Security and Justice. In: European Journal of Migration and Law 5, 175-199
Porada, Joanna (2011): Migracje zarobkowe mieszkańców Podkarpacia po 1 maja 2004 roku. In: Solecki, Sławomir (Hg.): Społeczeństwo polskie w procesie zmian. Podkarpacie na tle kraju. Rzeszów: Wydawnictwo Uniwersytetu Rzeszowskiego, 102-116
Portes, Alejandro/Zhou, Min (1993): The New Second Generation: Segmented Assimilation and its Variants. In: Annals of the American Academy of Political and Social Sciences 530, 74–96
Pram Gad, Ulrik/Petersen, Karen Lund (2011): Concepts of politics in securitization studies. In: Security Dialogue 42 (4-5), 315-328

Pries, Ludger (1996): Transnationale Soziale Räume. Theoretisch-empirische Skizze am Beispiel der Arbeitswanderung Mexico-USA. In: Zeitschrift für Soziologie 25 (6), 456-472

Pries, Ludger (1997): Neue Migration im transnationalen Raum. In: Pries, Ludger (Hg.): Transnationale Migration (Soziale Welt, Sonderband 12). Baden-Baden, 15-44

O.V. (2000): Polska strategia zintegrowanego zarządzania granicą. In: Przegląd Rządowy 7

Puchala, Donald (1997): Immigration into Western societies: implications and policy choices. In: Puchala, Donald J./Uçarer, Emek (Hg.): Immigration Into Western Societies. Problems and Policies. London: Pinter

Radaelli, Claudio M. (1997): How does Europeanization Produce Policy Change? Corporate Tax Policy in Italy and the UK. In: Comparative Political Studies 30 (5), 553-575

Radaelli, Claudio M. (2000): Whither Europeanization? Concept stretching and substantive change. In: European Integration online Papers (EIoP) 4/8 (http://eiop.or.at/eiop/pdf/2000-008.pdf, letzter Zugriff: 03.01.2015)

Rebisz, Sławomir (2002): Cross-border Co-operation, the Way to a United Europe: The Case of the Carpathian Euroregion. In: Borland, John/Day, Graham/Sowa, Kazimierz Z. (Hg.): Political Borders and Cross-border Identities at the Boundaries of Europe. Rzeszow-Bangor, 102-115

Rees, Wyn (2008): Inside Out: the External Face of EU Internal Security Policy. In: European Integration 30(1). 97-111

Roe, Paul W. (2004): Securitization and Minority Rights: Conditions of Desecuritization. In: Security Dialogue 35(3). 279-294

Roe, Paul (2012): Is securitization a 'negative' concept? Revisiting the normative debate over normal versus extraordinary politics. In: Security Dialogue 3 (43), 249-266

Rose, Richard (1991): What is lesson drawing? In: Journal of Public Policy 11(1), 3-30

Rosenau, James N. (1992): The Relocation of Authority in a Shrinking World. In: Comparative Politics 24 (3), 253-272

Rubinstein, Robert A. (1988): Cultural Analysis and International Security. In: Alternatives: Global, Local, Political. 13 (4), 529-542

Rykiel, Zbigniew (1995): European boundaries in spatial research. In: European Spatial Research and Policy 2/1, 35-47

Rymsza, Marek (2004): Reformy społeczne. Bilans dekady. Warszawa: Instytut Spraw Publicznych

Salt, John (1993): Migration and Population Change in Europe. New York: UNIDIR/UN

Santel, Bernhard (1995): Migration in und nach Europa. Erfahrungen, Strukturen, Politik. Opladen: Leske + Budrich

Sasse, Gwendolyn/Hughes, James (2004): Integration mit Tiefgang? Regionalisierung in Ungarn und Polen. In: Osteuropa 54 (5/6), 180-194

Schimmelfering, Frank (2008): EU political accession conditionality after the 2004 enlargement: consistency and effectiveness. In: Journal of European Public Policy 15 (6), 918-937

Schimmelfering, Frank/Sedelmeier, Ulrich (Hg.) (2005): The Europeanization of Central and Eastern Europe. New York: Cornell University Press

Schmidt, Siegfried J. (1991): Gedächtnis – Erzählen – Identität. In: Assmann, Aleida/Harth, Dietrich (Hg.): Mnemosyne: Formen und Funktionen der kulturellen Erinnerung. Frankfurt am Main: Fischer Taschenbuch Verlag, 378-397

Schroer, Markus (2006): Räume, Orte, Grenzen. Auf dem Weg zu einer Soziologie des Raums. Frankfurt am Main: Suhrkamp Verlag

Sciortino, Giuseppe (2000): Toward a political sociology of entry policies: conceptual problems and theoretical proposals. In: Journal of Ethnic and Migration Studies 26 (2), 213-228

Sedelmeier, Ulrich (2008): After conditionality: post-accession compliance with EU law in East Central Europe. In: Journal of Public Policy 15 (6), 806-825

Senghaas, Dieter (2004) Interdependenzen im internationalen System. In: Senghaas, Dieter: Zum irdischen Frieden. Erkenntnisse und Vermutungen. Frankfurt am Main: Suhrkamp Verlag, 205-245

Siemaszko, Andrzej (2008): Geografia występku i strachu. Polskie badanie przestępczości '07. Warszawa: Instytut Wymiaru Sprawiedliwości

Siemaszko, Andrzej/Gruszczyńska, Beata/Marczewski, Marek (Hg.) (2009): Atlas przestępczości w Polsce. Warszawa: Instytut Wymiaru Sprawiedliwości

Solingen Etel (2003): The Triple Logic of the European-Mediterranean Partnership: Hindsight and Foresight. In: International Politics 40, 179-194

Sowa, Andrzej Leon (1998): Stosunki polsko-ukraińskie 1939-1947: zarys problematyki. Kraków: Towarzystwo Sympatyków Historii

Soysal, Yasemin Nuhoglu (1994): Limits of citizenship. Migrants and Postnational Membership in Europe. Chicago/London: The University of Chicago Press

Staniszkis, Jadwiga (2001): Postkomunizm. Próba opisu. Gdańsk: Słowo/Obraz Terytoria

Stępień, Stanisław (2001): Die polnisch-ukrainische Grenze in den zurückliegenden fünfzig Jahren. In: Schultz, Helga (Hg.): Grenzen im Ostblock und ihre Überwindung. Berlin: Bwv-Berliner Wissenschaftsverlag, 259-275

Stokłosa, Katarzyna (2001): Die Oder-Neiße-Grenze im Bewusstsein der Einwohner von Guben und Gubin (1945 bis 1972). In: Schultz, Helga (Hg.): Grenzen im Ostblock und ihre Überwindung. Berlin: Bwv-Berliner Wissenschaftsverlag, 113-124

Stopa, Mateusz (2007): New Boundaries – Regional Consciousness in the Polish Subcarpatian Voivodship. In: Wojakowski, Dariusz (Hg.): Borders and Fields, Cultures and Places: Cases from Poland. Kraków: Nomos, 31-46

Strauss, Anselm L./Corbin, Juliet (1996): Grounded theory: Grundlagen qualitativer Sozialforschung. Weinheim: Psychologie Verlags Union

Stritzel, Holger (2007): Towards a Theory of Securitization: Copenhagen and Beyond. In: European Journal of International Relations 13 (3), 357-383

Stritzel, Holger (2011): Security, the translation. In: Security Dialogue 42 (4-5), 343-355

Strübing, Jörg (2008): Grounded Theory: zur sozialtheoretischen und epistemologischen Fundierung des Verfahrens der empirisch begründeten Theoriebildung. Wiesbaden: VS Verlag für Sozialwissenschaften

Stryjakiewicz, Tadeusz (1998): The changing role of border zones in the transforming economies of East-Central Europe: The case of Poland. In: GeoJournal 44 (3), 203-213

Szczepański, Maciej (2010): Polityka dostępu do polskiego rynku pracy. In: Górny Agata/ Grabowska-Lusińska, Izabela/Lesińska, Magdalena/ Okólski, Marek (Hg.) (2010): Transformacja nieoczywista. Polska jako kraj imigracji. Warszawa: Wydawnictwa Uniwersytetu Warszawskiego, 88-94

Szonert, Marek (2000): Rok 1990: początki opieki nad uchodźcami. In: Zamojski, Jan E. (Hg.): Migracje polityczne XX wieku. Warszawa: Neriton, 35-64

Szpunar, Magdalena (2008): Rzeszów w opinii jego mieszkańców. In: Malikowski, Marian (Hg.): Społeczeństwo Podkarpacia po wstąpieniu do Unii Europejskiej. Rzeszów: Wydawnictwo Uniwersytetu Rzeszowskiego, 187-201

Sztompka, Piotr (1997): Kulturowe imponderabilia szybkich zmian społecznych. Zaufanie, lojalność, solidarność. In: Studia Socjologiczne 4, 5-19

Szulecka, Monika (2010a): Polityka wjazdu na terytorium Polski. In: Górny, Agata/Grabowska-Lusińska, Izabela/Lesińska, Magdalena/Okólski, Marek (Hg.): Transformacja nieoczywista. Polska jako kraj imigracji. Warszawa: Wydawnictwa Uniwersytetu Warszawskiego, 79-87

Szulecka, Monika (2010b): Polityka wobec imigrantów o nieuregulowanym statusie. In: Górny, Agata/Grabowska-Lusińska, Izabela/Lesińska, Magdalena/Okólski, Marek (Hg.): Transformacja nieoczywista. Polska jako kraj imigracji. Warszawa: Wydawnictwa Uniwersytetu Warszawskiego, 95-101

Thränhardt, Dietrich (1994): Entwicklungslinien der Zuwanderungspolitik in EG-Mitgliedsländern. In: Heinelt, Hubert (Hg.): Zuwanderungspolitik in Europa. Opladen: Leske + Budrich, 33-63

Tjalve, Vibeke Schou (2011): Designing (de)security: European exceptionalism, Atlantic republicanism and the ‚public sphere'. In: Security Dialogue 42 (4-5), 441-452

TNS OBOP (2007): Opinie na temat wejścia Polski do strefy Schengen (http://ec.europa.eu/polska/news/documents/schengen_raport.pdf, letzter Zugriff: 28.01.2015)

Tomaszewski, Jerzy (1973): Stereotyp mniejszości narodowych w II Rzeczpospolitej. In: Stefanowska, Zofia (Hg.): Swojskość i cudzoziemszczyzna w dziejach kultury polskiej. Warszawa: Państwowe Wydawnictwo Naukowe

Tomei, Verónica (2001): Europäisierung nationaler Migrationspolitik. Eine Studie zur Veränderung von Regieren in Europa. Stuttgart: Lucius und Lucius

Trauner, Florian (2007): EU Justice and Home Affairs strategy in the western Balkans: conflicting objectives in the pre-accession strategy. In: Centre for European Policy Studies Working Document 259. Brussels

Treibel, Annette (1999): Migration in modernen Gesellschaften. Soziale Folgen von Einwanderung, Gastarbeit und Flucht. Weinheim: Juventa Verlag

Trojanowska-Strzęboszewska, Monika (2010): Kształtowanie się stanowisk politycznych na temat imigracji i imigrantów w Polsce w latach 2001-2005. Warszawa: ISP

Tuziak, Arkadiusz (2009): Przejawy aktywności społeczności regionalnej w pokonywaniu dystansów i zróżnicowań rozwojowych. Przypadek regionu peryferyjnego. In: Tuziak, Arkadiusz/Tuziak, Bożena (Hg.): Regionalny wymiar procesów transformacyjnych. Warszawa: Wydawnictwo Naukowe Scholar, 87-106

Tuziak, Arkadiusz/Tuziak, Bożena (2008): Potencjał modernizacyjny lokalnych i regionalnych elit politycznych Podkarpacia. In: Malikowski, Marian (Hg.): Społeczeństwo Podkarpacia w badaniach rzeszowskiego ośrodka socjologicznego. Rzeszów: Wydawnictwo Uniwersytetu Rzeszowskiego, 106-121

Uçarer, Emek (2003): Guarding the Borders of the European Union: Paths, Portals, and Prerogatives. In: Lavenex, Sandra/Uçarer, Emek (Hg.): Migration and Externalities of European Integration. Lanham: Lexington Books, 15-32

Ugur, Mehmet (1995): Freedom of Movement vs. Exclusion: A Reinterpretation of "Insider"-"Outsider" Divide in the European Union. In: International Migration Review 29 (4), 964-999

UN (2011): International Migration Report 2009: A Global Assessment. New York: UN

van Houtum, Henk (2010): Waiting before the law: Kafka on the border. In: Social & Legal Studies 19 (3), 285-297

Vink, Maarten (2003): What is Europeanisation? And Other Questions on a New Research Agenda. In: European Political Science 1, 63–74

Vuori, Juha A. (2008): Illocutionary logic and strands of securitization: Applying the theory of securitization to the study of non-democratic political orders. In: European Journal of International Relations 14 (1), 65–99

Wagner, Mathias (2011): Die Schmugglergesellschaft. Informelle Ökonomien an der Ostgrenze der Europäischen Union. Eine Ethnographie. Bielefeld: transcript Verlag

Walawender, Paweł (2008) Rynek pracy województwa podkarpackiego na tle Polski i Unii Europejskiej. In: Malikowski, Marian (Hg.): Społeczeństwo Podkarpacia po wstąpieniu Polski do Unii Europejskiej. Rzeszów: Wydawnictwo Uniwersytetu Rzeszowskiego, 55-68

Waltz, Kenneth (1959): Man, the State and War: A Theoretical Analysis. New York/London: Columbia University Press

Waltz, Kenneth (1979): Theory of International Politics. London: McGraw-Hill

Wæver, Ole (1995): Securitization and Desecuritization. In: Lipschutz, Ronnie D. (Hg.): On Security. New York: Columbia University Press, 46-86

Wæver, Ole (2000): The EU as a Security Actor: Reflections form a Pessimistic Constructivist on Post Sovereign Security Orders. In: Kelstrup, Morten/Williams, Michael C. (Hg.): International Relations Theory and the Politics of European Integration. London: Routledge, 250-294

Wæver, Ole (2004): Aberystwyth, Paris, Copenhagen. New 'Schools' in Security Theory and their Origins between Core and Periphery. Montreal (Referat präsentiert bei International Studies Association Convention, März 17-20)

Wæver, Ole (2011): Politics, Security, Theory. In: Security Dialogue 42 (4-5), 465-480

Weinar, Agnieszka (2006): Europeizacja polskiej polityki wobec cudzoziemców, 1990-2003. Warszawa: Wydawnictwo Naukowe Scholar

Wellman, Barry/Sik, Endre (1999), Network capital in capitalist, communist and post-socialist countries. In: Wellman, Barry (Hg.): Networks in the Global Village: Life in Contemporary Communities. Boulder CO: Westview Press, 225-253.

Wheeler, Nicholas J./Booth, Ken (1992): The Security Dilemma. In: Baylis, John/Rengger, N.J. (Hg.): Dilemmas of World Politics: International Issues in a Changing World. Oxford: Clarendon Press, 29-60

Williams, Allan M./Balaz, Vladimir/Kollar, Daniel (2001): Coming and going in Slovakia: international labour mobility in the Central European 'buffer zone'. In: Environment and Planning 33 (6), 1101-1123

Williams, Michael C. (2003): Words, Images, Enemies: Securitization and International Politics. In: International Studies Quarterly 47 (4), 511-531

Wodecki, Andrzej (2007): Kapitał intelektualny Lubelszczyzny. Raport 2007. Lublin: Uniwersytet Marii Skłodowskiej-Curie

Wojakowski, Dariusz (2008): Stan badań nad mniejszością ukraińską i stosunkami etnicznymi na Podkarpaciu. In: Malikowski, Marian (Hg.): Społeczeństwo Podkarpacia w badaniach rzeszowskiego ośrodka socjologicznego. Rzeszów: Wydawnictwo Uniwersytetu Rzeszowskiego, 458-468

Wolf, Gerhard/Wojdalska, Katarzyna (2004): Die Kriminalitätslage im Grenzgebiet. Daten – Wissenschaftliche Beurteilung – Ausblick. In: der kriminalist, 254-258

Wolff, Larry (1994): Inventing Eastern Europe. The Map of Civilization on the Mind of Enlightment. Stanford: Stanford University Press

Wrage, Nikolaus (1998): Kriminalität im Grenzgebiet. Zusammenfassung der Ergebnisse des Hearings. In: Wolf, Gerhard (Hg.): Kriminalität im Grenzgebiet. Erfahrungen aus der Praxis. Berlin/Heidelberg/New York: Springer-Verlag, 279-297

Wust, Andreas/Haase, Annegret (2002): Europas neue Peripherie? Die Regionen beiderseits der polnischen Ostgrenze. In: WeltTrends 34, 11-30

Zangl, Bernhard/Zürn, Michael (2003): Frieden und Krieg. Sicherheit in der internationalen und postnationalen Konstellation. Frankfurt am Main: Suhrkamp Verlag

Zarycki, Tomasz (2009): Peryferie. Nowe ujęcia zależności centro-peryferyjnych. Warszawa: Wydawnictwo Naukowe Scholar

Zarycki, Tomasz (2011): Polska Wschodnia w perspektywie centro-peryferyjnej. In: Stefański, Marian (Hg.): Strategiczna problematyka rozwoju Regionu Lubelskiego. Lublin: Innovatio Press, 91-198

Zarycki, Tomasz (2013a): Polska Wschodnia i orientalizm – wprowadzenie. In: Zarycki, Tomasz (Hg.): Polska Wschodnia i orientalizm. Warszawa: Wydawnictwo Naukowe Scholar, 7-10

Zarycki, Tomasz (2013b): Polskie dyskursy o „Wschodzie" wewnętrznym i zewnętrznym – próba analizy krytycznej. In: Zarycki, Tomasz (Hg.): Polska Wschodnia i orientalizm. Warszawa: Wydawnictwo Naukowe Scholar, 186-206

Zięba, Ryszard (2010): Główne kierunki polityki zagranicznej Polski po zimnej wojnie. Warszawa: Wydawnictwa Akademickie i Profesjonalne

Zolberg, Aristide R. (1978): International migration policies in a changing world. In: McNeill, William H./Adams, Robert S. (Hg.): Human Migration: Patterns and Policies. Bloomington: Indiana University Press, 241-280

Zolberg, Aristide R. (1989): The Next Waves: Migration Theory for a Changing World. In: International Migration Review 23 (3), 403-430

Dokumente der Europäischen Union und polnische Gesetze

EWG (1968): Verordnung Nr. 1612/68 des Rates vom 15. Oktober 1968 über die Freizügigkeit der Arbeitnehmer innerhalb der Gemeinschaft (https://beck-online.beck.de/default. aspx?bcid=Y-100-G-EWG_VO_ 1612_68)

Europäische Kommission (2004): Mitteilung der Kommission an den Rat und das Europäische Parlament. Raum der Freiheit, der Sicherheit und des Rechts: Bilanz des Tampere-Programms und Perspektiven{SEK(2004)680 et SEK(2004)693} (http://www.europarl.europa.eu/meetdocs/2004_2009/documents/autres/ com_com%282004 %290401_/com_com%282004%290401_de.pdf)

Europäische Kommission (2004): Grünbuch über ein EU-Konzept zur Verwaltung der Wirtschaftsmigration (von der Kommission vorgelegt) (KOM(2004) 811 endgültig) (http://eur-lex.europa.eu/legal-content/DE/TXT/?uri=CELEX:52004 DC0811)

Europäische Kommission (2005): Mitteilung der Kommission an den Rat und das Europäische Parlament. Das Haager Programm: Zehn Prioritäten für die nächsten fünf Jahre Die Partnerschaft zur Erneuerung Europas im Bereich der Freiheit, der Sicherheit und des Rechts (KOM (2005)184) (http://eur-lex.europa.eu/legal-content/DE/TXT/HTML/?uri=CELEX: 52005DC0184& from=DE)

Europäische Kommission (2005): Mitteilung der Kommission an den Rat und das Europäische Parlament. Über regionale Schutzprogramme (KOM(2005) 388 endgültig) (http://eur-lex.europa.eu/legal-content/DE/TXT/PDF/?uri=CELEX:52005 DC0388& from = DE)

Europäische Kommission (2007): Entscheidung Nr. 574/2007/EG des Europäischen Parlaments und des Rates vom 23. Mai 2007 zur Einrichtung des Außengrenzenfonds für den Zeitraum 2007 bis 2013 innerhalb des Generellen Programms „Solidarität und Steuerung der Migrationsströme" (574/2007/EG) (https://beck-online.beck.de/default.aspx?bcid=Y-100-G-EWG_E_2007 _574)

Europäische Kommission (2013): Vorschlag für eine Verordnung des Europäischen Parlaments und des Rates über ein Einreise-/Ausreisesystem (EES) zur Erfassung der Ein- und Ausreisedaten von Drittstaatsangehörigen an den Außengrenzen der Mitgliedstaaten der Europäischen Union (COM(2013) 95 final) (http://www.europarl.europa.eu/meetdocs/ 2014_2019/ documents/com/com_com%282013%290095_/com _com%282013%290095_de.pdf)

Europäische Kommission (2013): Vorschlag für eine Verordnung des Europäischen Parlaments und des Rates über ein Registrierungsprogramm für Reisende (COM 2003 (97) final) (http://ec.europa.eu/dgs/home-affairs/doc_centre/borders/docs/1_en_act_ part1_ v14.pdf)

Rat der Europäischen Union (2004): Entscheidung des Rates vom 8. Juni 2004 zur Einrichtung des Visa-Informationssystems (VIS) (2004/512/EG) (http://eur-lex.europa.eu/LexUriServ/ LexUriServ.do?uri=CELEX: 32004D0512:DE: HTML)

Rat der Europäischen Union (2005): Mitteilung 2005/C 53/01 vom 3. März 2005. Haager Programm zur Stärkung von Freiheit, Sicherheit und Recht in der Europäischen Union (http://eur-lex. europa.eu/LexUriServ/ LexUriServ.do?uri=OJ:C:2005: 053:0001:0014:DE: PDF)

Rat der Europäischen Union (2008): Verordnung (EG) Nr. 274/2008 des Rates vom 17. März 2008 zur Änderung der Verordnung (EWG) Nr. 918/83 des Rates über das gemeinschaftliche System der Zollbefreiungen (http://eur-lex.europa.eu/legal-content/DE/TXT/PDF/?uri=CELEX:32008 R0274 &from =DE)

Schengener Grenzkodex, Verordnung (EG) Nr. 562/2006 Europäischen Parlamentes und des Rates vom 15. März 2006 über einen Gemeinschaftskodex für das Überschreiten der Grenzen durch Personen (Schengener Grenzkodex) (http://eur-lex.europa.eu/LexUriServ/ LexUriServ.do?uri=OJ:L:2006: 105:0001:0032:DE: PDF)

Ustawa z dnia 29 marca 1963 r. o cudzoziemcach, Dz.U. 1963 nr 15 poz. 77.

Ustawa z dnia 6 kwietnia 1990 r. o Policji., Dz.U. 1990 nr 30 poz. 179.

Ustawa z dnia 19 września 1991 r. o zmianie ustawy o cudzoziemcach, Dz.U. 1991, Nr. 119, poz. 513.

Ustawa z dnia 25 czerwca 1997 r. o cudzoziemcach, Dz.U. 1997, Nr. 114, poz. 739.

Ustawa z dnia 11 kwietnia 2001 r. o zmianie ustawy o Straży Granicznej oraz o zmianie niektórych innych ustaw, Dz.U. 2001 nr 45 poz. 498

Obwieszczenie Marszałka Sejmu Rzeczypospolitej Polskiej z dnia 20 sierpnia 2001 r. w sprawie ogłoszenia jednolitego tekstu ustawy o cudzoziemcach., Dz.U. 2001, Nr.127, poz. 1400

Ustawa z dnia 27 lipca 2002 r. o zasadach i warunkach wjazdu i pobytu obywateli państw członkowskich Unii Europejskiej oraz członków ich rodzin na terytorium Rzeczypospolitej Polskiej., Dz.U. 2002, Nr. 141, poz. 1180

Ustawa z dnia 13 czerwca 2003 r. o cudzoziemcach, Dz.U. 2003 nr 128 poz. 1175

Ustawa z dnia 13 czerwca 2003 r. o udzielaniu cudzoziemcom ochrony na terytorium Rzeczypospolitej Polskiej, Dz.U. 2003, Nr. 128, poz. 1176

Ustawa z dnia 22 kwietnia 2005 r. o zmianie ustawy o cudzoziemcach i ustawy o udzielaniu cudzoziemcom ochrony na terytorium Rzeczypospolitej Polskiej oraz niektórych innych ustaw, Dz.U. 2005, Nr. 94, poz. 788

Obwieszczenie Marszałka Sejmu Rzeczypospolitej Polskiej z dnia 18 listopada 2005 r. w sprawie ogłoszenia jednolitego tekstu ustawy o Straży Granicznej, Dz.U. 2005 nr 234 poz. 1997

Ustawa z dnia 24 maja 2007 r. o zmianie ustawy o cudzoziemcach oraz niektórych innych ustaw, Dz.U. 2007, Nr. 120, poz. 818

Ustawa z dnia 3 grudnia 2010 r. o zmianie ustawy o cudzoziemcach oraz niektórych innych ustaw, Dz.U. 2010, Nr. 239, poz. 1593

Ustawa z dnia 12 grudnia 2013 r. o cudzoziemcach, Dz.U. 2013 poz. 1650

Vertrag über die Europäische Union (92/C 191/01) Europäische Gemeinschaften (1992) (http://eur-lex.europa.eu/legal-content/DE/TXT/HTML/?uri=CELEX:11992M/TXT&from =DE)

Vertrag von Amsterdam zur Änderung des Vertrages über die Europäische Union, der Verträge zur Gründung der Europäischen Gemeinschaften sowie einiger damit zusammenhängender Rechtsakte (97/C 340/01), Europäische Gemeinschaften (1997) (http://www.europarl. europa.eu/ topics/treaty/pdf/amst-de.pdf)

Vertrag zur Gründung der Europäischen Wirtschaftsgemeinschaft (1957) (http://www.europarl. europa.eu/brussels/website/media/Basis/Vertraege/Pdf/EWG-Vertrag.pdf)

Visakodex, Verordnung (EG) Nr. 810/2009 des Europäischen Parlamentes und des Rates vom 13. Juli 209 über einen Visakodex der Gemeinschaft (http://www.info4alien.de/gesetze/eu/ Visakodex_VO_2009-810_L_243_ DE.pdf)

The manufacturer's authorised representative in the EU is Springer Nature Customer Service Centre GmbH, Europaplatz 3, 69115 Heidelberg, Germany. If you have any concerns regarding our products, please contact ProductSafety@springernature.com

Printed and bound by CPI Group (UK) Ltd, Croydon, CR0 4YY
23/03/2026
02076679-0003